COLLECTION « VÉCU »

ROBIN HANBURY-TENISON

DES MONDES
A PART

Traduit de l'anglais par Michel Courtois-Fourcy

ÉDITIONS ROBERT LAFFONT
PARIS

Pour Marika et Louella

56.939

Titre original : WORLDS APART
© Éditions Robert Laffont, S.A., Paris, 1984
ISBN 2-221-01157-0

SOMMAIRE

Introduction

> *Tous les hommes rêvent, mais ils ne rêvent pas de la même manière. Ceux qui, de nuit, agitent des chimères dans les profondeurs de leur cerveau en découvrent au matin la vanité. Les rêveurs du grand jour sont en revanche des hommes dangereux : ils vivent leur rêve les yeux ouverts afin qu'il puisse se réaliser...*
>
> T.E. LAWRENCE,
> « Les sept piliers de la sagesse ».

J'ai poursuivi un rêve que j'ai vu se réaliser. J'ai accompli plus de choses que je ne me sentais prédisposé à le faire. Et cela, pour moi, a beaucoup plus de valeur que la sécurité et le bien-être qu'aurait pu m'apporter une vie plus conventionnelle.

Voyageur fasciné par les déserts et les jungles, j'ai parcouru le monde ; ma soif d'aventure s'en est trouvée comblée.

Mais en chemin, j'ai découvert ce qui se cache derrière le mot « progrès » : la dévastation des beautés naturelles du monde certes, mais même aussi celle des processus écologiques les plus indispensables à l'existence de la vie sur notre extraordinaire planète. J'ai vécu aussi parmi de nombreux peuples dits « primitifs », qui possèdent une vision du monde exactement inverse : ils ne détruisent pas leur milieu naturel et s'efforcent de le respecter en vivant le plus possible en harmonie avec lui.

Mon rêve d'aventure initial s'est transformé en désir d'aider ces populations. La création d'un organisme international entièrement nouveau – destiné à lutter contre les préjugés et les menaces dont sont victimes dans le monde entier ces minorités ethniques – n'a pas évidemment été une tâche facile. « Pourquoi ne pas laisser ces gens tranquilles? » me dira-t-on. Ce à quoi je ne peux que répondre : « Si seulement c'était possible! » Malheureusement ils se trouvent déjà assiégés de toutes parts par des bureaucrates et des missionnaires, des entrepreneurs avides et des colons prêts à leur arracher leurs terres, alors que bien souvent ils ignorent encore jusqu'à l'existence de notre monde. Ils ont donc désespérément besoin d'alliés qui les aident à survivre [1].

Ma vie a toujours été placée sous le signe des extrêmes : c'était exactement ce que je désirais. Abandonnant le confort et la sécurité d'une vie de propriétaire terrien en Cornouailles, je me suis livré, dans des conditions toujours difficiles et quelquefois dangereuses, à l'exploration des régions les plus reculées et retirées du globe.

Si je me suis toujours senti appelé à voyager, je n'ai jamais pensé vagabonder éternellement. Et les profondes racines qui me rattachent à ma famille et à ma demeure m'ont permis de garder mon équilibre et d'être heureux même lorsque j'étais loin et seul.

Nous nous sommes mariés, Marika et moi, à peine sortis de l'école. Notre amour et notre affection n'ont fait que croître au cours des années. Tandis que je voyageais, ma femme devint l'un des écrivains anglais les plus productifs et les plus célèbres dans le domaine de l'art culinaire. Nos enfants, Lucy et Rupert, faisaient notre joie et notre bonheur. Nous étions comblés. C'était sans doute plus qu'en pouvaient permettre les dieux.

Alors que, débordant d'énergie, Marika réalisait ses espoirs professionnels les plus ambitieux et parvenait à un équilibre parfait entre sa vie sociale et familiale, nous la découvrîmes atteinte d'un cancer. Elle n'avait que peu de temps à vivre. Nous avons lutté ensemble, ne négligeant aucune sorte de possibilité thérapeutique, scientifique ou moins conventionnelle. Je pense cependant qu'au plus profond d'elle-même Marika savait que telle n'était pas la voie qui lui convenait. Elle entreprit de se battre seule. Pendant un certain temps, elle s'attaqua au cancer comme à

---

1. Survival International.

un sujet privilégié. Elle parla à la radio et à la télévision avec émotion et subtilité de ce qu'elle ressentait. Les innombrables lettres qu'elle reçut à cette occasion montrent à quel point son courage et son énergie aidaient les autres. Quand son cerveau fut atteint et la fin devenue inévitable, elle fit en sorte, avec une force de caractère et un souci des autres qui forceront toujours mon admiration, que sa disparition fût la moins douloureuse possible pour ceux qu'elle laissait derrière elle. Ne montrant aucune crainte, elle accueillait avec gaieté, une étonnante chaleur et une grande vivacité d'esprit les amis qui venaient lui dire adieu. A son propre étonnement, elle admit quelques jours avant sa mort qu'elle se trouvait proche d'une sorte d'état de grâce.

C'est à elle que je dois de ne pas avoir peur de vivre pleinement ma vie et de partager avec les autres, grâce aux livres, ce dont elle est faite. Ce qu'elle avait su si bien faire dans les quelque trente volumes qu'elle a écrits.

On m'a demandé de faire le récit des transformations qui se sont opérées en moi au cours des années, qui m'ont amené à croire ce que je crois; à devenir du simple voyageur que j'étais l'homme d'un idéal. Je soupçonne parfois que l'influence subtile de certaines personnes a plus compté pour moi que les expériences vécues au cours de ma vie d'aventures et de voyages. Je ne peux cependant que raconter ce qui m'est arrivé.

Seul le public pourra, dans ce spectacle, discerner plus de choses que ne le peut l'acteur lui-même.

1.

Ce que je dois à Oxford

Je n'ai pas l'esprit logique ou, plutôt, personne ne s'en est aperçu à l'école. Cela m'est venu bien plus tard, lorsque j'étais déjà presque un adulte, lors de discussions interminables entre étudiants à Oxford. C'est quelque chose qu'on peut placer sous la rubrique: « Ce que je dois à Oxford. »

A. L. ROWSE,
« Une enfance en Cornouailles ».

Ma mère eut vraiment une enfance hors du commun. Ayant perdu leur seul autre enfant, un fils, ses parents se tinrent à l'écart du monde dans un château écossais, bâti près de la côte sauvage du Morayshire, balayée par les vents. Mes grands-parents louèrent Gordonstoun vingt-cinq ans avant que ce château devînt une école célèbre, en 1935. Ils le préféraient à leur propriété dans le Monmouthshire. On trouvait déjà ce comté, en 1900, trop pollué pour la santé de mon grand-père. A l'exception d'une succession de gouvernantes avec qui elle parlait l'allemand le matin, le français l'après-midi, elle était toujours seule et souffrait de cet isolement inimaginable tout en développant une grande force intérieure. Elle fuyait autant qu'elle le pouvait les vieilles filles en bottines qui la chaperonnaient. Elle gagnait alors les falaises pour observer et dessiner toutes sortes d'animaux, en particulier les oiseaux. Cette soif de liberté lui donna la sagesse de souhaiter que

13

ses propres enfants « vivent dangereusement et raisonnablement à la fois ».

A ma naissance – j'étais de loin le plus jeune de ses cinq enfants – elle habitait déjà une autre grande demeure solitaire, située cette fois parmi les marécages et les bois du centre de l'Irlande. Elle s'était en effet mariée à vingt et un ans à un officier de l'armée des Indes qui avait servi dans la cavalerie. J'ai à peine connu mon père. Il passa les années de guerre en Angleterre puis quitta la maison pour s'installer aux Bahamas. Il est mort en 1953.

Il est tentant de nimber son enfance de souvenirs idylliques pleins de journées ensoleillées et de fleurs. J'étais, en fait, un enfant solitaire et insatisfait, effrayé par l'absurdité de la vie. Les écoles où je fus envoyé en Angleterre me parurent à l'époque, et m'apparaissent d'ailleurs toujours, comme des lieux de torture médiévaux. J'y craignais autant les langues de vipère de mes condisciples que les terribles punitions corporelles infligées à ceux qui ne suivaient pas le droit chemin.

Ma mémoire est intensément imprégnée d'images de la nature qui entourait notre maison. Les lacs aux eaux profondes y étaient presque partout bordés de bois de hêtres et de chênes. A certains endroits pourtant, une prairie prolongée de touffes de roseaux permettait au bétail d'approcher de l'eau et de s'y enfoncer jusqu'aux jarrets pour y boire, immobile, encerclé par leurs reflets déformés. Sur d'immenses tapis d'humus et de mousse, nous ramassions des champignons avec lesquels ma mère cuisinait des plats inoubliables. Ces étendues étaient entourées de ronciers impénétrables et d'une forêt de fougères plus hautes que moi. Quel terrain d'exploration pour un jeune garçon!

Il y avait même une île qui, bien sûr, prit à mes yeux une extrême importance. Elle se trouvait à quelques centaines de mètres du rivage et d'un abri à bateau. Son exubérante végétation était dominée par le fût d'un hêtre magnifique. Un jour, au cours de l'été 1942, j'avais alors six ans, je réussis à m'esquiver d'un pique-nique, près des rochers auxquels était amarrée notre barque, pour m'avancer en rampant vers le cœur de l'île. Je découvris bientôt une merveilleuse petite clairière qui est restée pour moi, jusqu'à ce jour, l'image idéale d'un site de campement. Ma mère vint m'y rejoindre et, pour la première fois, je bivouaquai sous les étoiles tandis que les chauves-souris voltigeaient au-dessus de nos têtes. J'eus très vite l'autorisation d'y aller seul. Et lorsqu'un ami plus âgé, un réfugié du Blitz, m'eut construit un abri solide et parfaitement étanche avec des rondins et du chaume, je dormais là à quelque dix mètres de haut dans mon hêtre, dès que je le pouvais. Il me semble maintenant que, avant d'atteindre l'âge adulte, j'ai passé toutes mes vacances dans cet endroit. A l'aube, pour rentrer à la maison, je traversais, dans un bateau à rames, le lac silencieux et lisse comme un miroir, uniquement troublé par le sillage d'une loutre et de son petit. Depuis l'embarcadère, je pêchais alors quelques grosses perches et les portais triomphalement à la maison afin qu'on me les fît cuire pour mon petit déjeuner. Je sais bien que tous les jours n'étaient pas ainsi et que j'ai bien plus souvent dormi dans notre grande maison. La nuit j'en parcourais les couloirs, frissonnant d'une frayeur exquise qui peut être comparée à celles que j'ai éprouvées depuis. Je restais assis durant des heures en haut du grand escalier tandis que les portraits des ancêtres me regardaient d'un air grave. Les yeux de verre des trophées d'antilopes et de buffles luisaient autour de moi dans la pénombre, sertis dans des têtes à demi désagrégées par l'humidité qui régnait à Monaghan. Je savais que des revenants hantaient certaines parties de l'immense demeure. J'en avais aperçu un ou deux. Je ne m'y aventurais jamais la nuit; et même de jour, je ne les traversais qu'en courant.

J'avais pour compagnon un teckel puis, plus tard, un labrador. J'étais timide et très gâté. On ne me contredisait que rarement et ma mère était le centre de mon univers. Jusqu'à l'âge de huit ans, c'est elle qui m'enseigna le latin, l'histoire, le français, l'anglais, les mathématiques et la géographie. Son enseignement était un mélange fascinant de savoir et de fantaisie. Je m'aperçois, en feuilletant un de mes vieux cahiers, qu'il est largement illustré de croquis d'animaux (toujours précis), de gens (souvent nus) et de volcans (jamais endormis). Tel un jésuite, elle imprima si fortement en moi ses croyances et sa conception de la vie qu'il m'est absolument impossible de les oublier. Les mots, les phrases de ses leçons sont aussi vivants pour moi qu'ils l'étaient lorsque je les ai appris pour la première fois. Le cours de géographie me donnait une image de l'Amérique pleine d'Indiens, de maisons en rondins et de bisons. Ma dictée était un extrait d' « Un voyage autour du monde ». On y parlait du premier vol en ballon au-dessus de Paris, de la comète de Haley, des diverses formes de végétation et des forêts équatoriales. Tout cela dans la même semaine. Je me rends compte brusquement que ces influences préscolaires furent beaucoup plus fortes que l'éducation conformiste qui me fut octroyée plus tard et dont je me souviens à peine. Mes premières et plus durables impressions viennent de ma mère. Ce sont encore aujourd'hui ses préceptes qui constituent les fondements de ma morale personnelle. C'est elle qui m'a donné le sens du bien et du mal. Certaines personnes l'acquièrent grâce à un prêtre ou à un professeur. D'autres le possèdent peut-être de façon innée ou bien disposent d'une force intérieure suffisante pour le découvrir par eux-mêmes. Ceux qui le doivent à leur mère ou à leur père restent à mes yeux des privilégiés.

Elle dessinait un monde naturel, mystérieux et magique qui évoquait, s'estompant en lignes sinueuses, les féeries sous-marines d'Arthur Rackham. Des oiseaux à plumes caudales bariolées, des animaux à fourrure ondoyante, et toutes sortes de reptiles semblaient entrer et sortir d'une végétation onduleuse et enchevêtrée. Elle créait ainsi sa vision personnelle d'un univers menaçant et tortueux, mais en fin de compte inoffensif et superbe.

Comme tous les enfants solitaires, le secret de ma vie intérieure était peuplé de voix à demi entendues provenant de pays lointains et exotiques. Je me souviens parfaitement être resté assis bien souvent dans la fourche d'un vieux chêne au bord du lac tandis que j'étais dévoré de l'envie d'entreprendre quelque chose. Mon sentiment de frustration devenait parfois insupportable. Je n'avais aucune idée de ce que je pourrais faire, mais les voyages se trouvaient toujours au cœur de mes aspirations. Je considérais même à la limite qu'ils pouvaient constituer une fin en soi. En tout cas, il importait avant tout qu'ils me permettent de m'enfuir. Ma vie de petit garçon était pourtant des plus idylliques. Tout jeune encore, je fus autorisé à posséder un fusil et il m'arrivait de ramener parfois à la maison jusqu'à une douzaine de gros lapins avant le petit déjeuner. J'appris à les dépiauter et aussi à vider les poissons. Le sang et les entrailles me devinrent vite familiers. L'odeur du tannin des chênes pourris, celle du terreau, du chèvrefeuille, du foin et même celle si particulière et forte des asticots qu'on enfile sur l'hameçon évoquent instantanément pour moi cette période de mon enfance. Me font aussi battre le cœur le toucher d'une fourrure humide, les ronces qui vous retiennent et vous déchirent, la boue qui gicle sous les pieds et le contact gluant des poissons. Je me souviens alors des brochets, aussi énormes que hideux, que j'attrapais dans les fonds vaseux du lac, du roucoulement des pigeons ramiers à l'aube, du piétinement des lapins en fuite. J'ai ressenti et vécu tout cela pour la première fois à Lough Bawn.

Les frayeurs de l'enfance et la première rencontre avec les dents et les griffes sanglantes de la nature furent adoucies par la gentillesse et la sensibilité de ma mère qui comprenait la beauté de la vie dans sa plénitude et son intégrité. Néanmoins, je persistais à vouloir m'échapper. Les actes de cruauté dont je fus le témoin au cours de mon éducation campagnarde m'enseignèrent que les gens les plus gentils – et personne n'est plus doux que les enfants du comté de Monaghan – peuvent journellement commettre des actes barbares. Cependant, exécutés sans aucun sentiment de joie ni d'ailleurs de culpabilité, ils laissent au responsable toute son innocence. Nous attrapions les rats dans des cages métalliques dans lesquelles ils tournoyaient follement avant d'être ainsi noyés dans l'abreuvoir. Le souvenir de leur lutte désespérée me rend encore malade. Mais c'était alors, et là-bas, une pratique admise pour être rapide et efficace. D'avoir vécu en contact aussi direct avec le côté caché et brutal de la nature lorsque j'étais enfant m'a enseigné sans doute à ne pas condamner les diverses attitudes devant la vie et la mort, la douceur et la cruauté, des cultures différentes de la nôtre.

Si à cette époque j'avais eu un ami ou un camarade, j'aurais pu admettre la nécessité de me conformer à un modèle préétabli d'idéaux et d'aspirations. Malheureusement, ou plutôt heureusement, mes frères et sœurs étaient bien plus âgés que moi, et malgré leur gentillesse, ils ne pouvaient que m'apparaître distants. Mes camarades de classe m'inspiraient, presque sans exception, une sorte de terreur de la vie. Leurs préoccupations quotidiennes, qui mêlaient le sport, les vanités sociales et le conformisme, me mettaient mal à l'aise. Bien que je ne me sois jamais donné beaucoup de mal au cours de mes études – j'avais l'arrogance d'être intimement convaincu que mon intelligence innée me permettrait de surmonter toutes les difficultés –, je n'ai jamais eu

17

la joie de sentir s'éveiller mon esprit au contact d'un maître de quelque envergure. Tout au contraire, j'y ai découvert que l'oisiveté, engendrée par une absence de volonté ou de nécessité de travailler dur, me plongeait dans une nouvelle sorte d'ennui. Différente des frustrations que j'éprouvais à la campagne – elles me faisaient au moins désirer de voir et d'entreprendre des choses nouvelles –, cette oisiveté m'acculait à un désespoir nihiliste autrement dangereux. Persuadé que mon avenir était sans perspectives, je n'avais de cesse de trouver un crochet où suspendre ma vie.

Fils cadet d'une famille de propriétaires terriens, qui se devait donc de préserver l'intégrité du patrimoine familial en appliquant le droit d'aînesse, je me vis poussé vers l'armée. Mon frère aîné, qui s'était distingué dans la garde irlandaise à la fin de la guerre, fit en sorte de me faire entrer dans son ancien régiment. Habitant l'Irlande, je n'étais pas astreint au service militaire. Je m'engageai donc comme volontaire. A l'école d'Eton, je commençais déjà à douter de ma vocation militaire. Si d'une certaine manière tout cela me paraissait trop facile, en revanche l'idée d'adhérer totalement à un système où régnait la plus stricte des disciplines me remplissait d'appréhension. Prenant pour prétexte un violent désir d'aller d'abord à l'Université, je me retrouvai à Oxford, accepté dans le même établissement qu'avait fréquenté ce frère à la patience infinie! Essentiellement d'ailleurs parce que la plupart de mes ancêtres du côté Hanbury, depuis le XVIe siècle, y avaient été admis.

L'armée m'octroya un sursis et admit ensuite que ma licence pouvait remplacer les trois premières années de service. Lors de mes premières grandes vacances, je me joignis à un groupe de nouvelles recrues pour faire ma préparation militaire. Je découvris alors l'intéressant processus par lequel un homme est transformé non seulement en soldat mais aussi en garde royal. Cela me passionna. En fait j'y étais parfaitement préparé, ayant acquis à coups de bâton, comme tous les élèves des écoles privées, en particulier les plus petits et les plus frêles dont je faisais partie juste après la guerre, un masochisme latent. Nous vivions dans ce groupe de préparation militaire dans un état de perpétuelle terreur qui nous interdisait toute discussion et même toute pensée.

Le conformisme régnait en maître, ce qui ne manqua pas d'attirer quelques ennuis aux deux pauvres types arrivant d'Oxford que nous étions. N'avions-nous pas eu, pour commencer, l'audace de porter de grands bérets en lieu et place de la casquette pointue réglementaire?

Mon année passée à l'université avait par ailleurs déjà commencé à m'ouvrir les yeux sur la fragilité et la faillibilité des détenteurs de l'autorité. J'avais aussi appris à aimer passionnément la vie, de sorte qu'il était improbable que je pusse être terrifié pendant très longtemps : la peur devenait pour moi presque une sorte de diversion. J'étais devenu profondément inadapté à toute carrière militaire, mais en même temps assez bien préparé pour tenir le système en échec. On pensait généralement que je ne réussissais pas mal du tout. Parfois, bien sûr, j'allais trop loin. Un jour, alors qu'un de mes amis se faisait sermonner devant le lavabo parce qu'il ne faisait pas ses ablutions dans l'ordre réglementaire, je bondis à son secours en expliquant à l'adjudant, avec un ton supérieur, que « c'était ainsi que nous procédions à Eton ». Cela me valut de rester trois nuits au garde-à-vous à côté de mon lit durant les brefs instants de pause qu'on nous accordait habituellement pour dormir, entre le fourbissement de notre équipement et le réveil.

En fait ces brimades et cette discipline me permirent, par la suite, lors de mauvais moments au cours de mes expéditions, de me dire que j'avais survécu à bien pire. Je quittai l'armée avec de sincères regrets tandis que les sergents me donnaient de grandes claques dans le dos en me disant que je ferais un très bon soldat et qu'ils me retrouveraient avec grand plaisir l'année prochaine. Ils ne me revirent jamais.

Avant d'aller à Oxford en 1954, je passai un trimestre d'été à l'université d'Innsbruck pour perfectionner mon allemand et étudier les Beaux-Arts. Quelques classes de nus m'apprirent vite que je n'étais pas destiné à devenir un peintre professionnel. De plus, mes camarades en culottes de cuir avaient une vision des choses extrêmement scolaire. Puisque personne ne semblait se préoccuper de ma présence aux cours, pourvu que la note fût payée, je passais la plupart de mon temps à visiter l'Europe. Innsbruck à cette époque était un endroit merveilleux pour un étudiant désargenté. L'auto-stop en était à ses débuts et il n'était pas rare de voir une voiture sur trois s'arrêter. J'avais avec moi une collection de petits drapeaux de différents pays. J'en brandissais un lorsque j'avais déterminé la nationalité du véhicule qui approchait. Les Américains s'arrêtaient toujours pour prendre un pauvre Anglais; les Autrichiens s'arrêtaient généralement, avec surprise, en apercevant un auto-stoppeur américain. Quant aux Français, ils ne prenaient que leurs compatriotes. Ce dernier subterfuge me permettait également d'évaluer mes connaissances de la langue française en ajoutant un certain piment à mes études linguistiques.

Me trouvant au carrefour de l'Europe, il m'était facile de visiter l'Autriche, l'Italie, la Suisse ou l'Allemagne du Sud. Si j'en avais eu envie, j'aurais pu facilement atteindre Rome ou Paris; mais la distance pour la distance ne m'intéressait guère. C'était la route elle-même qui était pour moi le signe de la liberté. Ayant jusqu'ici joui de la sécurité la plus complète dans ma famille ou dans des pensionnats, je trouvais particulièrement exaltant de ne pas savoir où je passerais la nuit. C'était la plupart du temps dans une haie ou dans une grange. Les nuits à la belle étoile et la solitude ne me faisaient plus peur après mes séjours dans l'île et la vision nocturne des portraits d'ancêtres. D'ailleurs, d'une manière générale, les gens étaient étonnamment gentils. C'était quelque chose qui valait la peine d'être appris. Si l'on est seul, bien élevé et, mieux encore, drôle, presque tout le monde sur cette planète sera disposé à vous aider.

A cette époque je me sentais encore dans les limbes. Enfin débarrassé de l'école, je ne m'en étais pas encore pour autant découvert une passion dans la vie; je n'étais en fait même pas capable de profiter pleinement de ma liberté. Je passais la plupart de mon temps à observer, à m'interroger et à me consumer en une attente impatiente. J'étais hébergé par une famille qui habitait dans un chalet. Le petit village qui surplombait la vallée était en hiver une station de ski. J'y arrivais au printemps lorsque les gentianes et les iris rendaient éblouissants les alpages et invitaient à la promenade. A la surprise de tous, y compris à la mienne, j'effectuai le premier jour une marche qui me conduisit, après avoir parcouru les derniers kilomètres dans la neige, au sommet d'une petite montagne. Je manquai bien entendu le déjeuner.

Comme la plupart des Autrichiens après la guerre, mes hôtes

étaient des aristocrates impécunieux. Ils traversaient cette période difficile en vivant très simplement. Mais intellectuellement ils m'intimidaient. Les enfants, dont je partageais dans la nature les jeux violents, étudiaient avec acharnement pour obtenir des bourses. Leur père était un brillant philosophe dont l'intelligence et la haute taille me terrifiaient. En revanche, je tombai immédiatement amoureux de leur mère. Pour le première fois de ma vie quelqu'un me parlait et me traitait en adulte. Elle savait absolument tout et aurait certainement pu répondre à toutes mes questions si jamais j'avais eu le courage de les lui poser. En fait, nous ne parlions que de littérature; je possède encore la liste de livres que je lui avais demandé de me rédiger pour orienter mes lectures. Nous faisions aussi des parties de bridge d'un haut niveau. Lorsque j'avais Méphisto pour partenaire, et tandis que secrètement j'adorais sa femme, j'apprenais à survivre aux terribles humiliations que seuls connaissent les joueurs médiocres.

Je quittai cette atmosphère tendue pour faire de l'auto-stop. Je voyageais pour me cultiver puisque c'est la sorte de chose qu'on attend d'un jeune homme de bonne famille, mais aussi pour impressionner mon idole.

Les palais et les églises baroques de Bavière et de Vienne convenaient parfaitement à mon humeur. Pour un adolescent à l'âme romantique, le délire de Neuschwanstein – où je dormis dans les bois pour contempler à mon réveil les tours et les pinacles de Ludwig, le roi fou, éclairés par les lumières de l'aube – c'était tout ce que j'attendais dans la vie. Les nuages rococos de sucre glace de la plus jolie église de Die Wies me donnèrent une idée de l'immortalité. Vienne était pleine de galeries et de musées où je pouvais m'asseoir, regarder et apprendre : l'extraordinaire collection de Breughel, au Kunsthistorisches Museum, et le style baroque du château de Schoenbrunn m'enchantèrent.

Pour couronner le tout, il y avait l'Opéra. Ce n'était pas encore les bâtiments restaurés que l'on connaît aujourd'hui. Il s'agissait alors d'un théâtre plutôt minable où je m'asseyais soir après soir pour sentir monter en moi l'amour de la musique et du chant lyrique. Ces tentatives ne devaient pas porter beaucoup de fruits, mais à Vienne, à cette époque, je me sentais irrésistiblement transporté par les paradoxes du romantisme ambiant. La ville était encore occupée par les soldats des quatre pays alliés. Elle avait souffert plus que la plupart des autres durant la guerre. Tout n'y était que ruine et misère. On y avait l'impression que les Viennois chantaient à tue-tête dans le seul espoir que la vie reprendrait un cours normal et que ce fragile printemps se transformerait en un été glorieux. Tout cela s'accordait tellement parfaitement avec mes propres sentiments.

Il y avait aussi les cafés, pleins de grosses dames en manteaux de fourrure râpée qui dévoraient des pâtisseries collantes. Tard le soir, dans les bars, se mêlaient riches soldats, réfugiés pauvres et survivants du naufrage et de l'austérité. Il y régnait une atmosphère de gaieté sophistiquée qui me fascinait. J'y cherchais évidemment une aventure amoureuse. Je me demande d'ailleurs ce qui se serait passé si je l'avais trouvée. Ma naïveté était encore extrême à l'époque. Je buvais en parlant tout au long de la nuit à des dames désabusées. On me permettait parfois de rester après la fermeture et je dormais alors étendu de tout mon long sur des banquettes en peluche d'un confort inattendu. Tout cela était parfait pour améliorer ma connaissance de la langue allemande, mais ne me conduisait nullement vers la dame de mes rêves.

Je n'arrêtais pas de m'activer, explorant le quartier russe avec son immense foire et sa grande roue, rendues célèbres par le *Troisième Homme*. Les soldats russes m'y ont donné quelques frayeurs en m'arrêtant parce que je les photographiais; mais ils se contentaient généralement de confisquer ma pellicule.

Je descendis ensuite vers l'Italie où les rangées austères de temples romains et les villas palatines en Vénétie ne tardèrent pas à me remettre les pieds sur terre. Puis, pour la première fois, Venise et la promesse que je me suis faite de revenir tout au long de ma vie rendre visite à la plus belle ville du monde. C'est dans cette ville, plus que dans aucune autre, que je me suis senti vraiment heureux. En fait il n'existe aucune autre ville, en dehors peut-être de Londres, où je me sente véritablement chez moi. J'y rencontrai un ami d'enfance, habitant comme moi l'Irlande, qui durant toutes ces années de ma jeunesse s'efforça sans relâche de me cultiver. C'est à Speer que je dois le plaisir que j'éprouve à contempler tableaux et monuments. Il m'a appris à apprécier, à respecter, peut-être même à révérer les œuvres d'art. Je lui en serai toujours reconnaissant. C'était le compagnon idéal pour entreprendre ce « grand tour » d'Europe avant d'entrer à l'Université.

Nous descendîmes en bateau la côte dalmate à la recherche des vestiges du passé. A Dubrovnik j'avais une petite mission à remplir. Peu après la Première Guerre mondiale, mon plus jeune oncle Tenison, Michael, au cours d'un voyage d'étudiant similaire au mien, tomba malade à Dubrovnik et y mourut. La famille envoya à son compagnon de voyage une somme importante destinée à ses funérailles et, probablement, à élever une stèle funéraire. Malheureusement celui-ci prit la fuite et disparut à jamais. Finalement, grâce à l'intervention de notre ambassadeur là-bas, les restes de mon oncle Michael quittèrent la fosse commune pour le petit cimetière de l'église anglicane. Aucun membre de la famille ne s'étant jamais recueilli sur sa tombe, ma tante Marguerite, sa sœur, m'avait demandé d'en prendre une photographie et de la lui envoyer. Il s'agissait donc d'une mission des plus simples si je n'étais pas moi-même, à peine avais-je mis les pieds à Dubrovnik, tombé malade. J'y fus saisi d'une étrange fièvre qui – ce fut pratiquement la seule fois de ma vie – m'obligea à garder le lit durant trois jours. L'assurance que me donna Speer que l'histoire ne se répéterait pas, qu'il ne s'enfuirait pas avec l'argent destiné à ma sépulture, ne m'était pas d'un très grand réconfort. Finalement, prenant appui sur lui, je suivis une longue allée poussiéreuse et je photographiai, au milieu des cyprès, la croix de marbre toute simple.

Nous traversâmes le Monténégro en car. Nous longeâmes la frontière de l'Albanie avant de nous enfoncer en Macédoine pour atteindre le mont Athos, cet étonnant monastère situé sur la presqu'île chalcidique. Nous nous y arrêtâmes un certain temps, reçus par des moines excentriques entourés de paysages grandioses. Nous nous rendions à pied de monastère en monastère, souvent construits en haut d'immenses falaises surplombant la mer.

La chaleur était étouffante. Malgré la tentation, il était interdit aux visiteurs, comme aux moines, de se plonger dans la fraîcheur de la mer. Nous décidâmes pourtant une fois d'enfreindre cet interdit. Nous marchâmes alors loin de toute habitation, sur un sentier muletier qui dominait une petite crique de sable. Ce ne fut certes pas une décision prise à la légère. Speer, mon camarade, était étonnamment respectueux des lois. De plus il n'aurait voulu pour rien au monde offenser qui que ce fût. Il craignait qu'on nous surprît et que les saints hommes en fussent irrités. Il avait aussi peur des serpents, et, pour atteindre la petite crique, il fallait descendre à travers d'épaisses broussailles. Mais j'avais chaud et j'insistai. Nous arrivâmes à bon port et trouvâmes la mer tiède et limpide. Mais Speer crut voir un requin, si bien que nous restâmes au bord, étendus au soleil sur des rochers plats où la houle venait nous recouvrir. Il me sembla un instant, alors que j'ouvrais un œil, apercevoir un visage barbu et un chapeau noir : quelqu'un apparemment nous épiait depuis la falaise. Lorsque je regardai de nouveau, la tête avait disparu.

Ce soir-là, à Grégoriou, nous bavardions en compagnie de quelques moines lorsqu'un frère, revenant du bois d'oliviers, expliqua avec exaltation sa rencontre avec un ermite qui venait d'avoir une vision. Le saint homme, contemplant la mer depuis son ermitage, avait vu des esprits marins s'ébattre au milieu des vagues. Il avait couru pour annoncer ce miracle à son plus proche voisin, mais lorsqu'ils étaient revenus sur les lieux, tout avait disparu. Ils nous arriva par la suite encore de laver nos pieds fatigués dans des sources glacées de montagne, mais nous ne nous risquâmes plus jamais à prendre un bain dans la région.

Nous continuâmes, Speer et moi, notre voyage en car et en chemin de fer. Nous traversâmes ainsi la Turquie de l'Est, rendant visite aux ruines des temples et aux mosquées qui s'échelonnent d'Istanbul à Izmir. Nous regagnâmes la Grèce et le Péloponnèse où nous fîmes une orgie de marbres classiques parmi les oliveraies à Épidaure, Delphes et Olympie. Tout cela était très amusant et certainement enrichissant. Speer et moi, nous nous entendions parfaitement. Je pris alors l'habitude, qui ne m'a toujours pas quitté, de tenir au jour le jour un journal de voyage. Mais au plus profond de moi je brûlais toujours d'insatisfaction et n'étais qu'à peine convaincu de ce que la vie avait à offrir.

Tout cela a changé le jour de mon arrivée à Oxford. A mon plus grand étonnement, alors que je me retrouvais une fois de plus dans un décor institutionnel avec cours, escaliers et noms sur les portes, je sentis immédiatement que j'allais apprécier mes voisins et condisciples. Je pensai d'abord simplement que cela était dû à leur mépris des mesquineries de la vie scolaire et au fait qu'ils me traitaient en égal. Et puis, surtout, il était possible avec eux de parler! Nous passions en fait nos nuits à discuter. Nous élaborions non seulement des plans de nos aventures et de nos exploits futurs, mais nous brassions aussi toutes sortes d'idées. Pour moi la vie en fut métamorphosée du jour au lendemain. En m'épanouissant, je découvrais soudain qu'il était facile de se faire des amis. La joie de ces premières journées à Oxford ne m'a jamais quitté. Encore aujourd'hui, lorsque je suis déprimé, je me remémore combien la vie me paraissait creuse avant Oxford et comme elle m'a toujours semblé passionnante depuis.

J'aimais Oxford. Ce fut une époque bénie et pas seulement pour moi. L'idée d'un travail acharné et d'une compétition sans merci pour obtenir une situation sociale enviable ne nous effleurait pas l'esprit. Il en résultait une formidable impression de liberté intellectuelle et de loisirs. Nous étudiions pour l'amour de l'étude bien plus que pour faire carrière. Sans talent particulier et sans ambition académique, ne portant guère d'intérêt à la politique, rebuté par les problèmes économiques, je n'étais intéressé de temps à autre que par la philosophie. J'assistais en fait à un nombre impressionnant de cours qui n'avaient rien à voir avec mes propres études; personne ne trouvait cela bizarre. Avoir des professeurs tels que A.J.P. Taylor en histoire, Maurice Bowra en philosophie et Kenneth Clark en histoire de l'art fut un privilège dont je profitais à peine.

Un de mes premiers et plus fidèles amis fut Anthony Page qui semblait destiné depuis sa naissance à être metteur en scène de théâtre et de cinéma. Il m'initia au théâtre et me fit même jouer le rôle de Froth, le gentleman ridicule dans *Mesure pour Mesure* dont la représentation devait avoir lieu en plein air à Magdalen Deer Park. Ce rôle me convenait parfaitement. Il suffisait de se pavaner en collants roses et de s'incliner avec affectation devant les dames en agitant un énorme chapeau recouvert de plumes d'autruche. Il s'avéra cependant que je n'étais pas non plus fait pour être acteur. Le jour d'une représentation en matinée, nous partîmes avec un ami, en bateau plat, sur la rivière Isis. Nos extravagants costumes provoquèrent l'admiration et le ravissement des touristes américains qui se trouvaient sur les ponts. Brusquement nous prîmes conscience de l'heure : j'avais raté mon entrée. Remontant désespérément le courant en poussant de toutes mes forces sur la perche, je parvins sur les planches avec seulement cinq minutes de retard. Le visage cramoisi, Bobby Moore – un acteur maintenant bien connu des téléspectateurs –, qui jouait Pompée, improvisait désespérément des descriptions de moins en moins flatteuses de ce gentleman ridicule qui aurait dû apparaître depuis longtemps. Cette entrée tardive, la mine penaude, marqua la fin de ma carrière d'acteur.

Anthony et moi, nous nous livrions de temps à autre à de véritables cures de théâtre et de cinéma à Londres. En jonglant avec les heures de représentations, nous parvînmes une fois à voir cinq pièces de théâtre en quarante-huit heures et, parce que les horaires des films sont beaucoup plus souples si l'on accepte de ne voir que le film principal, neuf films dans le même laps de temps. La vie d'étudiant nous paraissait si intéressante et si exaltante qu'il nous était souvent nécessaire d'user d'emplois du temps aussi acrobatiques pour faire tout ce qui nous passionnait. Nous écrivions presque toujours nos dissertations durant la nuit sur fond de cafés noirs et de Beethoven à pleine puissance. Nous les terminions à l'aube une heure ou deux avant de les rendre. Si ma copie n'était pas terminée ou si ce n'était encore qu'un brouillon, j'offrais au professeur un couple de faisans et j'étais pardonné. Je soupçonne fort que ce genre de méthode ne serait plus accepté aussi facilement aujourd'hui. Et puis, il y avait les fêtes. En Irlande, lorsque j'étais enfant, il n'y avait pratiquement jamais de fêtes. Les demeures étaient trop éloignées les unes des autres pour faire le voyage en cabriolet, seul moyen de locomotion durant la guerre. Par la suite le rationnement d'essence continua à limiter les déplacements. Ce fut donc avec la sensation d'ivresse d'un enfant laissé seul dans une confiserie que je découvris qu'il y avait à Oxford une fête presque chaque soir. Londres, qui ne se trouvait qu'à une heure, possédait également dans ce domaine des ressources illimitées. Nous rencontrions au cours de ces soirées des jeunes filles qui ne manquaient pas d'enflammer mon imagination d'adolescent encore enfant. Elles semblaient même prendre plaisir à ma compagnie, ce qui ne manqua pas de susciter en moi de nouvelles et grisantes sensations. Mais c'était sans doute l'évidence du plaisir que je tirais de ces fêtes qui provoquait de leur part cette indulgente bienveillance.

Avec Anthony et mon très cher ami John Hemming – aujourd'hui docteur en littérature et directeur de la Royal Geographical Society –, je partageai, à Magdalen, au cours de ma deuxième année, une vieille tour un peu à l'écart, appelée le Grammar Hall. C'était un endroit idéal pour donner des fêtes puisque nous n'avions pas de voisins. Au cours d'une de ces soirées que nous donnâmes en l'honneur de la vedette noire Dorothy Dandridge, qui venait de tourner le rôle principal du film *Carmen Jones,* un jeune photographe – Tony Amstrong-Jones – immortalisa les scènes décadentes que découvrit l'aube de ce jour de mai. Je me contentais, pour ma part, d'offrir des œufs brouillés à la vedette. Au rez-de-chaussée vivait un musicien charmant, boursier du Gouvernement, qui jouait merveilleusement du piano. C'était incontestablement un des atouts majeurs de nos fêtes. Non sans raisons : il est aujourd'hui internationalement célèbre; il s'agit de Dudley Moore.

Plus tard, en compagnie de Richard Mason, un étudiant en médecine doté d'une personnalité véritablement charismatique, John et moi nous louâmes une maison dans Museum Road. Cette demeure présentait un avantage unique à cette époque encore peu libérale : son propriétaire ne vivait pas sur place. Elle devint le pied-à-terre des petites amies de tous nos camarades quand elles arrivaient à Londres. La vie y était une fête perpétuelle. John et Richard, qui travaillaient extrêmement dur pour préparer leurs examens, se plaignaient de temps à autre du bruit. Quant à moi, sybarite sans remords, je jouissais de l'instant présent sans me préoccuper le moins du monde de ·l'avenir.

John, Richard et moi échafaudions mille projets d'exploration. Nous avions tous les trois très sérieusement l'intention de devenir de célèbres explorateurs. Nous étudiions méticuleusement les atlas et nous comparions les mérites exceptionnels des grands voyages du passé. Il nous paraissait impossible de prétendre nous hisser à la hauteur de leurs exploits; et pourtant nous étions fermement décidés à suivre leur exemple. Mes deux amis accomplirent, pendant les grandes vacances, un voyage en Land Rover au Moyen-Orient. J'étais alors trop insouciant et trop occupé à jouir de ma vie présente pour faire autre chose que de retourner en Italie. Je vécus un certain temps à San Gimigniano en peignant, pour le plaisir.

2.

A l'étranger

Voyager en Europe c'est prendre possession d'un héritage; en Islam, faire l'inventaire de celui d'un cousin proche et familier. Mais voyager en Extrême-Orient, c'est découvrir quelque chose de totalement nouveau qu'on ne pouvait supposer ni même imaginer. Il n'est pas question d'explorer à fond cette nouveauté ni d'analyser ses origines sociologiques, artistiques ou religieuses, mais plus simplement de découvrir que cela existe. Brusquement, comme dans le battement d'un cil, la potentialité que nous offre le monde – les hommes et leur environnement – est brusquement multipliée par deux. La stimulation extraordinaire qu'offre cette simple expérience est inconcevable pour ceux qui l'ignorent.

ROBERT BYRON,
« First Russia, Then Tibet », 1933.

A ma sortie d'Oxford, je décidai de partir à la découverte du monde et quelque part en moi-même je ne souhaitais jamais revenir. Je n'imaginais pas faire carrière ni même vivre simplement en Grande-Bretagne. J'organisai donc une expédition avec un autre ami irlandais qui ne pouvait pas être plus différent de Speer Ogle, le compagnon de mon tour d'Europe. Johnny Clements était un garçon maigre et très sympathique, fils d'un propriétaire terrien du voisinage, qui ne prétendait être expert que dans deux domaines. Mais dans chacun d'eux c'était un véritable sorcier. Il connaissait les chevaux et les moteurs mieux que quiconque. Ses deux talents se révélèrent par la suite inappréciables.

L'année précédente, Adrian Cowell avait réussi, lors d'une expédition universitaire de trois Land Rover neuves, à gagner Singapour par terre pour la première fois. Je me proposais de rivaliser avec cet exploit mais à bord d'une jeep portant encore les traces des combats de la Deuxième Guerre mondiale. Elle nous coûta cent livres. Notre destination serait Ceylan, un des rares endroits – m'avait dit l'Automobile Club – où il était possible de revendre un véhicule venant de Grande-Bretagne sans payer d'énormes taxes. Une fois là-bas, je partirais à la recherche de mon destin tandis que Johnny retournerait en Irlande.

Nous traversâmes l'Europe en plein été, dormant dans les forêts de pins. Mais déjà notre petite jeep commençait à faire des siennes. Et Johnny, au cours des trois mois qui suivirent, fut occupé à plein temps pour la maintenir en état de marche. Il devint en fait si préoccupé de la santé de notre fragile véhicule qu'il en oublia toutes les autres épreuves. Il restait indifférent à l'ardeur de la chaleur des déserts comme à la rigueur des nuits glacées en haute montagne. Nourriture, argent, paroles n'étaient à peu de chose près que des moyens mis au service de ce qu'il considérait comme un devoir : faire traverser sans défaillance l'Inde à notre jeep. Villes anciennes, temples, paysages n'étaient les bienvenus que dans la mesure où ils nous obligeaient à un temps d'arrêt qui lui permettait de faire les réparations qui lui semblaient indispensables. C'était un compagnon idéal pour ce genre de voyage et, qui plus est, il parvint à me convaincre qu'il prenait grand plaisir à ce rôle. N'ayant aucun remords, je pouvais me livrer à mes fantaisies tout à loisir.

Après un réparateur week-end de pêche en Styrie – passé en compagnie de mon frère Richard, diplomate, maintenant en poste à Vienne, et avec Speer, qui étaient venus nous souhaiter bon voyage –, nous nous enfonçâmes en cahotant vers le sud-est.

Je traversai de nouveau la Yougoslavie et la Grèce, cette fois pratiquement d'un trait, en direction d'Istanbul et de l'Asie Mineure. Nous adorâmes tous les deux la Turquie. Johnny, à cause de sa grande taille et de sa connaissance des moteurs, était traité avec respect. Quant à moi, je répondais de mon mieux à l'humour des Turcs et à leur étonnante générosité. Notre continuelle préoccupation et principal problème demeurait les pannes de cette malheureuse jeep. A peine avions-nous quitté Istanbul que nous cassâmes l'embrayage. Grâce à cela nous passâmes deux jours merveilleux en compagnie d'une bande de sympathiques voyous de grand chemin qui devinrent nos amis à la vie à la mort alors qu'ils donnaient un coup de main à Johnny pour démonter la transmission. Ils nous aidèrent à ressouder l'embrayage et partagèrent avec nous leur nourriture et leur cabane.

A mon avis, tous ceux qui le peuvent devraient voyager. Et certainement pas en touristes. Car l'expérience directe de l'amitié des autres peuples, de leur culture et de leurs croyances est le meilleur moyen de surmonter notre tendance à repousser autrui par des préjugés et, peut-être, d'acquérir un amour et un respect véritables pour l'humanité dans son extraordinaire diversité. Nous nous méfions toujours de ce que nous supposons être le caractère des peuples différents; même si nous nous croyons particulièrement libéraux. Cette suspicion est un des problèmes majeurs de notre monde. La littérature anglaise fourmille de remarques désobligeantes sur les Turcs. Carlyle les trouve « innommables », Dickens « méchants ». Et nos livres de prières les fustigent en tant qu' « infidèles et hérétiques ». Le stéréotype non seulement de leur différence mais aussi de leur infériorité et de leur méchanceté foncière nous est fourré dans le crâne dès notre plus tendre enfance. Je pensais m'être débarrassé des préjugés qu'on m'avait inculqués vis-à-vis des « Européens du Continent », pourtant je me souviens de ma surprise lorsque j'ai découvert à quel point les Turcs rencontrés au bord de la route étaient charmants. Alors que nous déambulions la nuit, le long d'une plage, sous les étoiles, nos bras passés sur les épaules de nos voisins à la manière turque, nous nous sentions en accord et en confiance comme avec de vieux amis. Pourtant nous n'avions aucun langage commun pour communiquer. Depuis j'ai appris un peu plus chaque jour à me méfier des clichés « nationaux » et à estimer le véritable caractère des individus qu'il m'est donné de côtoyer. J'ai vécu avec les membres de sociétés qu'on classe parmi les plus « différentes » de notre planète et j'ai appris à les apprécier. Mais qu'on ne s'y méprenne pas; cela n'est pas si simple.

Il est en effet difficile d'admettre spontanément, sur un pied d'égalité, des peuples dont l'apparence est différente de la nôtre à cause de leur aspect physique, de leurs coutumes, de leur mode de vie, sans compter leurs propres préjugés. Les jeunes gens aujourd'hui sont sans aucun doute plus tolérants que nous ne l'étions il y a vingt-cinq ans. Des pièges subtils demeurent cependant. Un exemple : si vous êtes partisan de la libération des femmes, comment vous y prendre pour devenir ami avec quelqu'un qui, obéissant à sa tradition culturelle, considère la femme comme inférieure? Il y a peu d'espoir de paix dans le monde si l'on ne parvient pas à surmonter ce genre d'écueils. Les peuples peuvent fort bien tolérer et comprendre leurs différences tout en les préservant. Cette voie est de loin préférable à celles que prétendent offrir les idéologues agressifs ou les technocrates hallucinés qui voudraient imposer au monde entier des variantes de la même philosophie matérialiste insipide et destructive. D'ailleurs ces Turcs, ça va de soi, n'étaient pas tellement différents. Ils m'aidèrent simplement au bord de cette route à aimer un peu plus les hommes. C'est à Ankara que nous devions rencontrer quelqu'un de vraiment différent. Un géant à l'air triste qu'on montrait dans les foires. Il avait vingt-quatre ans et ses managers affirmaient qu'il mesurait deux mètres quarante.

Johnny et moi nous donnâmes un peu d'argent pour obtenir un entretien privé. On nous fit entrer dans sa roulotte. La rencontre avait quelque chose d'un cauchemar. Nous avions l'impression, tant il était grand, que nous regardions dans un télescope. Il était parfaitement proportionné. Je lui serrai la main et eus l'impression que la mienne n'était guère pour lui plus grosse qu'un petit doigt. Johnny, qui était nettement plus grand que la moyenne des Turcs et avait dans ses grandes mains une force redoutable, lança un défi à cet adversaire de taille. Il fut gentiment mais fermement mis à genoux et contraint, malgré la mise en œuvre de toute sa force, de s'incliner devant « le plus grand homme du monde ». Je fus bouleversé à l'idée que cet homme, à cause de son anomalie, ne pouvait, pour être admis par ses congénères, que se livrer à ce genre de numéro de cirque. Dans ses yeux tristes je voyais l'intense désespoir d'une caricature de Prométhée.

Notre voyage n'était pas une course contre la montre et nous n'avions rien à prouver. Nous étions libres d'errer à notre guise, de nous rendre là où nous en avions envie, ou plutôt là où j'en avais envie puisque Johnny acceptait de bon gré toutes mes fantaisies. Grâce aux conseils du délégué du British Archaelogical Institute à Ankara, nous nous rendîmes à Ürgüp. Ici, durant le Moyen Age, des moines chrétiens ont sculpté leurs cellules à l'intérieur d'impressionnants pitons rocheux. L'endroit était encore habité et faisait partie de la ville. Perdus dans l'aride campagne turque, nous tombâmes la nuit sur un ancien camp hittite à Bogazköy où nous nous installâmes à l'aveuglette parmi les ruines. A l'aube nous nous réveillâmes au pied d'un énorme temple et de bas-reliefs d'hommes en marche, vieux de quatre mille ans, sculptés sur les flancs d'une falaise qui nous surplombait. Vestiges des Hittites, des Phrygiens, des Grecs, des Romains, des Byzantins; portails sculptés en forme de sphinx, tombeaux de princesses... la plupart de ces merveilles attendaient encore les archéologues. Nous nous promenâmes dans ce site grandiose avec émotion. Les rivages de la mer Noire nous firent oublier la chaleur et la poussière de l'intérieur des terres. Nous campâmes sur une idyllique petite plage de sable où un ensemble de rochers formaient une piscine naturelle. Nous passâmes des heures extatiques à pêcher et à nager tandis que des vols d'huîtriers tournoyaient au-dessus de nous en sifflant. Nous nous endormîmes en écoutant les rainettes coasser dans les buissons autour de nous.

Lorsqu'une tempête eut mis par terre notre campement, un paysan fort gentil nous conduisit à travers ses champs de maïs et ses noisetiers vers sa petite maison dont ses bêtes occupaient le rez-de-chaussée. Il chassa plusieurs femmes voilées – ses épouses peut-être – de la seule chambre à coucher. On nous lava cérémonieusement les mains et les pieds dans une bassine en cuivre repoussé. Il nous offrit ensuite de délicieux yaourts et nous fit coucher sur des matelas recouverts d'épaisses couvertures multicolores. C'est certainement un des plus grands charmes des voyages que la qualité de cette sorte d'hospitalité spontanée. C'est aussi un de ces quelques petits détails qui me redonnent constamment confiance en l'homme. Il faut cependant reconnaître que la qualité de l'hospitalité offerte est le plus souvent inversement proportionnelle aux revenus de celui qui vous l'accorde.

De Trébizonde où à l'aube je déambulais seul sur les

remparts et où nous bûmes du thé en compagnie d'un jeune archéologue anglais dans un entrepôt ayant servi aux pirates vénitiens, nous empruntâmes le col de Zigan rendu fameux par Xénophon et la retraite des Dix Mille. Nous campâmes au bord de la route pour réparer la jeep avant de passer près du mont Ararat, couvert de neige, et d'entrer en Perse.

Téhéran, les dômes bleus d'Ispahan, les colonnes et les frises sculptées de Persépolis, les collines sauvages près de Chiraz où nous galopâmes sur des chevaux d'emprunt provoquèrent notre admiration et nous donnèrent beaucoup de plaisir. Mais nous décidâmes alors de tenter quelque chose d'un peu plus intrépide que ces aimables pérégrinations. Nous allions essayer de traverser par le milieu le désert de Perse, de Yazd à Tabas. Un itinéraire rarement emprunté, se faufilant entre le Grand Désert salé au nord et, au sud, le Désert de Lout, qui recouvre le centre et le sud de la Perse. On nous avait dit qu'une étroite bande de terre ferme le rendait praticable. En plein milieu du tronçon le plus redoutable de cette piste, le shah Abbas avait fait construire, trois cent cinquante ans plus tôt, une chaussée nommée « le tapis de pierres ». Bien qu'en piteux état, nous pensions qu'elle devrait encore permettre le passage d'une voiture. Au-delà s'étendaient les « Sables des Chameaux » dont les dunes mettraient la jeep à rude épreuve. Des deux côtés, les déserts salés s'étendaient à perte de vue. Sous leur croûte blanche, à l'apparente solidité, les fonds sont insondables. Il y avait quatre cents kilomètres à parcourir d'une piste bordée çà et là de fantomatiques caravansérails abandonnés. Ces vestiges évoquaient pour nous les jours de leur splendeur passée lorsqu'ils se trouvaient sur la grande route de la soie qui reliait la Chine à Constantinople.

Pour une fois, la jeep se conduisit parfaitement – il en était toujours ainsi lorsque nos vies étaient réellement en danger. Nous partîmes dans les faibles lueurs du couchant pour rouler pendant vingt-quatre heures dans un milieu impitoyable. On ne sait trop comment les bouquetins, les ânes sauvages, les onagres et les gazelles qui s'enfuyaient devant nous pouvaient parvenir à y subsister. Des corbeaux qui devaient avoir le don d'ubiquité ne cessaient de croasser au-dessus de nos têtes dès que nous nous arrêtions. Nous vîmes aussi une huppe dont les couleurs éclatantes – surprenantes dans un tel paysage – nous firent penser à un papillon égaré au milieu de l'Océan. Des mirages étonnamment

34

précis semblaient nous appeler sans cesse vers leurs lacs frais, bordés de palmiers, dans lesquels se reflétaient des collines imaginaires. Finalement, un point noir se détacha à l'horizon qui se transforma, lorsque nous fûmes tout près, en une porte monumentale ouverte sur un imposant château de couleur ocre qui se dressait, seul, au beau milieu du désert.

Avant notre départ, on nous avait dit à l'ambassade de Grande-Bretagne, à Téhéran, que d'après les registres seuls trois Européens avaient tenté de rallier Tabas au cours de ces deux cents dernières années. Tabas ne signifie-t-il pas « le bout du monde »? Tandis que nous roulions à l'intérieur de l'enceinte du château, des gens couverts de poussière, les yeux indécis, nous dévisageaient avec étonnement. Il n'y avait aucun autre véhicule dans les larges rues bordées d'arbres. Nous trouvâmes enfin un grand bâtiment à deux étages sur lequel flottait le drapeau iranien. C'était le palais du gouverneur. Alors que tous les habitants de Tabas portaient, à l'exception des membres de la police, des turbans et des pantalons flottants, ce dernier était sanglé dans un costume strict et sombre. Souffrant de solitude dans ce poste éloigné de tout, il était manifestement ravi d'accueillir des gens qu'il considérait, malgré leur tenue, digne de sa conversation. Cette fois, les différences de langue – il ne parlait qu'un peu de français et moi quelques mots d'iranien – nous donnèrent l'illusion que, si nous avions pu communiquer normalement, nous serions parvenus ensuite à éclaircir toutes les grandes questions métaphysiques. Nous étions malheureusement obligés de nous contenter d'esquisser des moues de satisfaction en dégustant du café noir et des grappes de muscat. On nous conduisit ensuite à notre logement. Puisque nous étions arrivés à l'improviste et qu'il n'y avait pas d'hôtel, nous eûmes l'agréable surprise de découvrir que nous étions logés dans le pavillon d'entrée du jardin public. Le dôme, recouvert de céramiques bleues et blanches, abritait une grande pièce qui donnait sur des parterres de fleurs éclatantes encadrés d'arbres verdoyants parmi lesquels serpentaient même quelques petits ruisseaux. Pommiers et dattiers poussaient côte à côte. Le gouverneur fut très fier de nous apprendre que c'était le seul endroit au monde où une telle chose fût possible. Il y avait aussi une profusion de noyers, de gommiers, d'érables, de pins, de mûriers, de rosiers, de réglisses, de figuiers, d'orangers et de grenadiers aux fruits d'un rouge intense. On trouvait aussi du tabac et de délicates petites jonquilles blanches d'automne. Le désert aux confins incertains soufflait vainement son haleine brûlante contre les murs qui ceignaient ce jardin.

Ce miracle n'était possible que grâce à l'existence d'un canal souterrain construit des siècles plus tôt amenant l'eau des lointaines collines à la lisière de la frontière afghane. Un bassin aux eaux fraîches, profondes et limpides, invitait à la baignade. On nous donna du savon en nous disant que nous pouvions nous y laver et y nager tout notre soûl. Le lendemain, après avoir pris du thé accompagné de galettes de pain sans levain, de dattes et de pastèques, nous allâmes visiter une école du XIVe siècle et sa mosquée flanquée de deux minarets magnifiquement recouverts de céramique. Dans le bassin de la cour, un petit oiseau phalarope se baignait maintenant sans porter la moindre attention aux humains. Contrairement à la plupart des endroits où nous sommes passés, après le premier instant de surprise, plus personne ne nous regardait ou ne nous désignait du doigt. Nous n'étions pas non plus poursuivis par des hordes d'enfants. Tout au contraire, comme c'est souvent le cas dans les lieux très isolés non encore pervertis par la civilisation marchande, nous fûmes constamment traités avec beaucoup de dignité et d'égards sans jamais être importunés ou tenus à l'écart.

Malheureusement, Tabas, qui pendant si longtemps avait préservé le raffinement de sa civilisation d'un autre âge, fut dévastée par un tremblement de terre, en 1978. La plupart des maisons furent détruites, coûtant la vie à de nombreuses personnes ensevelies sous les décombres. Peu après s'y déroula l'échec de la mission des troupes aéroportées américaines, destinée à libérer leurs concitoyens retenus en otages à Téhéran.

A Meshed nous campâmes dans le jardin envahi de mauvaises herbes d'un consulat britannique à demi abandonné. Un petit groupe de gardes pakistanais solitaires, d'un âge vénérable, nous y surveillaient. J'achetai au marché, durant cette période, une pelisse afghane fourrée, devenant ainsi malgré moi sans doute le précurseur d'une mode qui devait faire fureur en Europe dans les années 60. Je dois dire que cette acquisition me permit surtout de survivre à bon nombre de nuits horriblement froides.

A Hérat je grimpai imprudemment sur l'immense minaret — en très mauvais état — de la tombe de la belle-fille de Tamerlan.

Poussé en avant par les encouragements des spectateurs afghans, j'y fus violemment assailli par des pigeons apeurés qui, au sommet, surgirent soudain du noir. Je fus cependant récompensé par la vue et, plus tard, par la solennelle poignée de main que me donna le vieux mollah qui m'affirma qu'il n'avait vu de son vivant personne monter là-haut.

Dans ces deux endroits, comme partout ailleurs, Johnny passa la plupart de son temps en compagnie de forgerons pour fabriquer, avec des morceaux de métal, les pièces qui manquaient à la jeep.

On nous avait dit qu'on risquait de rencontrer des bandits en Afghanistan. Un mois plus tôt, un jeune Américain, fils d'un ambassadeur, et sa petite amie suédoise y avaient disparu. Le jeune homme avait été tué et la jeune fille n'était jamais réapparue. J'entendis dire des années plus tard qu'elle était toujours en vie et attendait qu'on vînt la délivrer.

Progressant sur des pistes escarpées réservées aux chameaux, entourés par une nature sauvage, nous ménagions autant que possible notre véhicule. Nous devions cependant descendre en serpentant sur d'incroyables déclivités pour établir notre camp dans de petites vallées verdoyantes où poussaient des peupliers dont le feuillage d'automne était encore d'un jaune éclatant, alors que les eaux étaient déjà gelées. Nous dormions dans des forts en ruine ou à la belle étoile, tassés l'un contre l'autre pour nous protéger du froid acéré de la nuit. L'air était limpide, le paysage, tibétain. Il n'y avait aucun autre véhicule que le nôtre mais nous apercevions de temps en temps une caravane à l'horizon. En pleine montagne, entre les lacs bleu de cobalt du Band-i-Amir et les montagnes du Koh-i-Baba, nous nous arrêtâmes pour permettre à Johnny d'effectuer quelques nouvelles réparations délicates.

Je m'éloignai à pied en emportant ma canne à pêche dans l'espoir de ramener quelques truites pour le déjeuner. Le ruisseau formait de nombreuses mares dans lesquelles j'apercevais de gros poissons qui, malheureusement, n'étaient nullement intéressés par mes mouches européennes. Je remontai donc la vallée pour atteindre finalement une grande prairie où régnait un silence absolu. Totalement absorbé par ma pêche, je perdis conscience de ce qui m'entourait. J'entendis soudain une sorte de roulement de tonnerre lointain qui me fit relever la tête en direction d'un ciel pourtant bleu et sans nuages. Puis, en me retournant, j'aperçus une vingtaine de cavaliers portant des turbans et de longues robes flottantes, qui galopaient vers moi. Ils étaient armés de fusils à long canon et arboraient de larges cartouchières en bandoulière. Si l'on en jugeait par leurs moustaches à la Gengis Khan, leur peau mate et leurs visages aigus au nez en bec d'aigle, il ne pouvait s'agir que des bandits que l'on m'avait si souvent décrits! A côté de leurs chevaux nerveux, bondissaient de grands chiens courants aux longs poils. J'aurais dû être effrayé, mais je ne l'étais pas. Si je devais mourir, je ne pouvais trouver une fin plus romantique.

Ils m'entourèrent en formant un cercle parfait, me coupant toute possibilité de fuite, puis s'arrêtèrent en faisant se cabrer leurs chevaux qui restèrent ensuite immobiles tandis que leurs flancs se soulevaient au rythme d'un souffle puissant. Les cavaliers m'observaient tandis que je rembobinais ma ligne. Me servant des quelques mots de persan que je connaissais, je les saluai de mon mieux; ils restèrent impassibles. Ensuite, m'inclinant vers l'eau, je leur fis des signes pour tenter d'expliquer que leurs chevaux aimeraient peut-être boire et que de toute façon il y avait peu d'espoir de prendre du poisson aujourd'hui. Ne parvenant pas à rompre la glace, je démontai ma canne à pêche et m'avançai vers les chevaux pour leur caresser le cou en essayant d'exprimer comme je le pouvais mon admiration. Brusquement la tension retomba. Je serrai les mains qui se tendaient vers moi et les larges visages se mirent à sourire. De grands éclats de rire rompirent le silence. Je fus assailli de questions que je ne pouvais comprendre et auxquelles j'étais incapable de répondre. Je réussis cependant à faire entendre aux bandits hilares que dans la vallée se trouvaient ma jeep et un ami. Mes singeries les amusaient au plus haut point et ils éclatèrent de rire de plus belle. Ils se donnaient de grandes claques dans le dos tandis que les chevaux se dressaient sur leurs pattes arrière comme pour participer à la gaieté générale.

Le chef – à son allure on ne pouvait se tromper – portait sur lui tant de cartouches que si une balle l'avait touché elle aurait probablement ricoché. Il se pencha pour me prendre la main. Pensant innocemment qu'il voulait me la serrer de nouveau, je la lui tendis sans réticence. Il la coinça alors vivement entre son étrier et son pied, et à coups d'éperons lança son cheval au galop. Je me mis littéralement à voler, serré contre le flanc de son cheval, courant à grandes enjambées pour ne pas tomber et être traîné par terre. Les pieds de Johnny dépassaient de la carrosserie; la bruyante gaieté des brigands se déchaîna de nouveau. Johnny, qui est de toute façon extrêmement grand et mince, devait paraître immense aux yeux des Afghans. Au fur et à mesure qu'il sortait du dessous de la voiture, les rires devinrent plus respectueux, pour reprendre ensuite sans aucune retenue lorsque son visage couvert de taches d'huile noirâtres apparut. Rien jamais ne surprenait Johnny et il ne se préoccupa nullement du danger de la situation. Il savait par contre reconnaître un beau cheval quand il en voyait un. Il se dirigea donc sans hésitation vers le superbe étalon du chef afghan et commença à énumérer toutes ses qualités. Le langage des cavaliers, lorsqu'ils parlent de leurs montures, est probablement universel. Johnny fut immédiatement porté au rang des connaisseurs et considéré comme un homme avec qui il fallait compter. Le chef libéra ma main qui n'était que légèrement meurtrie, et l'on serra celle de Johnny à la ronde. Il demanda à prendre des photos.

Immédiatement les cavaliers formèrent deux lignes de bataille et se lancèrent les uns vers les autres au galop en hurlant et en agitant leurs fusils au-dessus de leurs têtes. Au moment où ils se croisaient, les flancs des chevaux se touchaient presque. Cette scène extraordinaire aurait mérité d'être filmée. Puis, un par un, ils chevauchèrent vers nous en se penchant sur leurs selles pour ramasser à pleine vitesse des objets sur le sol et firent cabrer leurs chevaux comme des bêtes de cirque. Ils nous laissèrent enfin les monter. Nous nous enfonçâmes alors dans leurs profondes selles, étonnamment confortables, rembourrées à l'avant et à l'arrière avec des couvertures rayées de couleurs vives et des peaux de moutons. Une gourde de cuir et un étui à fusil pendaient à chaque selle. Il y en avait de tous les types : de vieux fusils du XIXᵉ siècle qu'on chargeait par le canon et des armes russes modernes à culasse mobile, copiées sur le Winchester calibre 303; certains étaient neufs. Nous essayâmes de savoir d'où ils provenaient. Les cavaliers nous indiquèrent le nord en direction de la frontière russe, à la hauteur de l'Amou-Daria qui devait se trouver à quelque deux cents kilomètres et qu'on ne pouvait atteindre qu'en traversant une région sauvage extrêmement montagneuse. Lorsque nous prononçâmes le nom de Samarkand, ils semblèrent acquiescer. Ces cavaliers ne reconnaissaient ni frontière ni gouvernement. Leur vie obéissait plus aux saisons qu'à la politique. Servant d'escorte et de garde aux caravanes, ils étaient les descendants d'une longue lignée de nomades dans une région où les voyages ont toujours été dangereux et où toute sécurité ne s'obtient qu'en se protégeant soi-même.

Maintenant des routes traversent ces montagnes, les frontiè-res sont partout gardées et les Soviétiques occupent l'Afghanistan. Ces nomades sont très certainement devenus des résistants. Je ne peux croire que nos amis puissent jamais reconnaître une autre autorité que la leur. Le nomadisme est généralement condamné de nos jours. Les gouvernements préfèrent les agriculteurs plus « modernes », ce qui signifie surtout qu'on peut plus facilement les administrer et les charger d'impôts. Le transport des marchandi-ses par d'énormes poids lourds a supprimé peu à peu les divers avantages que ces hommes tiraient du commerce caravanier. Il est difficile pour eux de poursuivre leur ancien mode de vie de plus en plus menacé.

Le groupe de cavaliers que nous avons rencontré en 1957 était composé d'hommes fiers et libres débordant de vitalité et possédant une joie de vivre qu'il serait difficile de rencontrer chez les sédentaires que nous sommes presque tous devenus.

Au Pakistan et en Inde, nous avons connu également des moments d'émotion. Nous rencontrâmes des tigres sur la pelouse du palais abandonné d'un maharadjah où nous campions. Sur une petite montagne, que j'escaladai par plaisir en me rendant au Népal, j'aperçus à l'horizon le mont Everest. Mais c'était le Cachemire que j'avais surtout envie de visiter. Il me fut assez difficile d'y parvenir en octobre.

Bloqué par des glissements de terrain, aux environs du col de Banihal, j'abandonnai le car dans lequel je voyageais – j'avais déjà quitté Johnny qui réparait la jeep et devait me rejoindre plus tard – et marchai à pied pendant une semaine dans le blizzard d'incessantes tempêtes de neige. Je parcourais environ quarante kilomètres par jour. Des étudiants indiens et des enfants transis dans des véhicules tombés en panne au bord de la route me saluaient amicalement. Essayant de manifester un flegme que l'on dit britannique, je continuais ma marche, me réchauffant de temps en temps dans les *chaikanas* où je buvais du thé contenu dans de grandes urnes de cuivre.

Les entrepreneurs allemands qui construisaient un nouveau

tunnel sous la montagne qui gardait l'entrée du Cachemire avaient terminé leur percée quelques jours plus tôt. Tout le monde croyait que cette entreprise avait mis en colère le dieu de la montagne qui avait, par vengeance, déclenché la pire tempête de neige de toute l'histoire de la région. Il me fallut une journée d'escalade pénible pour atteindre le campement des Allemands. Lorsque j'y arrivai, tout était totalement obscur et la tempête faisait voler la neige horizontalement à travers le petit groupe de cabanes basses. Je fis irruption comme un diable dans le bureau du « Komandant ». De façon quelque peu inattendue, je fus accueilli par une caricature de Tyrolien. L'homme portait un minuscule chapeau de feutre vert orné d'un plumet, un loden et une culotte de peau. Sa barbe rousse était étonnamment broussailleuse. Il fut enchanté de me voir et nous passâmes la moitié de la nuit à parler d'Innsbruck, sa ville natale. Les Allemands, impassibles et presque totalement silencieux, ne se manifestaient qu'en tapant du pied à intervalles réguliers pour lutter contre le froid. Ils m'auraient, je crois, volontiers jeté dehors car je n'avais aucun droit à être là. Heureusement, grâce à mon ami autrichien et aussi sans doute parce que je parlais allemand, on me laissa traverser le tunnel à pied. Je fus donc certainement, grâce à ce subterfuge, la première personne à entrer au Cachemire par quelque route que ce fût depuis une semaine. Lorsque j'y parvins, je respirai tout de suite une atmosphère différente. L'air était plus vif, presque coupant, et le ciel incroyablement lumineux. Durant tout le temps de ma visite, je me sentis le cœur léger et d'humeur incroyablement gaie.

En sortant du tunnel, je découvris d'abord une sorte de paysage alpin couvert de sapins dont les branches ployaient sous le poids de la neige. Le soleil tentait de percer le brouillard matinal.

En contrebas des bois de sapins, je trouvai des peupliers qui se dressaient, fragiles et frêles, à l'abri de la vallée. Le long d'un ruisseau glacé où des stalactites pendaient des rochers couverts de neige, j'aperçus des saules têtards comme on en trouve au bord des rivières du Wiltshire. Un troupeau interminable de moutons et de chèvres descendait la colline en serpentant sous la conduite d'un berger inquiet dont les étranges cris et sifflements se répercutaient tout au long de la vallée.

J'atteignis enfin le lac Dal où poussent les lotus et où le temps semble glisser tranquillement sur les eaux. L'éclatante beauté de ce paysage suffit à elle seule à vous donner le goût de vivre. On y trouvait des bateaux habitables, reliques décorées de l'époque coloniale. Les Anglais se réfugiaient alors dans les collines pour l'été. Spacieux, confortables, dotés de larges fenêtres et quelquefois d'une véranda ou d'une terrasse sur le toit, ils me rappelaient certaines péniches à Oxford sur la rivière Isis. Des sortes de gondoles surmontées de dais de chaume faisaient la navette entre ces maisons flottantes et le rivage, conduites par un rameur assis à l'arrière. Des phrases anglaises peintes de couleurs voyantes, indiquaient le nom et certaines caractéristiques du bateau. On lisait par exemple : « Le Paradis terrestre, matelas moelleux ». M. Ramzan Dongola réussit à me persuader que son bateau était non seulement le plus beau mais encore le moins cher du lac. C'est là que Johnny vint me rejoindre après avoir pris le premier avion autorisé à décoller après la tempête.

Ramzan était comme la plupart des habitants du Cachemire, un commerçant enragé. Il connaissait tout le monde et ses amis fabriquaient « les plus beaux objets et parce que vous êtes sur mon bateau, vous demanderont de tout petits prix ». En sa compagnie, nous nous rendîmes dans une infinité de petites échoppes obscures dans les quatre vieux quartiers de Srinagar. Là, des vieillards et de tout petits garçons fabriquaient nuit et jour des objets de papier mâché ou sculptaient des boîtes en noyer sur lesquelles ils peignaient des miniatures. Nous y vîmes toutes les formes d'un riche artisanat : des tables et des chaises, des plateaux, des bibelots et des bijoux. On nous montra chaque stade de leur fabrication, depuis la matière brute jusqu'au moment où ils étaient recouverts avec amour de minces feuilles d'or.

Assis les jambes croisées sur un amoncellement de couvertures, nous bûmes d'innombrables tasses de thé iranien tandis qu'on étendait devant nous, respectueusement, toutes sortes de tapis, de châles et de nappes. Ramzan, probablement déçu par notre manque d'entrain commercial, nous proposa brusquement d'aller chasser le gros gibier. Puisque nous voulions voir du pays et qu'il nous certifiait que l'expédition ne nous coûterait presque rien, nous nous mîmes d'accord. Avec des airs mystérieux, il nous révéla qu'il connaissait un endroit où les villageois étaient persécutés par des ours noirs géants. Selon lui, personne d'autre que nous ne pourrait s'y rendre et nous serions fort bien accueillis par les paysans qui nous aideraient bénévolement si nous parvenions à abattre ces bêtes. Nous étions fortement intrigués par cette histoire.

Ramzan nous fournit absolument tout, y compris les fusils et la voiture. Comme nous ne disposions de permis d'aucune sorte, nous dûmes simuler un départ en pique-nique. A l'aube, le lendemain matin, nous parcourûmes les rues en klaxonnant pour réveiller une demi-douzaine d'amis de Ramzan qui devaient participer à l'expédition. Plusieurs d'entre eux étaient armés. Toute la journée nous roulâmes en direction du nord sur des routes qui devenaient de plus en plus mauvaises. Nous atteignîmes enfin un village où une cinquantaine de villageois étaient rassemblés autour du chef pour discuter de l'organisation de la chasse. Il fut décidé que, le lendemain, ils parcourraient la montagne afin de rabattre pour nous le *chukor,* la perdrix de l'Himalaya. Ensuite, à la nuit, les choses sérieuses commenceraient. Nous serions alors assis au milieu des moissons à attendre les ours. Nous avions, Johnny et moi, grandi en Irlande un fusil à la main. Nous étions donc persuadés de nous tirer avec honneur de cette entreprise aux yeux des villageois. Lorsque tout fut décidé, la nuit était tombée et nous fûmes un peu surpris d'apprendre que notre maison – pour des raisons connues seulement de Ramzan – se trouvait « un peu plus haut dans la colline ». Après une heure de marche pénible, nous arrivâmes devant une hutte. C'est là que nous devions dormir. Nous dûmes, pour y entrer, passer par une trappe pratiquée dans le toit. A l'intérieur la fumée était épaisse. Un âne était attaché près de la porte et une énorme chèvre bêlait en faisant des sauts désordonnés. Une vieille, toute ratatinée, entourée d'une bande d'enfants en train de jouer, était penchée sur une marmite qui se trouvait sur le feu.

Après une journée passée en vain à chasser le *chukor* dans la montagne sur des pentes presque verticales, nous revînmes dans le noir dans un petit champ près du village. Nous avions tous deux un compagnon de chasse. Ils se gratifiaient eux-mêmes avec beaucoup d'optimisme du titre de *shikari,* terme qui, dans le dictionnaire, désigne un guide averti ou un chasseur de gros gibier. Mon *shikari* me construisit un petit abri dans un champ de maïs où je pus m'étendre et dormir pour quelques heures. Aux environs de minuit, il m'éveilla pour me dire qu'il avait entendu un bruit suspect. Nous nous accroupîmes côte à côte. J'avais le vieux fusil de Ramzan tout piqueté sur les genoux. Il y avait très peu de lune et les nuages la cachaient la plupart du temps. Je pouvais à peine voir le bout de mon fusil et le champ en contrebas était plein d'ombres mouvantes. Brusquement, le *shikari,* tout excité, bondit sur ses pieds et cria « tseu! » en me montrant une forme du doigt. J'aperçus quelque chose qui ressemblait à un petit chat gris courant à toute vitesse de gauche à droite. Ce ne fut qu'un moment plus tard que je me rendis compte que mon compagnon, pensant avoir vu un ours, m'avait crié « feu ». Je persistais à penser qu'il s'agissait d'un chat. Immobiles et gelés, nous passâmes deux heures assis sans que rien n'arrive en dehors de deux détonations provenant de la direction où se trouvait Johnny. Faisant un vacarme terrible, un des villageois grimpa tant bien que mal vers nous pour nous apprendre qu'il y avait un ours dans son champ. Nous exhortant l'un l'autre à ne pas faire de bruit, nous suivîmes le paysan. Nous nous courbâmes au maximum tout en essayant de courir sur la pointe des pieds. Nous traversâmes ce champ de pierres comme de véritables ballerines. Nous nous arrêtâmes pour regarder au-dessus d'un mur de pierres en essayant d'identifier chaque ombre. A ma grande surprise l'une d'entre elles était indiscutablement celle d'un ours. Il était à environ une trentaine de pas, se tenait sur ses pattes arrière et semblait regarder dans notre direction. Je l'abattis.

Il se révéla que Johnny avait également tué son ours. Et non seulement le sien était plus grand – c'était un véritable géant qui, de la tête à la queue, mesurait deux mètres treize – mais encore il se déplaçait au moment du coup de feu. Johnny proclamait donc avec raison que son exploit était supérieur au mien. Ramzan nous promit de faire tanner les peaux et de nous les envoyer en Angleterre. Je crois que Johnny possède encore la sienne. Quant à la mienne, elle parvint chez moi un an après. Malheureusement elle avait été mal tannée et puait si fort qu'il me fallut la détruire. Notre équipée avait atteint son but. Tous les mystères dont Ramzan entourait la chasse au gros gibier n'étaient en fait qu'un intelligent subterfuge pour nous distraire et acquérir un peu de notre argent. Pendant un certain temps, en raison de la gratitude des villageois que nous avions débarrassés d'un terrible ravageur de moissons, nous nous sentîmes aussi fiers que si nous avions abattu des tigres mangeurs d'hommes. Malheureusement nous découvrîmes à notre retour à Srinagar que la région où nous avions été chasser était une réserve écologique du gouvernement, absolument interdite aux chasseurs. Nous n'avions pu nous rendre là-bas que parce que Ramzan savait que le gardien en chef serait absent. Dès cet instant, notre exploit prit une tout autre coloration !

Il y a tant de choses dans la vie qui ne retiennent pas notre attention et s'évanouissent à jamais. Même à la relecture de certains passages dans mes vieux carnets de voyage ou dans mon journal, il arrive qu'aucune sensation précise ne me revienne en mémoire. Certains instants privilégiés y sont par contre gravés à jamais. Pour revivre avec intensité ces moments, il ne suffit quelquefois que le nom d'un lieu. Il en est ainsi pour moi lorsque j'entends prononcer ces noms : « Srinagar »... « Cachemire ». Lorsque je relis ce que j'écrivais à l'époque, je sens l'air froid et vif sur ma peau, l'azur du ciel m'éblouit à nouveau, l'odeur des fleurs et des collines m'enveloppe et j'entends les voix sur l'eau. Les peupliers se reflètent toujours dans le lac, les bateaux-maisons multicolores y flottent encore et je sens même la chaleur des petits poêles à charbon auprès desquels je me réchauffais. Les vendeurs sont toujours aussi acharnés et leur hospitalité liée à l'espoir de nous vendre quelque chose, mais sans jamais le déguiser le moins du monde. Le soleil est toujours aussi chaud, les montagnes prises dans des amoncellements de nuages, toujours aussi grandioses à l'horizon. Un bateau bariolé laisse derrière lui un sillage dont les lignes se répercutent à l'infini sur la surface incroyablement immobile du lac où se reflètent les cimes enneigées pour former une image aussi paisible et évanescente qu'une aquarelle.

Johnny et moi nous nous séparâmes à la fin du voyage en toute amitié. Il retourna en Irlande par bateau tandis que je vendais à Ceylan la vieille jeep, comme je l'avais prévu et pour le prix exact qu'elle nous avait coûté. Livré à moi-même, je poursuivis ma route vers l'est.

« Irrawaddy »... « Mandalay », ces noms font aussi surgir à eux seuls mille images de pays orientaux exotiques, de lieux presque inaccessibles où de grandes choses se sont passées et où l'on trouve encore des beautés hors du commun. Comme pour le Chimborazo et le Cotopaxi en Amérique latine, l'idée de voir ce fleuve et cette ville aux noms si évocateurs, situés au cœur même de la Birmanie, m'avait toujours inexplicablement bouleversé. Elle justifiait l'image romantique que, jeune homme, je m'étais forgée au sujet des voyages, pensant alors qu'ils étaient une fin en eux-mêmes. Je croyais que le simple fait de rendre visite à des endroits qui me semblaient aussi prestigieux suffirait à combler et à satisfaire pleinement mon existence.

Évidemment, dans la réalité les choses ne se passent jamais ainsi. Voyager pour le seul amour du voyage perd de son charme après un certain temps. L'accumulation de ce genre d'expériences – sans parler de l'envie de remplir une liste de pays et de lieux où l'on peut dire qu'on a été – est une occupation vaine et un peu égoïste qui n'a aucune valeur à moins qu'elle n'ouvre sur quelque chose d'autre. Elle peut bien sûr, avec un peu de chance, vous débarrasser de certains rêves d'adolescent, en particulier de celui de la « fièvre du vagabondage ». Elle peut aussi vous conduire à vouloir changer un certain nombre de choses qui ne vont pas dans ce monde et vous inciter à vous servir de ce que vous avez appris pour réaliser quelque chose d'utile. Mais cette quête est souvent pleine de désillusions et de déceptions. Ce que l'on peut finalement retenir de plus utile, si l'on fait abstraction des exagérations poétiques sur les pays exotiques, est que, malgré leur diversité culturelle, l'homme observé et l'observateur sont bien le même homme, aussi bien à Bangkok qu'à Bamako ou à Birmingham.

Malgré tout ce que je viens de dire, Mandalay sur l'Irrawaddy fut à la hauteur de mes rêves et me combla totalement lorsque j'y arrivai. L'air était frais et pur en comparaison de la chaleur nauséabonde de la côte. Le centre de la ville, dessiné par un architecte français du XIXᵉ siècle, était fait d'une multitude de grandes avenues rectilignes bordées d'arbres. A l'ouest coulait le large et boueux Irrawaddy, tandis qu'au nord les rues finissaient aux douves d'un ancien palais. De magnifiques remparts ocre rouge, partiellement érodés, étaient tout ce qui subsistait du bâtiment, après les ravages de la guerre. Les opinions ne s'accordaient pas sur la nationalité de la bombe – anglaise ou japonaise – qui avait détruit ce somptueux édifice en bois. Je me reposai au bord des douves couvertes de lotus, assis sous un arbre en fleur dont l'image ondulait dans l'eau.

Comme je parcourais les rues, me demandant sans trop d'inquiétude où me loger, je rencontrai, à notre surprise à tous deux, un jeune Anglais qui vivait là depuis quelques mois pour apprendre le birman. Il devait ensuite entrer comme troisième secrétaire d'ambassade à Rangoon. Plus étonnant encore, nous nous connaissions! Nous nous étions rencontrés au bal de Cambridge. Quelques années plus tard, il devait épouser ma cousine Jenny. Martin habitait chez une famille birmane très hospitalière qui, avec gentillesse, me permit de dormir chez eux. L'enthousiasme de Martin pour tout ce qui touchait la Birmanie, depuis ses femmes élégantes en jupes de brocart serrées qui le dorlotaient, jusqu'à l'histoire et à la langue de ce pays, me donna un aperçu de la richesse de l'Orient. Alors qu'il enviait ma liberté de voyager partout où j'en avais envie, j'admirais son savoir. Nous sommes restés amis tout au long des années. Le soir, par des escaliers de pierres qui serpentent sur tous les versants d'une colline qui domine la ville, nous grimpâmes jusqu'aux pagodes juchées au sommet. Assis dans l'une d'elles, nous bavardâmes en regardant le paysage qui se trouve au-delà du fleuve. La vallée parsemée de coteaux comme un paysage toscan était couverte de pagodes. Partout où nous regardions, nous ne voyions dans la lumière du soir que des temples blancs, or, rouges ou bruns. Certains étaient surmontés de dômes en forme de bulbe, d'autres en forme de gradins, d'autres encore étaient recouverts de céramiques ou de fresques. Les temples datent de toutes les époques, du VIIIe au XXe siècle.

Aussi loin qu'on puisse aller dans la campagne environnante, on trouve toujours et partout au moins un édifice sacré construit en l'honneur d'un roi, d'un prince ou d'un saint moine qui s'est arrêté là. La plupart de ces pagodes étaient en ruine, mais nombre d'entre elles possédaient encore de gigantesques bouddhas souriants et couverts d'or qui jetaient un éclat rougeoyant à l'intérieur de leurs murs. En effet, tout au long des siècles, les fidèles sont venus se recueillir auprès de ces statues et y coller de petites feuilles d'or, souvent minuscules, jusqu'à ce qu'elles forment une couche d'une bonne épaisseur. Il existe aussi quelques pagodes dont le toit, couvert d'or, scintille au loin au soleil couchant. Après les foules de l'Inde, le centre de la Birmanie semble agréablement sous-peuplé. Il est même étonnant d'y trouver un si grand nombre de monuments magnifiques et si peu de gens. Bien qu'à cette époque la Birmanie passât par une période troublée et pullulât de groupes « rebelles », elle semblait, vue de l'extérieur, étonnamment calme et tranquille : une population amicale et souriante, pleine de moines aux crânes rasés, à l'air méditatif et portant de longues robes jaune d'or.

Martin organisa une chasse aux canards sur un lac qui se trouvait à une cinquantaine de kilomètres. Quand nous arrivâmes sur les lieux – nous étions partis de Mandalay dans sa petite Ford avant l'aube –, le chef d'un village sur le rivage nous avertit qu'un important groupe de « rebelles » s'était embusqué dans les parages et que s'ils entendaient nos coups de feu ils viendraient immanquablement nous tuer pour s'emparer de nos fusils. Les campagnes éloignées des grandes villes étaient à cette époque, en Birmanie, entre les mains d'une multitude de bandes armées qui allaient des communistes chinois aux brigands birmans. Ils volaient d'ailleurs plus volontiers qu'ils ne tuaient. Le groupe en question se composait d'opposants à la politique gouvernementale. Il pouvait être dangereux de les rencontrer, particulièrement pour un jeune diplomate. Nous découvrîmes alors qu'il y avait un autre lac aussi intéressant à proximité. Nous roulâmes durant quelque temps sur une piste défoncée, ce qui nous permit d'établir un contact amical avec le chef du village qui avait décidé de se joindre à nous avec son extraordinaire tromblon rouillé.

C'était effectivement un très beau lac, ceinturé de roseaux à travers lesquels serpentaient des passages d'eau claire. On y voyait de superbes nénuphars bleu, rouge et jaune, des lotus, des élodées aux couleurs éclatantes et autour une masse luxuriante de buissons et d'arbres en fleurs. La jungle tropicale consiste habituellement en une subtile gamme de verts avec çà et là quelques taches de couleurs vives. Mais ici nous nous serions crus dans un véritable jardin botanique. Ce fut le milieu naturel sauvage le plus coloré qu'il m'ait été donné de contempler. Le lac lui-même ressemblait souvent à une forêt inondée. Sa végétation était par endroits si abondante que l'eau y disparaissait. Des bosquets poussés sur des îles flottantes et des rives couvertes de plantes enchevêtrées se reflétaient dans ses eaux profondes. Nous nous accroupîmes à la poupe d'embarcations à fond plat, instables et étroites. Elles étaient habilement dirigées à la perche par des villageois minces, au teint sombre, ceints d'une longue étoffe autour des reins. En quelques secondes, j'avais perdu de vue la barque de Martin. Nous glissions sur d'étroits chenaux en nous frayant un chemin à travers de hautes herbes. J'étais si fasciné par le paysage que j'en oubliai le but de cette promenade. Si j'avais été seul, je n'aurais probablement pas tiré un seul coup de fusil.

Dans presque chaque arbre, en regardant attentivement, je pouvais découvrir des oiseaux. Leur taille allait de celle de la cigogne à celle de la petite et blanche aigrette, généralement perchée tout au bout d'une branche. Malgré la désapprobation marquée de mon compagnon, je me refusais à tirer sur ces cibles immobiles. Les coups de feu qui claquaient tout autour du lac provoquèrent bientôt le vol de myriades d'oiseaux différents : sternes planant avec élégance et bourdonnant comme des oiseaux-mouches avant de plonger dans l'eau; cormorans malhabiles laissant derrière eux une traînée blanchâtre de fiente en s'envolant; martins-pêcheurs, certains aussi gros que des pigeons, à la gorge orange et aux ailes bleues; essaims de colombes et de geais jacassant. Visiblement les occupants de ce lac n'avaient pas l'habitude d'être dérangés. Ils n'avaient aucune idée de ce qui leur arrivait et se précipitaient dans toutes les directions dans la plus grande confusion. Arrivèrent enfin les canards, volant à tire-d'aile. Leur chair est délectable, c'est pourquoi les chasseurs en font leur cible de prédilection. Ils étaient si nombreux que je pus choisir parmi les plus gros et épargner les belles petites sarcelles qui sifflaient en battant désespérément des ailes pour tenter de s'enfuir. Une fois que mon compagnon eut accepté ma curieuse manie de vouloir rester sur place et de laisser les oiseaux passer au-dessus de nos têtes avant de les tirer plutôt que de nous précipiter sur tous les vols qui se posaient sur le lac, il me fit même quelques commentaires élogieux. Je parvins à comprendre qu'il me félicitait lors de mes tirs les plus acrobatiques. Nous retournâmes au rivage la barque pleine de canards.

Un vieillard flanqué de deux énormes éléphants nous offrit ses bêtes comme montures pour rentrer au village. En chemin nous nous arrêtâmes pour nous baigner dans le fleuve. C'était une curieuse sensation de flotter sur ces énormes radeaux mouvants qui, en plus, possédaient grâce à leur trompe une agréable douche intégrée et mobile. Après nous être séchés et habillés, nous remontâmes sur nos éléphants. Le mien, qui était fort gentil, faisait connaissance avec moi en passant sa trompe au-dessus de sa tête. De toute évidence il attendait une récompense. Heureusement j'avais encore dans ma poche quelques vieux smarties que je lui donnais un à un. Il les portait alors à sa bouche en inspirant de toutes ses forces pour ne pas les perdre. Il les mâchait ensuite dignement mais avec beaucoup de bruit, puis, après avoir attendu un certain temps par politesse, il en redemandait d'autres. C'est ainsi que nous atteignîmes le village où nous fûmes fêtés et où nous passâmes la nuit à parler de nos exploits de chasse.

Je quittai Mandalay sur un bateau à aubes qui faisait un bruit de ferraille en descendant le courant. Le fleuve était large, boueux, plein de bancs de sable sur lesquels nous nous échouions fréquemment. Il y avait, paraît-il encore, sur chaque rive, dans la montagne et dans la jungle, des bataillons de bandits qui ne manqueraient pas de nous attaquer si nous restions trop longtemps sur place. A notre plus grande vitesse, nous avancions au pas. Il faisait très chaud. Pour ma propre sécurité, prétendit-on, on m'enferma dans une petite cage triangulaire gardée par des hommes armés. Ayant une idée très différente de la navigation fluviale, en particulier sur les bateaux à aubes, et croyant naïvement qu'on y menait une vie agréable, je n'avais apporté ni boisson ni nourriture. De sorte que pendant deux jours je n'eus pour tout aliment que deux bananes que m'offrit un passager amical encore que malicieux. Il me les tendit à travers les barreaux de ma cage en simulant, pour amuser la galerie, qu'il risquait de se faire mordre. Assoiffé, j'arrivai à Pagan, cette étonnante ville abandonnée qui fut, du XIe au XIIIe siècle avant d'être conquise par les Mongols en 1287, la première capitale de la Birmanie. Il ne reste que les ruines et les vestiges éparpillés çà et là dans la grande plaine désertique, des cinq mille pagodes, stûpas et temples que possédait la ville. Tous les autres bâtiments ont disparu depuis longtemps : ils avaient été construits en bois.

Sur un matelas, au fond d'une vieille charrette anglaise tirée par un cheval encore plus vieux, j'errai à travers les ruines en somnolant. Les énormes pagodes ressemblaient à des pyramides égyptiennes dont le sommet aurait été décapité. A l'intérieur on trouvait de colossaux bouddhas dorés et de terrifiants petits escaliers abrupts conduisaient au sommet. J'ouvrais de temps à autre les yeux, entre deux assoupissements, pour manger une tranche de pastèque. Je dégoulinais de sueur. Je me souviens de tout cela comme s'il s'agissait d'un rêve.

Non loin de Pagan, se trouvait un champ pétrolifère que j'atteignis dans la soirée. Je fis irruption de nouveau dans le monde industriel. Je passai une nuit extraordinairement confortable grâce à l'hospitalité du directeur anglais et de sa femme. Le lendemain je regagnai Rangoon dans son avion personnel.

Ensuite je sillonnai en car et en train l'Indochine. Je passai quelques jours, tout seul, dans les ruines aujourd'hui profanées d'Angkor. Puis je traversai la Thaïlande, la Malaysia, Bornéo. J'y visitai les grottes de Niah, un avant-goût imprévu des monumentales grottes du Mulu que je devais voir vingt ans plus tard. Ensuite Hong Kong et un mois inoubliable d'auto-stop à travers le Japon pré-industriel, au printemps. Il me fallait maintenant traverser le Pacifique sans payer mon passage.

Il n'était pas facile de trouver du travail sur un bateau pour payer ma traversée. Pendant deux semaines, je rôdai dans les docks de Yokohama, en montant sur les bateaux, déjouant les gardes, pour tenter de parler aux capitaines. Parfois je me faisais prendre et l'on m'expulsait directement; quelquefois je parvenais quand même à débiter mon histoire et l'on m'envoyait balader aussi. Il était difficile de savoir comment s'y prendre. Fallait-il porter des vêtements de marin et montrer un ardent désir de travailler pour payer mon passage ou, au contraire, jouer les étudiants voyageurs et se présenter devant le capitaine élégamment vêtu, mettre en avant mon diplôme tout neuf et parler de mon désir de voir le monde pour élargir mon expérience? Comme je n'appartenais à aucun syndicat de marins, mon choix était limité. Mon succès exigeait que j'arrive au moment où un membre de l'équipage abandonnerait le navire. Les impératifs seraient alors tels qu'on passerait sans doute au-dessus des considérations bureaucratiques. Finalement j'eus de la chance. Un terrible capitaine norvégien me dit que son charpentier avait quitté le navire aux Philippines et qu'il manquait de bras. « Mais je ne veux pas d'histoire. Aucun traitement de faveur. Vous serez au dernier rang et vous travaillerez dur toute la journée. Pas d'argent. Vous serez nourri et vous aurez la cabine du charpentier. On vous laissera à Vancouver. Nous partons ce soir. »

En apportant mes bagages à bord, je fus accosté par le second qui avait servi dans la marine allemande durant la guerre. Il était ivre. La perspective d'avoir pour six semaines la compagnie d'un jeune Anglais au teint frais qui reconnaissait avoir étudié la philosophie à l'université l'amusait. Sa première attaque, fort heureusement, fut d'ordre intellectuel. Il me soumit, dans le carré, à la question pour connaître mon point de vue quant aux mérites respectifs des systèmes de Kant et de Hegel. Il me demanda enfin si j'admettais la validité manifeste du concept de « race des maîtres ». N'étions-nous pas, lui et moi, supérieurs, dans tous les sens du terme, à toute cette canaille qui composait le reste de l'équipage? Le capitaine qui entra à ce moment-là répondit indirectement à la question! Il m'expédia immédiatement sur le pont inférieur en m'interdisant d'avoir le moindre rapport avec les officiers. « Vous recevrez vos ordres du maître d'équipage qui les reçoit de moi. » Ça commençait mal. On ne me faisait pas confiance et le maître d'équipage avait carte blanche pour me tyranniser à sa guise. Et c'était justement ce dont il avait envie. Heureusement, il y avait un autre « étranger » dans l'équipage. Un colossal Polonais, doux et gentil, que tout le monde appelait « Pol ». Il rechercha mon amitié en disant : « Tous les Norvégiens sont des salauds mais les Anglais et les Polonais sont O.K. Un de ces jours, je flanquerai le maître d'équipage par-dessus bord. »

Nous mîmes le cap sur Hokkaidō, l'île la plus septentrionale du Japon, où les pentes abruptes des montagnes couvertes de neige tombent directement dans la mer. Nous fîmes escale dans un petit port pour charger du bois. Nous eûmes une permission de douze heures pour aller à terre. Nous devions être tous à bord à minuit. Le Polonais et moi, nous rendîmes visite aux trois bars de la ville où nous bûmes une quantité impressionnante de bière et de saké. A onze heures du soir, la couche de neige était fort épaisse et je commençais à avoir quelques difficultés à marcher dans cette gadoue. Un petit chien se mit à nous suivre pour trouver un peu de chaleur et s'étendit sous mon tabouret. La sirène du bateau nous rappelait à bord. Je demandai au barman un peu de nourriture pour le chien. D'un coup de pied, il l'envoya rouler dans la neige. Nous retournâmes dans la ville endormie vers le dernier bar où j'essayai de persuader le propriétaire de garder le chien. Il s'y refusa et nous fit comprendre, par gestes, que puisqu'il n'avait pas de maître il fallait le noyer. Sans réfléchir je le mis sous mon pull-over et montai à bord.

J'étais jeune et assez effrayé. Après toutes ces insouciantes randonnées, je sentais que ce voyage faisait vraiment partie de la vie réelle. J'aurais dans mon travail à me mesurer à armes égales avec d'autres hommes. Cela ne serait pas facile. C'était leur métier et je savais que j'étais un mauvais marin. En bateau j'avais jusque-là surtout apprécié de rester allongé sur ma couchette pour lire ou pour dormir! Prendre avec moi le petit chien était une sorte de provocation dérisoire dirigée à l'encontre de cet univers inconnu, à la discipline rigoureuse et dont toute excentricité était bannie. J'avais sans doute aussi besoin d'un ami sur qui je puisse compter. Et qu'y a-t-il de mieux dans de tels moments qu'un petit chien pelucheux?

Remplaçant le charpentier, je disposais heureusement d'une petite cabine privée. Le *Varda* était un bateau moderne, avec un équipage d'une quarantaine d'hommes. Notre carré était propre et confortable avec une grande cuisine commune et une salle à manger dans laquelle nous nous détendions en jouant aux cartes. Le bridge avait toutes les faveurs. Comme je jouais maintenant assez bien, ma cote remonta un peu auprès des Norvégiens. Mais pas vraiment. D'une manière générale, on me considérait, avec quelque raison d'ailleurs, comme un souffre-douleur qui ne savait rien faire, à qui il fallait tout apprendre et qui était surtout utile, lorsqu'il y avait quelque chose de particulièrement désagréable à faire, à amuser l'équipage. Nous commencions à travailler à cinq heures, au moment où nous passions le faubert pour la première fois. Comme nous traversions le Pacifique Nord et que nous n'étions encore qu'au début de l'année, il faisait terriblement froid et obscur. De plus les embruns gelés anéantissaient à chaque instant mon travail. Le pont était couvert d'un assortiment idéal d'objets pour se briser les jambes ou s'ouvrir le front. Sans parler de cette odeur omniprésente de poisson pourri et de vapeur de mazout. Mais j'étais au moins au grand air. Je préférais cela plutôt que d'enrouler des cordages dans le minuscule poste d'équipage. Là, les mouvements du bateau étant amplifiés, je devais employer tous mes efforts à lutter contre la nausée. Un moment encore pire pour moi, mais très amusant pour le reste de l'équipage, survenait lorsque l'antenne reliant les deux mâts se recouvrait de glace. C'était inévitablement moi qu'on envoyait dans les gréements pour la nettoyer. Car, en plus d'être un piteux marin, j'avais l'avantage d'être sujet au vertige! Lorsque la mer était agitée, j'avais l'impression que les mâts, tant ils penchaient d'un côté et de l'autre, allaient plonger dans les vagues.

Heureusement, lorsque je retournais dans ma cabine, je retrouvais mon compagnon, le petit chien, à la douce fourrure qui ne manquait pas de personnalité et détestait presque autant que moi la mer. Puisque c'était un passager clandestin, je devais continuer à le cacher au reste de l'équipage. Je ne pouvais lui faire faire que de courtes promenades sur le pont, très tôt le matin et dans des endroits qu'on ne pouvait voir de la passerelle. Je devais aussi très vite découvrir qu'il n'était pas vraiment propre, si bien que lorsque j'avais fini de passer le faubert sur le pont je passais la serpillière dans ma cabine. Nous trouvions tous les deux la nourriture un peu étrange; tout particulièrement le fromage brun au goût fort qu'on coupait en tranches à l'aide d'une raclette et que les Norvégiens adoraient. J'associe inéluctablement depuis son odeur à ce voyage. Mais il y en avait toujours à profusion et il était facile d'en glisser quelques morceaux dans ma poche pour mon compagnon de cabine.

Ce fut presque un soulagement lorsque le capitaine m'envoya chercher. Il me fixa avec un regard sévère et pénétrant. « Vous avez un chien dans votre cabine, Ja? » Ce n'était pas vraiment une question mais je répondis : « Ja, mon commandant. » Il me prit alors à partie : « Je connais les Anglais et leurs lubies. Je n'ignore pas leur toquade pour les animaux. Mais je n'accepterai jamais d'avoir un chien sur mon bateau. Il faut vous en débarrasser avant d'atteindre le Canada, Ja? Autrement je risque d'avoir une forte amende au bureau d'émigration. »

J'acceptai tout de suite en m'excusant d'avoir provoqué cet incident. Puis, m'accrochant à un fétu de paille, je lui demandai si je pouvais le garder jusqu'à ce que nous arrivions dans les eaux territoriales canadiennes. « Ja, Ja. O.K. Mais ensuite par-dessus bord. Vous avez compris? » J'avais compris.

La présence de mon chien était maintenant acceptée et il pouvait m'accompagner partout sur le bateau tandis que je travaillais. Tout d'abord les Norvégiens se montrèrent, comme prévu, extrêmement méprisants : « Ces Angliches et leurs bestioles! » grommelaient-ils lorsque nous passions près d'eux. Puis un jour, mon petit chien se jeta sur le second et attrapa le bas de son pantalon entre ses dents. Il y resta suspendu comme un crampon. L'officier se mit à jurer et à lancer des coups de pied. Le chien gronda et déchira l'étoffe. L'équipage se mit à rire. Emportant dans sa gueule un petit morceau de serge bleue, le petit chien traversa le pont à toute vitesse et atterrit sur une plaque de peinture fraîche. Aux informations radiophoniques, on parlait sans arrêt à cette époque du lancement du premier satellite artificiel russe. Mon petit chien fut baptisé Spoutnik. Peu à peu l'équipage se montra plus amical à son égard et, durant les repas, on lui glissait subrepticement de bons morceaux de bacon et de fromage. On inventa des jeux pour lui; on lui trouva même une petite balle en caoutchouc, ce qui permit à Spoutnik de se faire beaucoup d'amis. Je surpris même le maître d'équipage en train de se baisser pour le caresser avant de m'expédier en jurant faire mon travail.

La traversée prit six semaines. Au cours de la dernière, je me sentais en pleine forme et capable de répondre aux questions en norvégien. L'équipage me traitait comme un être humain et Spoutnik comme un demi-dieu. Je n'avais encore rien dit de l'ultimatum du capitaine. J'attendis jusqu'au dernier soir pour le faire. Alors que Spoutnik était plein d'entrain, qu'il venait d'apprendre un nouveau tour consistant à deviner qui était assis sur le morceau de fromage qu'on lui avait promis, je déclarai : « C'est peut-être maintenant, pendant qu'il est heureux, qu'il serait préférable de le jeter par-dessus bord. » Et j'attrapai Spoutnik par la peau du cou. Il y eut un moment de silence avant qu'une douzaine de grosses voix norvégiennes s'écrient : « Remets-le par terre! Tu ne vas pas jeter Spoutnik par-dessus bord! » J'expliquai alors que j'avais donné ma parole au capitaine et que, bien que j'eusse une envie folle de le prendre avec moi en arrivant au Canada, le bureau d'immigration ne me laisserait jamais faire. « Nous allons nous en occuper, dirent-ils. Spoutnik est chez lui ici. »

On m'ignora le reste de la soirée et je les entendis discuter en aparté. A minuit, ils avaient pris leur décision. On adressa un ultimatum au capitaine, signé par tous les marins y compris le maître d'équipage. Si l'on se débarrassait de Spoutnik, tout le monde quitterait le bateau à Vancouver et rentrerait ensuite chez soi en avion. Cependant si Spoutnik devait malencontreusement s'échapper et descendre à terre et qu'une amende fût réclamée au capitaine, on se cotiserait pour la payer. Le pauvre homme n'avait pas le choix : il accepta de bonne grâce. Pourtant il ne me donna pas le petit pécule qu'on remet généralement aux marins occasionnels en fin de traversée. Et il me jeta un regard sombre lorsque je traversai la passerelle pour la dernière fois.

Durant les douze années qui suivirent, je cherchais souvent le

Varda lorsque je me trouvais dans un grand port. Le Polonais m'écrivit une fois en joignant une photographie de Spoutnik qui était devenu un grand chien fort et beau. C'était apparemment le produit d'un croisement entre un chien esquimau et un chow-chow. Je ne l'ai jamais revu.

Puis un jour, à Trondheim, un port du Nord norvégien, je donnai une conférence sur la forêt vierge brésilienne tandis que la tempête de neige de l'Arctique hurlait dehors. Après la conférence, un auditeur vint me trouver et me demanda si j'étais bien le même Robin qui, autrefois, avait travaillé sur un bateau pour payer sa traversée du Pacifique Nord. C'était un des marins du *Varda*. Il me raconta ce qui s'était passé après mon départ. Spoutnik avait parcouru le monde, du Canada à la Nouvelle-Zélande, en passant par l'Extrême-Orient, l'Afrique et les Antilles. Il était devenu familier aux pilotes de bateaux partout dans le monde. Il vit passer trois capitaines. Puis, il y avait juste six mois, il était descendu à terre pour la première fois aux Philippines. Mal à l'aise sur la terre ferme, n'ayant aucune habitude de la circulation, il fut renversé par un camion au bout de quelques minutes. On lui fit des funérailles solennelles en mer.

Au moment de la plus agréable période de mon adolescence, à Londres et à Oxford, alors que je consacrais la plupart de mon temps aux fêtes et aux frivolités, je fis la connaissance de Marika. Elle était venue passer, avec un groupe d'amis, un certain temps en Irlande. Durant ma dernière année à Oxford, nous devînmes inséparables. Nous nous entendions comme frère et sœur, plus que comme de futurs amoureux. Au cours de mes voyages, j'avais commencé à découvrir le pouvoir fascinant de la complicité épistolaire. Nos lettres étaient tout d'abord simplement affectueuses et gaies comme l'étaient nos rapports. Lorsque j'eus fini mon tour du globe, nous étions tous deux bien décidés à nous marier. Notre affection avait mûri et nous étions parvenus à nous connaître grâce à des lettres, mieux peut-être que si nous nous étions vus chaque jour. Je n'ai jamais pensé sérieusement à une autre femme que Marika, jusqu'à sa mort qui survint vingt-six ans après notre première rencontre.

J'ai toujours, tout au long de mes voyages, tenu un journal et j'ai aussi régulièrement écrit à ma mère et à Marika qui toutes les deux ont conservé mes lettres. En les feuilletant aujourd'hui, je me rends compte que tout au long de ces années c'était ce lien qui gardait vivace mon désir de rentrer plutôt que de continuer à voyager. On me pose souvent des questions à propos de ces voyages. Pourquoi, alors que j'avais une agréable demeure et une vie bien remplie en Cornouailles, me fallait-il absolument parcourir le monde dans des conditions difficiles? Une partie de la réponse se trouve peut-être dans le subtil contraste doux-amer qui existe entre l'absence et les retrouvailles, entre la nostalgie de ses racines et le goût de l'errance.

Quand j'étais parti à la fin de mes études, quittant foyer et amis, je n'avais obéi qu'à un besoin de voyager à travers le monde, sans programme, sans limite de temps et sans but précis. S'il m'arrivait de penser à l'avenir, je n'hésitais, selon mon humeur, qu'entre la possibilité de trouver l'endroit de mes rêves et de m'y établir pour y faire fortune, et celle de vagabonder à jamais. L'Amérique du Sud était à mes yeux le dernier continent où l'on pouvait échapper à la civilisation et où de véritables explorations étaient encore possibles. Je traversai donc rapidement le Canada en direction du Mexique et commençai à apprendre l'espagnol. Alors que je visitais les vestiges des civilisations aztèque et maya du Yucatan et d'autres provinces éloignées, les charmes d'un foyer et de l'établissement dans un endroit à soi, dans un environnement familier, commencèrent à m'apparaître de façon insidieuse. Je compris alors que les voyages ne seraient pas pour moi une fuite perpétuelle mais plutôt un contraste indispensable à la permanence et aux obligations de la vie familiale.

Personne n'aurait pu m'apprendre ce que j'appris au cours de ces premiers voyages. Si l'on avait tenté de me l'inculquer, je n'aurais de toute façon rien compris. Ma mère avait toujours encouragé mon envie de voyager. Peut-être pensait-elle que c'était une manière de m'en délivrer à jamais bien qu'elle-même ne s'en soit jamais délivrée. Ce n'aurait d'ailleurs pas été souhaitable, ni pour elle ni pour moi. Si, pour une raison ou une autre, il m'avait été impossible de satisfaire mon désir de voyager, j'aurais tout au long de ma vie ressenti amertume et frustration. Que ce soit en vacances ou lors d'expéditions, j'éprouve toujours la même émotion et la même exaltation lorsque j'arrive sur une terre inconnue parmi des inconnus. Toutefois, depuis ces premiers voyages, j'ai appris peu à peu que malgré les dispositions que je peux manifester en tant que voyageur, ma satisfaction ne vient pas uniquement des voyages en eux-mêmes mais que son épanouissement dépend des racines qui me lient à mon pays, de la connaissance de ma place dans ce monde et de celle des priorités qui règlent ma vie. Voyager peut alors devenir une entreprise utile au lieu de ne rester qu'une poursuite vaine et purement égoïste.

3.

Le dernier continent

Mourir, s'il le faut. Tuer un Indien,
jamais!
Maréchal MARIANO DA SILVA RONDON,
fondateur du « Serviço de Proteção aos Indios » (S.P.I.).

Richard Mason m'écrivait des lettres de plus en plus enthousiastes qui finissaient par m'atteindre dans des endroits invraisemblables en Extrême-Orient. Nous projetions une grande expédition, de celles dont nous avions rêvé ensemble durant de longues nuits de discussions à Oxford. Plongés dans des cartes du monde, nous avions eu l'idée de tenter la traversée en voiture de l'Amérique du Sud en son point le plus large. C'était le dernier continent où une telle tentative n'avait pas encore été menée. Les grandes routes du Caire au Cap, de Pékin à Paris, de l'Alaska à la Terre de Feu avaient été ouvertes depuis longtemps. Richard croyait passionnément que si nous réussissions à traverser les premiers ce continent d'est en ouest, nous serions non seulement consacrés explorateurs mais encore salués pour avoir réalisé une entreprise d'une portée considérable.

Ses lettres se multiplièrent au fur et à mesure qu'il approchait de la fin de ses études de médecine. Contrairement à moi qui n'étais resté que trois ans à Oxford, en raison d'études plus courtes, il y terminait sa quatrième année. Nous commençâmes bientôt à réaliser les nombreuses difficultés qui allaient se dresser sur la route de notre expédition. En même temps, je commençai à

59

me demander si je n'en n'avais pas assez des voyages pour un certain temps.

Je résolus finalement toutes mes incertitudes en prenant l'avion inopinément, en juillet 1958, pour revenir en Angleterre, approximativement un an après mon départ. J'emmenai Marika à Oxford où Richard donnait une fête. Ayant l'âme romantique, je la persuadai de faire une promenade en barque avec moi malgré l'humidité de la nuit. A genoux, je la demandai en mariage. J'avais dans ma poche sa bague de fiançailles. Nous fixâmes la cérémonie six mois plus tard, en janvier 1959. Je lui avouai alors que je passerais les mois à venir dans une expédition qui devait s'enfoncer dans les jungles du Brésil, de la Bolivie et du Pérou où il serait impossible d'avoir de mes nouvelles. Il ne nous restait que quelques jours avant la date du départ.

C'était agir avec cruauté et légèreté; les blessures que j'ouvris à cette occasion mirent longtemps à se refermer. Marika m'envoya même un télégramme m'informant qu'elle avait rompu nos fiançailles. Il ne me parvint heureusement pas. Lorsque je revins, ne voulant pas décevoir mes sentiments, elle se comporta comme si elle ne l'avait jamais envoyé. Marika s'est toujours inquiétée de mes expéditions, beaucoup plus que je ne l'imaginais. Elle ne cessa d'appréhender que lorsque, des années plus tard, elle décida de m'accompagner. Elle redoutait bien entendu les dangers que je pouvais affronter, mais elle se méfiait tout autant de ceux que représentent pour un couple de longues séparations. Elle ne m'a jamais réellement pardonné mon absence pendant les mois de nos fiançailles.

Nous voulions passionnément, Richard et moi, que notre expédition ait une « valeur réelle ». Cette expression apparaît sans cesse dans ses lettres de cette époque. Nous ne voulions pas qu'on pût penser que nous nous lancions dans cette aventure uniquement pour nous amuser. Nous possédions, tout au contraire, le même désir de réaliser quelque chose de remarquable dans des pays lointains et dangereux, quelque chose qui dissiperait le découragement qui s'emparait de nous lorsque nous pensions à ce qu'était le monde.

Devant une époque aussi peu épique, dans laquelle les occasions de se distinguer sont si rares, de telles envies sont naturelles. Je n'en veux pour preuve que le nombre croissant d'expéditions organisées par les écoles et les universités et dont les jeunes membres viennent demander chaque année conseil et assistance à la Royal Geographical Society. De nos jours, le prétexte invoqué est la plupart du temps une recherche scientifique. Mais le goût de l'aventure et du danger, l'envie de voir d'autres parties du monde sont toujours aussi fortement présents. La vie, au cours de l'expédition, se doit d'être rude et difficile pour que l'exploit soit réel. Les brefs instants de bonheur que l'on y connaît devront en eux-mêmes constituer une récompense suffisante. Mais je ne crois pas cela suffisant pour justifier tous ces efforts et toutes ces peines ni même l'indulgente admiration que l'on démontre souvent à l'égard des voyageurs. J'ai toujours pensé que toute expédition doit avoir un but pratique, ne serait-ce que pour offrir aux autres les bénéfices de ses résultats. A cette époque, nous n'avions donc encore rien accompli. Richard pensait que mes « vagabondages » autour du monde l'année précédente m'auraient forgé l'âme d'un explorateur plein de sagesse, capable de surmonter toutes les difficultés et de rester impassible en face du danger. Je savais pourtant que tous mes voyages n'avaient été jusque-là que des expériences insouciantes; quelque chose de totalement différent du tourisme mais bien éloigné de ce que devait être une véritable exploration. Ce que nous nous proposions de faire était indubitablement maintenant quelque chose de sérieux. Une « première » qui, si nous réussissions, devrait rester dans les annales.

Le directeur de la Royal Geographical Society, qui plus tard devait devenir Sir Laurence Kirvan, était une personnalité imposante qui terrifiait les jeunes voyageurs ambitieux. Il pensait que notre projet était voué à l'échec. Il nous le dit sans ambages et s'assura que la Royal Geographical Society n'eût rien à faire avec nous. Il pensait en effet que nous perdrions probablement la vie dans cette tentative. Notre désir de le voir nous prendre au sérieux nous stimula et finalement, à notre retour, nous fûmes récompensés par sa magnanimité.

Tous ceux que nous consultâmes, sans exception, sur ce voyage nous découragèrent. Plus le jour du départ approchait, plus les pronostics étaient sombres. Vu d'Europe, le cœur de l'Amérique du Sud était considéré comme impénétrable. Vu du Brésil, on le pensait seulement menaçant, plein d'Indiens dangereux, d'animaux féroces et de virus redoutables. Ceux qui voulaient se rendre dans un tel endroit ne pouvaient qu'être fous.

Nous luttâmes d'abord pendant des semaines, à Rio de Janeiro, dans la jungle labyrinthique de la bureaucratie locale. Nous tentions de persuader des fonctionnaires réticents de nous accorder les papiers et les visas dont nous avions besoin. C'est toujours – tous les vrais voyageurs le savent – la partie la plus difficile de toute expédition. Il faut y faire preuve d'une infinie patience et d'une volonté de fer. Nous parvînmes finalement à persuader des fonctionnaires du ministère de la Culture que nous faisions ce voyage pour la plus grande gloire du Brésil : on nous donna des lettres officielles qui se révélèrent extraordinairement utiles. Mieux encore, nous parvînmes à « emprunter » à ses constructeurs la première jeep brésilienne. Un engin superbe avec plusieurs réservoirs sur le toit et mille autres gadgets. Malheureusement il y avait dans cette affaire un point délicat. Nous devions la leur ramener à la fin de notre voyage, sous peine de perdre l'incroyable caution qu'ils nous avaient imposée. Un échec était impensable. Il n'est pas mauvais d'avoir cette sorte d'épée de Damoclès au-dessus de la tête. Cela donne du courage lors des mauvais moments et vous empêche définitivement de renoncer.

Nous remontâmes la côte jusqu'à Recife qui est le point le plus à l'est du Brésil, et nous commençâmes à nous enfoncer à l'intérieur des terres en direction de l'ouest. Notre objectif était d'atteindre Lima, au bord du Pacifique, par le chemin le plus direct possible. Nous nous proposions de traverser ces contrées en passant par les villages situés au bord des fleuves. Il n'y avait évidemment aucune route. La plus proche à aller d'est en ouest se trouvait à quatre mille kilomètres au sud entre Buenos Aires et Santiago. Le postulat de base de notre entreprise était que des villages voisins, même éloignés de plusieurs centaines de kilomètres, devaient avoir – quels qu'ils fussent – des relations entre eux. Nous devions donc trouver des pistes que nous tenterions de suivre mètre par mètre s'il le fallait, surmontant au fur et à mesure les obstacles que nous rencontrerions. C'est exactement ce que nous fûmes obligés de faire. Nous atteignîmes, cinq mois plus tard, Lima puis le point extrême de l'ouest de l'Amérique du Sud, Talara, après avoir parcouru dix mille kilomètres dont la moitié dans des régions où aucun véhicule n'était jamais passé.

Ouvrir une nouvelle voie à l'intérieur des terres fut un travail difficile mais exaltant. Nous ne savions jamais ce que nous réserverait la prochaine étape. Nos informateurs, partout où nous nous trouvions, nous assuraient précisément toujours que cette prochaine étape était impraticable en raison de l'hostilité des indigènes. Nous étions pratiquement autonomes en dehors de nos besoins d'essence. Notre itinéraire devait traverser le Tocantins, un fleuve puissant qui se jette dans l'Amazone, son affluent l'Araguaia et tout un écheveau de rivières plus modestes. Cela nous causa bien des péripéties mais nous devînmes rapidement capables de construire des radeaux avec des arbres abattus. Nous utilisions deux canots pour renforcer la stabilité de ces radeaux improvisés. C'est ainsi que notre jeep traversa fleuves et rivières. Il nous arrivait aussi de rencontrer des bateaux descendant ou remontant le courant. Ceci nous permettait généralement d'acquérir quelques bidons de carburant supplémentaires.

Sur une bande de quelques kilomètres le long des rives, il y avait généralement une épaisse forêt. Nous devions alors nous y frayer péniblement un chemin en contournant avec la jeep des arbres géants et abattre ceux que nous ne pouvions facilement renverser avec la voiture. Ces régions étaient extrêmement humides, de sorte que nous nous enlisions régulièrement. Nous devions creuser avec nos pelles et tirer sur des cordes, parfois pendant des heures et des heures, pour désembourber notre véhicule. Entre les cours d'eau, nous rencontrions surtout de larges étendues couvertes de hautes herbes, de broussailles et d'arbres clairsemés. Dans ces sortes de savanes, le danger venait surtout des monticules, durs comme de la pierre, édifiés par les termites. Ils ressemblaient à d'étranges huttes pointues qui pouvaient atteindre jusqu'à six mètres de haut. Il y en avait partout. Les plus petites de ces termitières, dissimulées dans l'herbe, étaient les plus dangereuses. Elles mettaient la suspension et le châssis de la jeep à rude épreuve. Quelle que fût notre vitesse, nous recevions, en les franchissant, de terribles coups de boutoir.

Notre nourriture se composait essentiellement de porridge; cette bouillie de flocons d'avoine se révèle toujours excellente lors des expéditions. C'est léger, nourrissant et vite préparé. Nous améliorions notre menu avec le produit de nos chasses et de nos pêches. Nous avions avec nous tout un arsenal, principalement dans ce but mais aussi, il faut bien l'avouer, parce qu'à vingt-deux ans, et ayant vu trop de films de cow-boys, nous trouvions amusant de porter des pistolets calibre 38 dans des étuis suspendus à des cartouchières bien fournies. Nous nous entraînions sur des cactus de la hauteur d'un homme. On nous racontait sans cesse, comme toujours, de terribles histoires de bandits mais nous avions remarqué que ces derniers étaient toujours supposés se trouver dans le village suivant. Il était assez drôle de constater avec quel respect on nous traitait lorsque, dans quelque bar perdu, nous surgissions avec tout notre arsenal. Une seule fois, nos fanfaronnades faillirent nous coûter la vie. Nous tombâmes par hasard sur une distillerie clandestine de canne à sucre alors que nous avions perdu la piste. Comme nous descendions de la jeep avec l'intention bien innocente de frapper à la porte fermée pour demander notre chemin, nous eûmes le désagrément de constater qu'on braquait un fusil sur nous. On nous demanda sèchement de jeter nos armes. Ce que nous fîmes le plus vite possible, expliquant fébrilement, dans notre meilleur portugais, que nous n'étions que « des explorateurs anglais égarés ». Cette explication parut suffisamment tirée par les cheveux pour être acceptée. On nous fit visiter la maison avec un fusil dans le dos et on nous remit sur le bon chemin avec, pour cadeau, une bouteille d'alcool de contrebande.

Nous avions aussi une carabine à répétition et un fusil de chasse calibre 12 avec lesquels, bien que le gibier fût plus rare en Amérique du Sud qu'en Afrique, nous pouvions généralement abattre un chevreuil ou un canard lorsque nous avions envie de viande fraîche. Nous mîmes au point une excellente technique pour attraper les piranhas. Bien que pleins d'arêtes, ces poissons carnivores me rappelaient étrangement les délicieuses perches de mon enfance. Ils sont bien loin d'être toujours aussi féroces que voudrait le faire croire leur réputation. Nous en traversâmes souvent des bancs à la nage sans jamais être mordus. Il était toutefois facile d'ouvrir leur appétit meurtrier en jetant simplement les entrailles d'un oiseau dans l'eau. En nous servant d'un gros hameçon accroché à un fil de fer et d'une tige de bois, nous pouvions ainsi les pêcher les uns après les autres. Le seul danger était de se faire couper un doigt par leurs mandibules acérées en tentant de décrocher son hameçon. Nous résolûmes ce problème en tranchant tout simplement la tête du poisson et en la rejetant à l'eau au bout de la ligne. Ses cannibales de frères ne tardaient pas à revenir mordre à l'hameçon.

Au cours d'une expédition on apprend un certain nombre de choses sur la vie. L'absence de confort, les déceptions, les travaux pénibles sont inévitables. Mais la vie serait sans doute ennuyeuse si ces choses n'existaient pas pour trancher avec ce qui leur est opposé : le confort, la satisfaction et le repos. Une expédition amplifie simplement ces contrastes. Elle peut donc nous apprendre à affronter avec bonne humeur les désagréments inévitables et à continuer l'entreprise. Evidemment, le parangon de vertu qui parviendrait à suivre à chaque instant cette philosophie dans une expédition serait probablement étranglé par ses camarades avant qu'elle ne fût terminée. Mais Richard et moi avions trouvé un excellent compromis. Quand l'un était de mauvaise humeur, l'autre montrait un visage souriant à l'adversité. Grâce à cette complémentarité, nous n'avons jamais eu la moindre dispute même lors des pires moments.

Puis, à la fin d'une journée longue et difficile, alors que nous étions couverts de poussière, de boue et de cambouis, dévorés par les fourmis rouges, égratignés par les épines, avec des cloques à chaque doigt à force d'avoir manié la pioche et la pelle, nous arrivions soudain, avec un peu de chance, dans ces endroits privilégiés pour établir un campement idéal, qui sont, je crois, la véritable drogue des explorateurs. Après une de ces journées particulièrement difficiles durant lesquelles plusieurs crevaisons nous avaient obligés à utiliser toute notre eau, si bien que nous étions assoiffés, nous débouchâmes ainsi sur un ruisseau frais et limpide qui, juste à cet endroit, s'élargissait pour former une profonde piscine naturelle, bordée d'une plage de sable.

Nous arrachâmes immédiatement nos vêtements et nous nous plongeâmes avec délice pour nager et nous laver dans cette eau fraîche tandis que le soleil se couchait. Notre technique pour établir notre campement était maintenant tout à fait au point. Nous n'avions besoin que d'un arbre auquel nous accrochions l'une des extrémités de nos hamacs tandis que l'autre était fixée au toit de la jeep. Au cours d'une telle expédition, le hamac est une couche idéale, confortable et peu encombrante. Il ne peut être atteint par les serpents ni par d'autres animaux désagréables du même genre, à l'exception des insectes bien sûr. Avec un hamac spécial de l'armée, cet inconvénient même se trouve évité. Mais, bien que surmonté d'un toit imperméable, son confort est nettement moindre que celui d'un hamac courant. Par une nuit claire, sans moustiques, sous les tropiques, il n'y a rien de plus agréable que d'étendre ses membres rompus, fraîchement lavés, dans un tel hamac de coton tandis que votre compagnon de voyage prépare un café sur le feu pour parachever un repas composé de gibier, de porridge et de bananes. Ces instants de bonheur parfait constituent en eux-mêmes de véritables récompenses. Contrairement à la plupart des gens, je n'ai jamais considéré comme hostile un environnement inconnu. Les dangers qui peuvent en surgir ajoutent du piment à la tranquille beauté de la nuit. Un matin nous trouvâmes ainsi les traces d'un grand jaguar sur le sable, en dessous de nos hamacs. Il devait s'être arrêté pour nous renifler avant de se rendre à son point d'eau. Cela me confirma le fait que les animaux sauvages, s'ils ne sont pas provoqués, vous attaquent rarement.

Notre voyage devint terriblement exaltant lorsque, contrairement à ce que nous avions prévu, nous décidâmes de mettre la jeep sur un radeau pour atteindre l'île de Bananal. Elle fut donc le premier véhicule à atteindre la plus grande île fluviale du monde. A l'époque, c'était encore un endroit merveilleux, sauvage et intact. Il n'y existait que deux établissements humains sur ses dix-huit mille kilomètres carrés : une petite mission protestante américaine, tout au nord, et une ou deux fermes récentes au sud. Le reste appartenait en toute propriété à deux mille Indiens Karaja, aujourd'hui paisibles, mais dont le passé guerrier avait été relaté par maintes chroniques coloniales. Lorsque nous extirpâmes notre jeep des sous-bois pour atteindre la mission de Macauba, les femmes indiennes se mirent à courir d'un air terrifié en entraînant leurs enfants vers les huttes de palmes. Elles croyaient qu'un avion allait s'écraser au sol. Elles n'avaient jamais vu ni entendu parler d'automobiles. Un Américain, tout blond aux cheveux coupés en brosse, vint nous saluer. Nous nous présentâmes. Son idée de notre arrivée n'avait en fait pas été très éloigné de celle des Karaja : « Tout à l'heure, j'ai cru entendre un bruit d'avion. Puis ce foutu machin a changé de vitesse. Je me suis dit alors : je n'ai jamais entendu un avion changer de vitesse ! »

C'était le premier des nombreux missionnaires évangélistes américains que je devais rencontrer au cours des années. Ils m'ont souvent offert l'hospitalité et j'ai partagé avec eux de nombreux repas. Malheureusement, nous n'avions aucun point commun dans nos discussions, et nos croyances étaient totalement antagonistes.

Tout d'abord, l'engagement de leur vie à la cause des Indiens m'impressionna. Ensuite, je fus toujours rapidement désillusionné en constatant qu'ils se servaient de leur autorité pour interdire aux Indiens de suivre leurs coutumes ancestrales au lieu de les aider matériellement.

Nous avions déjà rencontré quelques groupes d'Indiens qui nous ouvrirent les yeux sur les dangers de contamination qui les menaçaient lorsqu'ils entraient en contact avec les représentants des différents types de cultures occidentales. Le premier avait été celui des Sherente dans un des villages que nous avions visités avant de traverser le Tocantins. Ils avaient été autrefois une des plus grandes nations indiennes, occupant un très vaste espace entre le Tocantins et l'Atlantique. Mais lorsque, venant de la côte, les colons pénétrèrent à l'intérieur des terres, ils se trouvèrent acculés entre ceux-ci et leurs ennemis traditionnels à l'est, les Karaja, les Shavante et les Kayapo. On réussit donc à les « pacifier » avec succès. Ils perdirent leurs terres, leurs territoires de chasse et, sans doute le plus important, leur fierté. Nous fûmes bouleversés à la vue de leur désespoir et de leur terrible pauvreté; ce n'était plus qu'une bande accablée de mendiants loqueteux. Tandis que nous passions parmi eux en essayant de leur parler et de prendre quelques photographies, les mères emportaient leurs enfants en pleurs comme si nous voulions les frapper. Les hommes étaient désagréables et tendus. Nous leur demandâmes s'ils continuaient à célébrer leurs fêtes, à danser, à confectionner des coiffures de plumes. Ils nous regardèrent sans répondre avec des yeux vides, abrutis et hostiles. C'étaient les premiers Indiens d'Amérique du Sud que nous rencontrions. Ils sont toujours restés pour moi le modèle de ce que notre civilisation occidentale, si vantée, apporte lorsqu'elle veut brutalement imposer sa culture aux autres. Les Indiens à la mission de Macauba étaient irrésolus et serviles, tentant de singer nos coutumes tout en ayant honte des leurs. Les missionnaires les subjuguaient complètement. Ils leur interdisaient le tabac, les obligeaient à porter des haillons pour « couvrir leur nudité ». Toutes ces règles anéantissaient peu à peu leur sens de la dignité.

Après un repas composé de boîtes de conserve importées, de pudding au lait en poudre, de prières et de chants, nous tentâmes de discuter du problème de ces Indiens avec nos hôtes. Ils essayaient de traduire la bible en karaja. Je leur demandai alors s'ils traduisaient aussi les chants et les mythes des Indiens en anglais. « Bien sûr que non! s'écrièrent-ils l'air choqué, nous savons très bien de quoi ils parlent, tout cela est absolument dégoûtant. Nous leur interdisons de chanter ces chansons et nous leur apprenons nos hymnes à la place.

– Pourtant, insista Richard, il serait utile de connaître leurs légendes, leurs mythes, de comprendre leur vision du monde, si vous voulez les aider.

– Vous n'y êtes pas du tout, nous répondirent-ils avec toute la suffisance des fanatiques. Ils sont vraiment dégoûtants. Ils ne s'intéressent qu'au sexe, à la magie, au corps. Il faut les purifier. »

Nous fîmes remarquer qu'on pouvait dire la même chose de tous les poètes romantiques, sans parler de Chaucer ni de la Bible elle-même. Mais ils refusèrent de discuter. Ils conclurent en m'affirmant que les Indiens une fois « sauvés », comme ils l'étaient eux-mêmes, tout deviendrait parfaitement clair.

En continuant de progresser dans l'île, nous arrivâmes, après quelque cent cinquante kilomètres, dans un autre village karaja appelé Fontoura. Les missionnaires n'étaient pas encore arrivés jusqu'ici. Toutefois, depuis quelques années, les Indiens commerçaient avec les colons sur les rives de l'Araguaia. Ils nous semblèrent tout de suite beaucoup plus forts et mieux armés pour affronter l'avenir. Les hommes, droits et fiers, nous regardaient dans les yeux. Ils nous permirent avec beaucoup de gentillesse de suspendre nos hamacs dans une de leurs huttes couvertes de palmes et ouvertes sur les côtés. Presque tous les hommes portaient des shorts et les femmes des robes de coton imprimé. Cela ne les empêchait pas d'être peints et de porter des plumes comme ornements : la grande fête annuelle karaja, en l'honneur d'Aruanã, le dieu de la rivière, allait commencer incessamment.

La cérémonie était empreinte de solennité et de dignité. Quatre chamans, couverts de robes de paille tombant jusqu'au sol, se mirent à danser d'avant en arrière dans l'espace communal situé entre les huttes. Ils se donnaient le bras tandis que des jeunes filles leur offraient des récipients pleins de nourriture.

Alors que j'essayais de les filmer, je m'approchai trop près et un jeune guerrier me repoussa vivement pour me faire reprendre ma place. A la nuit, presque tous les Karaja descendirent à la rivière. Ils s'endormirent sur le sable selon leur habitude, loin des moustiques et près des eaux nourricières.

Quand je retournai à Fontoura, treize ans plus tard, je revis la danse des chamans, exécutée cette fois sur l'ordre du représentant officiel de la Fondation Nationale de l'Indien [1] qui avait la charge de ce village, et en présence du missionnaire protestant qui les avait « sauvés ». Une « grand-rue » symbolisait les progrès qui avaient été faits. Là, les Indiens, strictement divisés en familles nucléaires, dormaient dans des boîtes carrées en briques, sordides et étouffantes. Les jeunes portaient des lunettes de soleil et des chemises de couleurs criardes depuis qu'ils avaient été à Belo Horizonte, une grande ville de la région, pour recevoir des cours « de morale et d'instruction civique » qui devaient en faire des « gardes indigènes » chargés du « maintien de l'ordre dans les communautés indiennes ». Tapageurs, ils se moquaient des vieux chamans qui traînaient les pieds d'un air embarrassé sous les quolibets. Le village était entouré de fil de fer barbelé pour empêcher ses habitants de dormir à l'extérieur. La population karaja était tombée à huit cents individus et huit mille colons brésiliens s'étaient installés sur leur île.

Nous pûmes aussi, Richard et moi, traverser l'Araguaia pour nous rendre parmi les survivants d'une autre grande ethnie dont la plupart des membres avaient été massacrés, les Tapirapé. Deux remarquables bonnes sœurs basques sont venues au secours des quelques survivants. Elles les installèrent à l'embouchure de la rivière Tapirapé où ils avaient moins à craindre d'être attaqués par les colons ou par d'autres groupes indiens plus puissants.

Bien qu'il n'y eût là que quelques familles, elles semblaient prospères et les enfants en parfaite santé et pleins de vie. Les bonnes sœurs n'étant pas là, il nous fut impossible de leur parler. Les Indiens nous traitèrent avec égard et nous fûmes impressionnés par leur apparente force de caractère et leur foi en l'avenir. C'était la première fois que j'avais un aperçu du bénéfice que pouvaient retirer les Indiens de leurs contacts avec certains missionnaires catholiques progressistes. Ceux-ci reconnaissent en

---

1. La Fondation Nationale de l'Indien (FUNAI) est, au Brésil, l'organisme officiel des affaires indiennes. Il s'agit d'un département du ministère de l'Intérieur.

effet l'importance capitale des croyances religieuses indigènes. Au lieu de dévaloriser ou d'interdire les rites que ces gens ont pratiqués tout au long de leur histoire, ils acceptent que chacun puisse constituer une forme de sacrement et cherchent donc simplement à adapter leur propre rituel pour qu'il devienne acceptable aux Indiens. Bien que je doute que cette sorte de prosélytisme puisse apporter quelque chose à des peuples ayant une culture et des croyances totalement différentes, il m'est impossible de ne pas reconnaître le dévouement, l'abnégation et l'amour que montrent beaucoup de gens qui se sont consacrés à aider les autres. Ces personnes offrent souvent aux Indiens le seul recours dont ils puissent disposer contre les maladies importées et la seule protection contre les colons qui seraient heureux de les abattre comme des bêtes. Je ne peux m'empêcher de souhaiter, bien entendu, que de plus en plus de gens s'attellent à cette tâche, sans pour autant penser qu'il est indispensable de convertir les Indiens au christianisme.

C'était alors que nous parcourions l'île en direction du sud que survint la catastrophe. La jeep, qui depuis plus d'un mois avait été terriblement éprouvée par les coups de boutoir des souches d'arbres et des termitières, se cassa brusquement en deux. Le châssis brisé laissa tout simplement le moteur tomber sur le sol.

Bien que je me sois au cours de mes voyages trouvé dans des situations bien plus dangereuses – après tout, nous pouvions toujours marcher s'il le fallait absolument –, je ne crois pas avoir jamais été si près de l'échec total. Seul le problème financier était terrifiant. Nos avions donné à la banque, au cas où nous ne ramènerions pas la jeep, des garanties qui étaient bien au-delà de nos moyens. La région dans laquelle nous nous trouvions était une sorte de no man's land entre deux ethnies ennemies : les Karaja et les bien plus redoutables Shavante qui se trouvaient juste de l'autre côté de l'Araguaia, sur le Rio das Mortes. L'agglomération la plus proche où nous pouvions espérer trouver un garage avec des pièces de rechange se trouvait à environ mille kilomètres au sud. Dans toutes les autres directions, une jungle inexplorée s'étendait jusqu'à deux ou trois fois cette distance. Il n'y avait qu'une chose à faire. L'un de nous devait partir chercher de l'aide tandis que l'autre resterait pour garder la jeep. Nous tirâmes au sort. Je perdis. De toute manière, la perspective de rester seul dans cet endroit pendant plusieurs semaines, sans autres ressources que celles qu'offrait la forêt, n'était pas non plus très enthousiasmante. Je pris mon passeport, mon fusil et un peu d'argent, et me mis en route. Richard abattait des arbres pour se construire un abri. Après plusieurs heures, je tombai sur une piste qui me conduisit à une petite *fazenda* [1]. Son propriétaire, avec cette générosité si spontanée et si caractéristique des habitants de l'intérieur du Brésil à l'égard des étrangers, accepta tout de suite de me prêter un cheval. Il m'accompagna même durant une journée pour m'indiquer le chemin. Poussé en avant par mon anxiété, par le côté apparemment sans issue de la situation, les fesses en feu à cause d'une selle à laquelle je n'étais pas habitué, rompu de fatigue par manque de sommeil, je couvris presque trois cents kilomètres en trois jours, après avoir changé de cheval en cours de route et être resté en selle une nuit entière.

Avec l'incroyable chance qu'on a parfois dans les moments de crise, j'arrivai à la plus proche des grandes *fazendas*, reliée par une piste carrossable au monde extérieur, le jour où un camion venait d'arriver pour enlever les poissons qu'on attrapait une fois l'an dans le lac voisin. C'était le seul moment au cours de l'année où l'on était prêt à payer le coût de ce mode de transport. Le reste du temps, les voyages se faisaient à cheval. Je grimpai au sommet de ce chargement peu engageant qui commençait déjà à perdre de sa fraîcheur. J'arrivai enfin à Anapolis, une petite ville de pionniers, proche du lieu où l'on commençait à construire la nouvelle capitale fédérale : Brasilia. Je prends toujours un extrême plaisir, quand je me rends maintenant dans cette ville, aux édifices impressionnants et aux larges avenues pleines de vie, à faire savoir à ses habitants, qui me demandent avec une certaine satisfaction si c'est la première fois que je viens ici, que j'ai traversé cet endroit à cheval avant même que le premier bâtiment ne fût construit. Cela vaut la peine de faire une petite entorse à la vérité, ne serait-ce que pour voir l'effet que cette déclaration produit sur mon interlocuteur.

Mon seul problème, maintenant que j'avais découvert le seul garage de la ville, était de persuader son propriétaire, un immigrant grec absolument charmant – Alexandre –, qu'il mourait d'envie d'aller faire une excursion dans l'intérieur des

---

1. Ferme d'élevage.

terres en emmenant avec lui un chalumeau. Il me fallut deux jours pour y parvenir. Je lui racontai des histoires insensées sur les énormes poissons qu'on attrapait dans les rivières, sur les innombrables pièces de gibier à tirer et sur les belles femmes qu'on aurait sûrement la chance de rencontrer. Finalement nous nous mîmes en route. Malheureusement, le troisième jour, lorsque sa jeep tomba aussi en morceaux, Alexandre manifesta une certaine impatience. L'idée de tenter de retrouver seul mon chemin dans un pays inexploré, que je n'avais vu qu'une fois du haut de mon cheval, me mettait les nerfs à rude épreuve. Alexandre m'annonça qu'il en avait assez, que sa femme lui manquait et qu'il allait rentrer immédiatement. Je parlementai, menaçai, fulminai, suppliai en vain. Puis j'éclatai en larmes. Il faut vous souvenir que depuis plus de dix jours je n'avais pour ainsi dire pas dormi, que mon meilleur ami était, autant que je puisse l'imaginer, en ce moment même en train de tirer ses dernières cartouches pour contenir une horde de Shavante déchaînés, que la jeep et son chargement dans lesquels nous avions mis tout l'argent que nous avions pu trouver étaient sur le point d'être abandonnés dans la jungle et, finalement, que ma fiancée se préparait pour notre mariage qui devait avoir lieu en Angleterre dans trois mois à peine.

L'effet fut instantané. Alexandre, qui avait un cœur d'or, se sentit fondre. Il ne fut plus jamais question de rebrousser chemin.

Finalement nous arrivâmes, Alexandre et moi, près du bout de rivière où se trouvait l'épave. Je tirai un coup de feu pour signaler notre arrivée. Une sorte d'humanoïde aux cheveux hirsutes et au corps noirci par le soleil, assis dans un canot, s'avança vers nous en pagayant. Richard – c'était bien lui – avait fort mal dormi, n'avait presque rien mangé et avait un pied horriblement enflé. Mais nos retrouvailles furent un modèle de ce qu'on appelle le flegme britannique. Cela fit rire Alexandre durant plusieurs jours.

— Comment ça c'est passé? demanda Richard.
— Très bien, répondis-je. J'ai tout ce qu'il faut.

Richard avait vécu à la dure. Dans la pirogue qu'il avait trouvée abandonnée et qu'il avait réparée, il avait parcouru les nombreux criques et marigots qui forment tout un réseau dans cette partie de l'île. Après avoir marché sur une raie d'eau douce qui lui avait enfoncé son aiguillon dans la cheville, il avait déliré pendant deux jours et avait souffert le martyre. J'avais été absent pendant presque deux semaines mais ni l'un ni l'autre n'avions pensé un seul instant que je pourrais ne pas réussir à amener de l'aide et un second véhicule à Bananal. Nous n'avions d'ailleurs aucun plan de rechange pour Richard, au cas où je n'aurais pas pu revenir.

Après deux jours de travail épuisant, nous avions pratiquement réussi à remettre la jeep en état. Richard et moi partîmes dans la pirogue pour visiter son domaine. C'était un endroit idyllique où grouillaient les animaux sauvages. Nous glissâmes pendant des kilomètres dans les galeries d'ombre et de lumière au silence impressionnant. Richard connaissait les endroits où nous risquions de rencontrer les plus curieux habitants de la rivière. Nous tombâmes sur un couple de tapirs énormes, debout sur la rive. Ces bêtes, dont se régalent les Brésiliens de l'intérieur, étaient bien en chair, mais, ayant suffisamment de viande, nous les regardâmes simplement sauter dans l'eau, s'y enfoncer comme des hippopotames et disparaître de la surface. Nous vîmes aussi plusieurs cabiais – le plus grand rongeur du monde – qui trottinaient sur les rives comme de gigantesques cochons d'Inde. Ils s'enfoncèrent rapidement dans les broussailles.

C'est depuis un canot qu'on observe le mieux la vie de la nature. Nous ne sentions pas le temps passer car à chaque tournant de la rivière de nouvelles merveilles nous attendaient. Des jabirus, ces cigognes géantes dont le sommet du bec semble trop lourd, fixaient intensément l'eau du marais entre leurs pattes. Des tortues et de petits caïmans sans méfiance dormaient au soleil comme nous glissions sur les eaux sans provoquer de remous. Et bien sûr, des milliers d'insectes, depuis d'énormes papillons et des libellules aux couleurs étincelantes, jusqu'aux espèces plus modestes qui scintillaient et chatoyaient en nuées au-dessus de l'eau. C'était en vérité un monde paradisiaque. Nous étions pour une fois contents de ne pas avoir à nous servir d'un fusil ou d'un appareil photographique. Nous pouvions tout à notre aise aller à la dérive dans cet éden.

Brusquement nous réalisâmes que l'atmosphère était en train de changer. Les bruits qui arrivaient de la forêt obscure de chaque côté des rives augmentaient d'instant en instant. Sans que nous nous en fussions aperçus, le crépuscule était tombé. La relève des animaux du jour par ceux de la nuit provoquait une fébrile activité. C'était comme si les bêtes avaient, comme nous, perdu la notion du temps au cours de cette paisible après-midi et s'agitaient maintenant pour rentrer chez elles avant que la nuit ne tombe. Une bande de petits singes-araignées roux sautaient à pleine vitesse de branche en branche comme des trapézistes. Ils traversèrent la rivière en passant rapidement par le chemin que formaient pour eux les arbres dont les branches se rejoignaient. Nous eûmes à peine le temps de les apercevoir. Des perroquets d'un vert brillant passèrent en formation serrée en s'invectivant bruyamment. Des aras d'un jaune et d'un bleu strident – nous en vîmes aussi quelques rouges beaucoup plus rares – battaient des ailes plus calmement. Ils étaient toujours par couples, comme ces personnes âgées qui vont faire leur petite promenade du soir.

Nous décidâmes de passer la nuit à chasser le caïman – la variété sud-américaine du crocodile africain – pour payer Alexandre. Il tirerait des peaux une jolie somme, à Anapolis. Comme toujours sous les tropiques, la nuit tomba très rapidement. Il y eut alors un silence magique. On sentait que les animaux diurnes, plus tellement sûrs de leur cachette maintenant qu'ils étaient dans le noir, se recroquevillaient pour ne plus bouger afin de ne pas révéler leur présence. Les bêtes nocturnes, elles, les yeux encore éblouis par les dernières lueurs du jour, sortaient lentement de leurs tanières pour évaluer la situation. Pendant quelques secondes, le monde sembla suspendre sa respiration. Puis les premières grenouilles se mirent à coasser. Ensuite commença un vacarme sauvage fait d'ululements, de cris, d'appels... et de hurlements de terreur.

Nous entrâmes dans le premier marigot qui s'ouvrait au bord de la rivière. Nous allumâmes notre torche électrique pour évaluer la grosseur du caïman qui avait les yeux fixés sur nous. Nous étions décidés à ne tuer que les plus gros. Il y avait quelque chose d'irréel à pagayer vers ces monstres aux yeux rouges qui semblaient nous encourager à nous approcher « en souriant de toutes leurs dents ». Ils regardaient toujours nettement en direction de la lampe. Ils avaient rarement peur, de sorte qu'il était facile de nous approcher extrêmement près avant de les voir disparaître dans un tourbillon de boue. Cela nous permit de nous servir de notre légère carabine calibre 22 plutôt que du lourd et bruyant fusil de chasse dont le tonnerre mettait la jungle en émoi chaque fois que nous appuyions sur la détente.

Pendant plus de deux heures, nous rôdâmes dans les marigots. Nous ramenâmes une demi-douzaine de caïmans. Le plus grand mesurait près de quatre mètres. Nous nous couchâmes ensuite sur un lit de feuilles de palmier près d'un feu ronflant. Dormir ainsi sur le sol dans la jungle est, il me semble, parfaitement admissible si l'on meurt de fatigue. Sinon, ce n'est pas à conseiller. Les bruits trop nombreux et l'activité incessante vous tiennent éveillés. De plus, toutes sortes d'insectes, la plupart inoffensifs, inspectent minutieusement chaque centimètre carré de votre peau. Ce qui n'est pas réellement très agréable.

Treize ans plus tard, j'eus l'occasion de revenir dans cette région et de parcourir de nouveau en pirogue quelques endroits de ce pays des merveilles. Les colons se sont installés partout. Il n'y a pratiquement plus de gibier à Bananal. Les caïmans sont en voie d'extinction, les tapirs ont disparu et l'habitat de la plupart des autres animaux, y compris les oiseaux, a été livré aux flammes pour permettre aux troupeaux faméliques des paysans d'occuper le terrain.

Alexandre était tout heureux avec ses peaux. Il les accepta en paiement de son travail et des ennuis que nous lui avions causés. Après l'avoir remis sur la piste qui le ramènerait à la civilisation, nous continuâmes notre chemin. Nous fîmes traverser l'Araguaia à la jeep sur un radeau. Nous nous enfonçâmes alors vers l'ouest en direction du Rio das Mortes. Nous entrions au cœur même du pays shavante. Aucun colon de la région ne se serait aventuré si profondément dans le territoire de ces guerriers légendaires. Mais deux ans plus tôt un riche Italien de São Paulo avait voulu établir ses droits sur une grande étendue de terre de cette région. Selon la loi brésilienne, la terre doit être activement exploitée si le demandeur veut obtenir les titres définitifs de propriété. L'Italien avait donc envoyé deux familles de métayers pour y vivre. Peu après leur arrivée, cent cinquante Shavante étaient arrivés à la ferme au cours d'une chasse et s'y étaient installés. Ils paraissaient amicaux, ne semblaient vouloir que de la nourriture et prendre un peu de repos. Après quelques jours, les deux colons, pensant qu'il n'y avait plus de danger, s'éloignèrent pour rassembler quelques-uns de leurs troupeaux. A leur retour ils trouvèrent leurs fermes brûlées et pillées et leurs femmes et enfants massacrés.

Nous avions appris que deux jeunes hommes de São Paulo, accompagnés de leur famille, étaient récemment arrivés pour reconstruire la ferme. Nous décidâmes de leur rendre visite. Alors que nous roulions dans la savane à l'ouest de l'Araguaia, nous aperçûmes un groupe d'Indiens qui nous observaient au loin. Nous renonçâmes à nous arrêter. A la *fazenda*, une construction toute simple au toit de palmes qui n'était fermée que sur trois côtés, nous ne vîmes en premier que des Shavante. Durant un instant nous craignîmes que l'histoire ne se fût répétée. Peut-être un massacre venait-il d'avoir lieu. Puis un jeune homme aux cheveux blonds sortit pour nous accueillir avec chaleur. Il nous invita à rester tout le temps que nous le désirions, ravi d'avoir un peu de renfort pour éventuellement protéger sa famille.

Les Indiens, uniquement des hommes – les femmes et les enfants étant restés un peu plus loin dans la forêt – étaient nus. Leurs corps bruns finement musclés n'étaient pas peints. Ils avaient des cheveux longs et une frange d'une oreille à l'autre. Leurs visages étaient ouverts et amicaux. Joyeux et tapageurs, ils considéraient l'hospitalité qu'on leur octroyait comme un droit. Ils n'en profitaient pas cependant pour voler leurs hôtes et offraient de grandes quantités de poissons et de gibier en compensation de ce qu'ils demandaient. Leur présence donnait néanmoins un énorme surcroît de travail aux deux jeunes épouses. Ils portaient tous, serré autour du cou, un épais cordon de coton blanc tressé, aux bouts effrangés. A l'arrière étaient collés avec de la cire une plume ou un morceau d'écorce. Deux d'entre eux, avec qui nous avions sympathisé après que nous eûmes admiré leurs arcs et leurs flèches, enlevèrent leur cordon et nous le passèrent autour du cou. D'après les fermiers blancs, ce geste faisait de nous des Shavante. Nos chances d'être tués diminuaient considérablement. Aussi nos hôtes portaient-ils les leurs en permanence. Nous fîmes de même. Je possède encore le mien.

Richard était particulièrement heureux de rencontrer ces Indiens. Hors de tout langage commun, il parvenait néanmoins, grâce à son don remarquable de la communication, à s'entendre avec eux. La gamme étendue de signes et d'expressions dont il disposait pour manifester son intérêt et son enthousiasme devant les choses qu'on lui présentait, alliée à un sens de l'humour toujours en éveil, le rendirent immédiatement populaire. Le soir nous nous baignions tous ensemble dans le marigot près de la ferme, nous éclaboussant comme des enfants, nous battant et nous roulant dans l'eau. L'atmosphère pouvait se tendre soudainement si quelque chose n'allait pas, probablement parce que nous nous souvenions, comme les Shavante, de ce qui s'était passé deux ans plus tôt. Si nous donnions à un de nos amis un hameçon, les autres nous entouraient brusquement pour en obtenir un aussi. Nous devions alors créer une diversion, par exemple en tirant un coup de feu sur un oiseau bien trop éloigné pour pouvoir l'atteindre. Car bien sûr nous n'avions pas suffisamment d'hameçons pour en distribuer à une centaine d'Indiens.

Nos hôtes n'avaient pu depuis quelques jours s'occuper de leurs bêtes. Un après-midi j'emmenai dans la jeep un des fermiers pour jeter un coup d'œil au troupeau. A la dernière minute, une vingtaine d'Indiens prirent d'assaut la voiture pour nous accompagner. Richard resta avec l'autre fermier pour protéger les femmes.

Sur le chemin du retour, alors que la nuit était tombée, nous nous enlisâmes. Nous étions trop loin pour regagner la ferme à pied. Nous nous tassâmes les uns contre les autres sur le sol pour dormir. Nous nous sentîmes immédiatement en sécurité, sans penser un seul instant que cette situation eût pu être dangereuse : deux Blancs isolés, sans aucune protection, au milieu de la jungle parmi des « sauvages » ! En fait nous n'étions qu'un groupe de gens blottis les uns contre les autres pour trouver un peu de chaleur et résister ensemble aux esprits de la nuit.

A la ferme les Indiens dormaient aussi sur le sol. Quatre d'entre eux se couchaient en cercle sous mon hamac suspendu dans la véranda. Quand je jetais un coup d'œil par-dessus bord, je n'apercevais généralement que la rangée de dents d'un blanc éclatant de quelqu'un qui me souriait. Ils étaient d'une habileté extraordinaire au tir à l'arc. Ils étaient capables d'atteindre des oiseaux et des poissons en mouvement sans effort apparent. Leur assurance, leur indépendance d'esprit me rappelaient les nomades à cheval qui se jouèrent de moi en Afghanistan.

Aujourd'hui plus aucun Shavante ne mène une vie nomade; pour eux il n'est plus question de chasser librement semaine après semaine. On les a regroupés dans des villages où ils pratiquent l'agriculture. En dépit de plusieurs massacres, des avanies que leur infligent ceux qui leur ont pris leurs terres, ils ont gardé une fierté assez exceptionnelle parmi les Indiens brésiliens. Une des raisons en est peut-être qu'ils sont devenus d'extraordinaires joueurs de football. Et, aux yeux du peuple brésilien, cela excuse tout, même d'être Indien!

Les épreuves n'ont pas manqué pour atteindre le Pérou. Des pluies torrentielles nous attendaient en Bolivie, et nous dûmes emprunter un attelage de bœufs pour haler la jeep sur le dernier tronçon de notre itinéraire jusqu'au piémont des Andes où recommence le réseau routier. Mais nous arrivâmes finalement à temps pour que je puisse prendre l'avion afin de me rendre à mon mariage. Richard continua en voiture par Santiago et Buenos Aires pour rendre à ses propriétaires brésiliens une jeep bien fatiguée.

A notre retour, Sir Laurence Kirwan, avec beaucoup de grandeur d'âme, reconnut publiquement que ce que nous avions fait n'était pas un mince exploit. Nous reçûmes une récompense de la Royal Geographical Society. Notre réputation d'explorateurs sérieux était faite.

Je menai alors avec Marika la vie d'un homme marié. Nous renonçâmes à nous installer dans la ferme que j'avais héritée de ma mère lors de mes vingt et un ans et qui se trouvait dans un coin désolé et sans arbres de la côte du Norfolk. Nous la vendîmes donc et achetâmes Maindenwell, une autre ferme, située dans une vallée boisée près de Bodmin Moor en Cornouailles, et dont les bâtiments du XIVᵉ siècle ont été bien curieusement restaurés. Cet endroit devint le centre de nos vies. Nous y dépensâmes tout ce que nous gagnions pour en faire une belle demeure originale dans laquelle nous souhaitions voir grandir nos enfants. Je promis sincèrement de renoncer à tout voyage, de ne plus participer à aucune exploration. J'ai tenu ma promesse pendant près de quatre ans.

Pendant ce temps, Richard et John, avec cette fois l'appui inconditionnel de la Royal Geographical Society, se lancèrent ensemble dans une autre aventure. Une importante expédition à laquelle devaient se joindre des géographes brésiliens. Je me souviens de ce que me dit Richard peu de temps après son retour en Angleterre, à la fin de notre première expédition : « Nous savons fort bien tous les deux que ce que nous avons fait n'était pas si difficile. En revanche, si nous avions été capables d'aller là, ç'aurait été réellement quelque chose! » Du doigt il me montrait sur la carte une région totalement inconnue, au cœur même du Brésil, et que nous avions été obligés de contourner avec notre jeep. Quelque part dans ce fouillis de fleuves se trouvent les sources de l'Iriri, l'un des plus grands fleuves encore inexplorés du monde. Richard et John avaient l'intention de découvrir sa source et de le descendre en canot pour établir ensuite une carte de cette région.

Malheureusement, Richard fut pris dans une embuscade tendue par un groupe d'Indiens qu'on ne connaissait pas à l'époque. Il fut tué. La mort tragique et absurde de cet homme remarquable fit sensation dans la presse européenne et attrista les innombrables gens qui l'aimaient. Je ne peux faire mieux que de reproduire, avec sa permission, la lettre que John Hemming nous adressa à Marika et à moi juste après le drame.

Base aérienne de Cachimbo, le 9 septembre 1961.
Chers Robin et Marika,
Je suis encore sous le choc de la mort de Richard. J'essaie d'appréhender sa réalité et sa signification. Le tourbillon de pensées et de souvenirs qui m'assaillent commence à prendre forme et je me rends compte de l'horrible vide qu'il va laisser derrière lui pour tant de gens.

Au cours de ces derniers mois, Richard avait été au mieux de sa forme. Puisque tu as été en expédition avec lui, tu connais son courage et son implacable détermination lorsqu'il était aux prises avec des difficultés qui l'empêchaient de réaliser son objectif. Je crois que son goût passionné de l'exploration venait de son désir d'avoir un but précis qui exigeait de lui toute son habileté et sa force de caractère. Il croyait fermement à la valeur de ce que nous avions entrepris et je suis sûr qu'il avait raison. Si cette expédition avait réussi, cela aurait été un grand triomphe pour lui car il l'avait conçue et avait surmonté tous les obstacles afin de la mettre sur pied. Dans la jungle ses qualités de leader étaient éclatantes. Il portait toujours les plus lourdes charges et travaillait plus longtemps et plus dur que n'importe qui d'autre. Il agissait ainsi pour enflammer l'enthousiasme d'hommes au caractère difficile, en leur offrant un exemple, mais aussi parce qu'il était heureux de dépenser sans compter son étonnante force physique. Je ne l'ai jamais entendu se plaindre ou se livrer à la moindre mesquinerie malgré les conditions extrêmement diffici- les dans lesquelles nous nous trouvions. Tout au contraire, il essayait de rester gai en toute circonstance et de toujours encourager les autres avec des remarques amicales. Cette déter- mination, cette force de caractère lui permirent d'obtenir l'obéis- sance aveugle du groupe dont il avait la responsabilité. Mais vous connaissez Richard aussi bien que moi. Je n'essaierai donc pas de faire la liste de ses qualités ni de mettre à jour toutes les facettes de son caractère. Pourtant je ne peux oublier son intérêt passionné et intelligent pour de si nombreuses choses, sa générosité, son courage et sa bonne humeur contagieuse. Durant ce voyage, toutes ces qualités se manifestaient à tout instant ainsi que son don exceptionnel de meneur d'hommes.

Il a été bêtement tué par un groupe d'Indiens appartenant probablement à la tribu des Kayapo. Il marchait seul sur le layon de quelque trente-cinq kilomètres que nous avions ouvert entre le terrain d'atterrissage de Cachimbo et notre campement sur la rive de l'Iriri. A un certain endroit, le sentier, après avoir traversé une clairière, s'enfonce dans l'obscurité de la forêt. C'est là que les Indiens l'ont attaqué par-derrière. Je suis certain qu'il ne s'est aperçu de rien et n'a rien senti de ce qui lui arrivait. Il lui ont volé quelques objets et ont déposé des flèches et des massues de guerre à côté de son cadavre.

Les Indiens n'avaient laissé aucune trace de leur présence dans cette région jusqu'à présent et à fortiori aucun signe indiquant leur hostilité. Nous étions là depuis plusieurs semai- nes, ce qui nous donnait une fausse impression de sécurité. Tous les membres de l'expédition se rendaient seuls à pied dans cet endroit pour chasser ou transporter du matériel. Beaucoup d'entre nous étaient passés sur les lieux du drame à de nombreuses occasions. Il a fallu que ce soit Richard la victime.

Nous attendons l'arrivée d'un médecin qui emmènera le corps.

C'est vraiment une ironie du sort car tout était prêt pour entreprendre la descente du fleuve. Nous n'attendions plus pour partir que le parachutage de quelques vivres supplémentaires, que j'avais été chercher à Rio de Janeiro. Richard avait surmonté toutes les difficultés majeures : le passage à travers la forêt, le repérage du fleuve, le transport de nos provisions, la construction des canots. Le succès de son expédition était à portée de la main.

Je me doute, vu ce que je ressens, de ce que vous devez éprouver vous-mêmes. Je me sens bien proche de vous deux en ce moment. Je joins quelques photos que j'ai fait développer lorsque je faisais les préparatifs du parachutage à Rio. Lorsque je vous reverrai en Angleterre, nous parlerons de lui mais je ne peux encore exprimer clairement mes sentiments. Nous avons perdu un être d'exception et un merveilleux ami. Je vous enverrai d'autres photos plus tard.

Amitiés,

John.

La presse, la radio, la télévision ne cessèrent ensuite de parler de la mort de ce jeune Anglais tué par des Indiens en Amazonie. Cette histoire semblait exciter l'imagination des gens. Pourtant il n'était pas tellement étrange que des Indiens qui avaient été poursuivis et massacrés depuis des siècles finissent par user de représailles. Assez curieusement, il ne vint jamais à l'esprit des nombreux amis de Richard qui le pleuraient de rejeter la faute sur les Indiens. Nous savions suffisamment de choses déjà pour comprendre où se trouvaient les véritables responsables.

En examinant les massues de guerre et les flèches laissées à côté du corps, d'autres Indiens des environs parvinrent à identifier l'ethnie à laquelle appartenaient les chasseurs qui avaient tué notre ami. Il s'agissait de Kreen Akarore. Personne, en dehors des autres Indiens, n'en avait jamais entendu parler, mais les ethnies de la région les connaissaient et craignaient leur farouche indépendance. Ils étaient en général établis bien plus loin à l'est. Durant les quatorze années qui suivirent, les plus grands explorateurs brésiliens, les frères Villas Boas et des experts indiens tentèrent d'entrer en contact avec les Kreen Akarore. Ces tentatives furent multipliées lorsqu'il fut question de construire une route passant sur leur territoire. Le réalisateur anglais Andrian Cowell tourna sur ce sujet un excellent film documentaire dont le titre est *La tribu qui se cache des hommes*.

Lorsqu'on parvint enfin à les approcher, les politiciens brésiliens retirèrent aux frères Villas Boas la responsabilité de l'entreprise. Il leur fut donc impossible de savoir si l'on prenait soin de la santé des Indiens au moment où ils étaient exposés à des maladies nouvelles. En fait, on les laissa à la merci d'un fonctionnaire corrompu qui vendit les femmes comme prostituées aux ouvriers qui construisaient la route. Dix-huit mois s'écoulèrent avant que quelqu'un pût découvrir ce qui se passait. Des huit cents guerriers fiers et en bonne santé et de leurs familles, qui constituaient une des plus puissantes tribus indiennes subsistantes aussi bien culturellement que physiquement, il ne restait plus alors que trente-cinq misérables affaiblis et malades. On les a installés depuis sur le territoire du parc national du Xingu et leur nombre augmente à nouveau. Mais qui oserait affirmer que leur « crime » en tuant Richard, qui a tellement agité notre presse, n'a pas été multiplié par cent? Cette fois pourtant les journalistes demeurèrent silencieux.

En 1965, Sebastion Snow m'invita à participer à une nouvelle expédition en Amérique du Sud. Il avait fait partie de l'équipe qui avait découvert une douzaine d'années plus tôt les véritables sources de l'Amazone. Il avait ensuite descendu ce fleuve sur toute sa longueur, ce qui lui valut une réputation de voyageur extravagant. Il projetait maintenant de tenter la traversée par le centre et par voie d'eau de l'Amérique du Sud, du nord au sud. C'était s'attaquer à une nouvelle « première ». Étant le seul survivant de la première traversée est-ouest par terre, je parvins à convaincre Marika qu'il m'était difficile de refuser, d'autant plus que les fonds nécessaires avaient été trouvés. La distance à parcourir était, de nouveau, de dix mille kilomètres environ, dont une partie à travers des régions ne figurant sur aucune carte.

Nous décidâmes de partir dans un canot pneumatique entraîné par deux moteurs hors bord. C'était une manière de voyager peu confortable. Il fallait peiner sans arrêt pour maintenir l'engin en surface et en mouvement. Il fallait remédier aux fuites d'air en actionnant une pompe à pied et écoper avec une pompe à bras l'eau qui s'infiltrait par le sol. Dans le même temps on devait barrer à l'aide des deux moteurs. Le pilote, assis sur l'un des flotteurs, était trempé de la tête aux pieds à cause des embruns. Au cours de ces divers exercices, on avait tout de l'homme-orchestre; malheureusement le public était absent.

Nous partîmes de l'embouchure de l'Orénoque. Sur cet immense fleuve, notre petite embarcation orange était secouée comme une coquille de noix par d'énormes vagues. Quinze cents kilomètres plus loin, après avoir traversé quantité de rapides et de hauts-fonds, nous parvînmes dans des eaux plus calmes. C'est là que nous nous engageâmes dans un bras du fleuve qui finalement, et extraordinairement, devient un affluent de l'Amazone. Le canal Casiquiare est unique en son genre. Il relie deux grands systèmes hydrographiques en passant réellement au-dessus de la ligne de séparation des eaux.

Parfois nous engagions un guide pour passer les rapides ou pour éviter de nous perdre dans les réseaux compliqués formés par les nombreuses îles qui parsemaient le cours des fleuves. L'un d'entre eux s'appelait Manolo El Tucuman. C'était un vieil Indien tout petit qui, les épaules voûtées, resta assis à l'avant de notre esquif pendant plusieurs jours, dégoulinant de pluie et d'embruns tandis qu'il me guidait à travers les rapides du São Gabriel à Uaupes et ensuite le long du Rio Negro. Sebastion était malade et ne pouvait plus bouger. Il était étendu et gémissait à l'arrière. Cette maladie, qui lui avait fait perdre tout sens de l'équilibre, lui donnait un mal de tête atroce. Entre les deux hommes, étaient entassées nos maigres affaires : les hamacs, les ustensiles de cuisine, les outils, les appareils photographiques et les deux bidons de caoutchouc qui contenaient chacun deux cent trente litres d'essence – ils nous donnaient une autonomie de huit cents kilomètres.

Au bout de trois semaines, il devint clair que Sebastion, trop malade, ne pouvait poursuivre le voyage. Il prit l'avion de Manaus pour rentrer chez lui. Je continuai seul. A force de passer des nuits à la belle étoile sur les rives du fleuve, à des kilomètres et des kilomètres de tout être humain, entouré par les bruits inquiétants de la jungle, je devins moi-même un peu halluciné. Je passais chaque heure du jour à conduire mon canot à toute vitesse au milieu des vagues sur des cours d'eau aux méandres infinis. Je chantais à tue-tête, craignant à tout moment l'écueil caché. Une simple déchirure et je sombrais sans laisser de trace. Mon aptitude à supporter la solitude se développa au plus haut point au cours des trois mois suivants, alors que je fonçais en direction du sud, vers Buenos Aires.

Sur le Rio Madeira, au sud de l'Amazone, il me fallut

renoncer à passer certains rapides. Je fus obligé de dégonfler le bateau et de l'embarquer sur un vieux train à vapeur. Pendant deux jours, les passagers imperturbables reçurent sans arrêt des étincelles faisant de petits trous noirs dans leurs vêtements. Je parvins à convaincre le conducteur du train de me laisser monter à côté de lui. Je l'aidai à mettre des bûches dans la chaudière tout en gardant un fusil à côté de moi contre d'éventuelles attaques – dont on parlait beaucoup – d'Indiens ou de jaguars. Ce que j'aurais fait si des Indiens nous avaient attaqués, je n'en sais vraiment rien. Heureusement, nous n'en vîmes aucun et le voyage se déroula sans histoire.

Le long de la frontière bolivienne, j'empruntai de bien plus petits cours d'eau. Les ramasseurs de caoutchouc que je rencontrais à l'occasion m'affirmaient que les risques d'être attaqué par des Indiens encore isolés étaient réels. Quand cela était possible, je dormais sur des îles au milieu des rivières. J'étais suffisamment fatigué après une longue journée d'intense concentration et d'efforts physiques douloureux, nécessaires à la conduite du bateau, pour dormir parfaitement. Toutefois, le moindre craquement, le moindre bruit me réveillait facilement. Le plus souvent ce n'était que la chute d'une branche ou les grattements d'un lézard sur des feuilles sèches. J'étais malgré tout sans arrêt sur le qui-vive.

Après avoir fait porter de nouveau le bateau entre les sources d'affluents de l'Amazone et les rivières du Paraguay, j'atteignis la dernière étape qui devait me conduire dans l'Atlantique Sud. Depuis que Richard avait été tué, un rêve me revenait sans arrêt. C'était le récit rocambolesque des aventures qu'il avait menées alors que nous le croyions mort. Inconsciemment, je me refusais à accepter sa disparition. Maintenant que j'étais près de couper la route que nous avions empruntée ensemble dans notre voyage est-ouest, je m'attendais presque à le rencontrer.

Alors que j'y arrivais, le petit ferry-boat qui avait transporté la jeep sur l'autre rive du Paraguay au sud de Caceres se trouvait de nouveau au beau milieu du courant. Et cette fois encore il y avait une jeep. Celle de deux jolies passagères accompagnées de leur mère. Vu du ferry-boat, je devais avoir une curieuse allure dans mon canot pneumatique détérioré, avec son Union Jack fiché à la proue. Ces dames m'invitèrent à pique-niquer avec elles sur la rive. Les deux jeunes filles rentraient chez elles après leur année passée au collège. Elles furent bien entendu fascinées par le récit de mes aventures. Ce qui nous fit passer quelques bons moments bien que la scène eût quelque chose d'irréel. Richard, s'il avait été là, y aurait pris grand plaisir et je sentais sa présence autour de moi. Alors que je citais son nom en parlant du voyage que nous avions fait ensemble, l'une des jeunes filles s'écria : « Oh, oui, Richard Mason, j'en ai entendu parler. Il vit dans les marais près du Pantanal. Il gagne sa vie en chassant le jaguar. »

J'étais pressé alors, et le mystère resta total jusqu'à ce que j'apprenne qu'il y avait un autre Richard Mason. Un jeune Anglais qui, après avoir servi comme mercenaire en Angola, était allé au Brésil pour organiser des safaris. Quelques années plus tard, je rencontrai sa mère en Cornouailles qui me confirma sa présence là-bas. Je ne l'ai jamais rencontré. Pour compliquer encore les choses, je fis quelque temps après la connaissance de l'écrivain à succès qui porte également le même nom. Nous passâmes toute une soirée à boire en sa compagnie. Il n'est pas tellement étonnant après tout si le Richard Mason qui fut mon ami apparaît encore parfois dans mes rêves.

En dehors de la crainte permanente de tomber en panne, d'être malade ou de couler, il y eut pendant ce voyage quelques péripéties au cours desquelles j'eus vraiment peur. Passer la nuit tout seul dans la jungle ne me procurait généralement qu'une crainte assez agréable. Cependant, lorsque l'absence de tout bien-être et la solitude atteignirent des proportions insupportables, je me mis à désirer ardemment que tout cela fût fini. Une nuit il plut si fort que tout ce que je possédais, à l'exception des films et des appareils photographiques, enfermés dans leurs boîtes étanches, fut complètement trempé. Dans l'impossibilité de dormir en raison du froid et de la pluie, je passai toute la nuit à patauger en maillot de bain le long des rives boueuses pour empêcher l'inondation d'emporter tout mon campement.

La plupart des gens que je rencontrai le long des rivières étaient étonnamment gentils. Intrigués par une conduite qu'ils trouvaient excentrique – comment était-il possible de voyager seul, si loin de chez soi? –, ils me faisaient néanmoins fête lorsqu'ils avaient examiné sous tous ses angles mon embarcation et passé en revue toutes mes maigres affaires. Personne cependant ne m'a jamais rien volé. Lorsqu'on me demandait d'où je venais, je répondais souvent : « De la lune. » Et, à vrai dire, ils auraient très bien pu penser que mon étrange canot pneumatique orange arrivait du cosmos; je n'étais d'ailleurs pas loin de le penser moi-même! Tout le monde appréciait cette plaisanterie. Cela m'a fait comprendre que, quels que soient l'éloignement et les différences de mœurs, la plupart des gens réagissent aux mêmes plaisanteries et aux mêmes signes d'amitié. Quelques-uns de ces établissements solitaires au bord des rivières ne voyaient guère d'étranger à leur communauté qu'une fois ou deux par an. La population était composée de *mestizo*, c'est-à-dire de gens ayant du sang indien d'ethnies maintenant disparues, du sang noir d'esclaves en fuite et du sang blanc provenant des trappeurs et des prospecteurs. Les cow-boys que je commençais à rencontrer, en approchant de la frontière brésilienne avec le Paraguay, étaient nettement moins amicaux. Depuis la rive, ils observaient mon équipage avec une certaine convoitise tandis que je passais. Ils ne me donnaient nulle envie de traîner dans les parages.

Pourtant j'hésitais aussi à aller de l'avant. Je risquais en effet de sérieux ennuis : l'emprisonnement et la confiscation de mon embarcation et de mes biens. Je ne possédais en effet aucun des papiers requis pour piloter un bateau seul à travers le Brésil. J'étais entré illégalement dans le pays en passant sans problème la frontière avec le Venezuela. Ce n'est que plus tard que je découvris que j'aurais dû avoir un pilote brésilien à bord, et une quantité de documents justifiant mon expédition. Sur les cours d'eau isolés que j'avais suivis jusqu'ici, je n'avais eu évidemment aucun problème. Mais la seule sortie par voie d'eau du Brésil était fort bien gardée. Elle se trouvait au point où le Brésil, le Paraguay et la Bolivie ont une frontière commune. C'est une région célèbre par la diversité et l'intensité de la contrebande qu'on y pratique. Les voyageurs, incapables d'expliquer de façon convaincante leur présence dans la région, risquaient fort d'être abattus. Mes informateurs le long des rives, qui étaient tous parfaitement disposés à m'aider à tromper les autorités, me dirent qu'il serait stupide de me livrer pour mettre les choses au clair. Tous les fonctionnaires étaient corrompus et me voleraient tout ce que je possédais si je ne leur versais pas des pots-de-vin exorbitants. Puisque j'étais hors la loi, le mieux était donc de le rester.

Comme je suivais d'interminables méandres dans un immense labyrinthe sans ombre, sous la chaleur étouffante des marais du Pantanal, harcelé par les moustiques et inquiet sur

J'ai vécu auprès de nombreux peuples dont le mode de vie et la vision du monde sont encore totalement différents des nôtres. Ici, en compagnie d'un membre de l'ethnie dani de la vallée du Baliem en Nouvelle-Guinée indonésienne; peuple avec lequel une communication spontanée s'est facilement établie.

Le monde qui entoura mon enfance fut idyllique pour le jeune garçon que j'étais... Les lacs profonds étaient presque partout bordés de bois de hêtres et de chênes, et il y avait également une île qui devint très importante pour moi. Ma mère en promenade sur la pelouse de Lough Bawn; à l'arrière-plan, le lac et son île.

A ma sortie d'Oxford, je décidai de partir à la découverte du monde, et quelque part en moi-même je ne souhaitais pas revenir... Avec Johnny Clements (à droite) au départ de notre voyage vers Ceylan en 1957. (Photo Keystone.)

Toutes les vanités qui entouraient la chasse au gros gibier ne représentaient guère plus, pour Ramzan, qu'un moyen intelligent de nous distraire et d'acquérir un peu de notre argent. Au Cachemire, avec la peau d'un ours tué à la demande des villageois dont il détruisait les récoltes. Ils n'avaient omis qu'un détail : leurs terres se trouvaient comprises dans le périmètre d'une réserve animale où la chasse était strictement interdite!

Martin organisa une chasse au canard sur un lac près de Mandalay — nous nous serions crus dans une véritable réserve botanique. Ce fut le milieu naturel sauvage le plus coloré qu'il m'ait été donné de contempler.

Ceci, je le ressentais, était la vie véritable. Un travail dans l'exercice duquel j'aurais à me mesurer, à armes égales, avec d'autres hommes. Au milieu, l'équipage du Varda, navire sur lequel je travaillais pour payer mon voyage à travers le Pacifique.

Richard possédait à un degré extraordinaire le don de pouvoir communiquer en dehors de tout langage commun... Richard Mason et son « frère » Shavante près de Rio das Mortes en 1958.

Sur les quelque 6 000 km d'un territoire à peu près désert, les épreuves n'ont pas manqué pour atteindre le Pérou... Nous avons dû emprunter un attelage de bœufs pour hâler notre jeep sur le dernier tronçon de l'itinéraire qui devait nous conduire au piémont des Andes où recommencent les routes.

En compagnie de John Hemming, j'ai traversé le désert libyen, perché sur un camion arabe.

Nous longions à vive allure sur nos chameaux le lit foncé d'un oued bordé de chaque côté d'arbustes épineux et de grands acacias noirs. En 1966, lors de mon périple à dos de chameau jusqu'aux confins de l'Aïr, dans le nord du Niger.

Vive et coquette, les yeux étincelant d'un sourire enchanteur, elle vint nous offrir de l'eau et des dattes...

Une visite prophétique et presque fatale aux Indiens yanomami... L'expédition en Amazonie avec un aéroglisseur atteignit le haut Orénoque. Ce fut une rencontre saisissante entre deux cultures; l'idée de Survival International était née.

L'enthousiasme et la passion de Marika face à toutes les découvertes et les nouvelles expériences que nous faisions, l'acuité et la profondeur de ses jugements — que ce soit devant un général brésilien ou un chef indien — firent plus que de compléter le travail que j'avais entrepris. Marika Hanbury-Tenison m'accompagne pour la première fois au cours de mon voyage au Brésil en 1971. Nous nous rendîmes ensemble auprès de trente-trois ethnies amérindiennes.

Avoir été assis à côté d'un tel homme fut pour moi un grand privilège. En compagnie de Claudio Villas-Boas et de deux Indiens suya dans le parc national du Xingu. *(Photo Robert Harding Picture Library.)*

L'humilité et la douceur de Claudio Villas-Boas, doublées d'une intrépidité absolue en face de tout danger physique ou moral, eurent pour effet de sceller définitivement mon engagement en faveur des peuples auxquels il avait voué sa vie. Claudio Villas-Boas parmi les membres de l'ethnie juruna qui subit peu après l'assaut meurtrier de colons convoitant leurs terres.

La dévastation du milieu naturel — telle qu'en donne l'exemple cette mine d'étain à ciel ouvert — ou la dégradation morale que représentent les maisons de prostitution le long des routes constituent le double visage du futur qu'offre à l'Amazonie une obsession aveugle du « progrès ». *(Photo Robert Harding Picture Library.)*

La leçon incontournable qui s'imposa à nous fut que nous avions affaire à un peuple de justes. Marika dans le parc national du Xingu avec des amis indiens.

l'issue de cette équipée, je souhaitais de tout cœur que tout cela fût fini pour me retrouver chez moi. Marika et Maidenwell me manquaient terriblement. J'avais aussi tout simplement envie de draps propres, de l'air frais de la campagne, d'un bain chaud, de courrier à heure fixe, de mon journal quotidien et de la compagnie de mes amis. Je passe toujours beaucoup de temps, lors de mes expéditions, à ce qu'il me semble, à penser à ces sortes de choses, mais jamais je ne l'ai sans doute fait avec autant de force que cette fois-là. Au point où j'en étais, tout me paraissait dérisoire et j'aurais volontiers tout abandonné si cela avait été possible. Je me souviens parfaitement que je craignais par-dessus tout de créer des ennuis à l'ambassade britannique si elle devait intervenir pour me sortir d'affaire. Après plusieurs nuits sans sommeil, je me sentais aussi horriblement las.

Mais puisqu'il n'y avait pas d'alternative j'avançais péniblement vers ma destinée. J'essayais de recueillir un maximum d'informations sur les divers obstacles que j'aurais à franchir pour m'en sortir vivant. Avec ses deux moteurs hors bord, mon embarcation pouvait avancer à grande vitesse. Cela demandait toutefois une grande concentration pour éviter les écueils qui risquaient de percer ses flotteurs. Alors que j'étais en plein milieu des marais, je m'endormis. Le bateau s'écrasa brusquement contre une petite île de racines et d'herbes enchevêtrées. Il se coucha sur le côté et les moteurs se mirent à tourner dans le vide. Tout mon équipement tomba à l'eau. Pendant tout le reste de la journée, bien trop fatigué pour me préoccuper des piranhas ou des crocodiles, enfoncé dans l'eau jusqu'à la taille, je pataugeai parmi les roseaux pour repêcher mes affaires et les remettre sur le bateau. Grâce au ciel, rien n'avait été réellement endommagé. De nouvelles fuites s'étaient cependant ouvertes, et l'homme-orchestre devait en conséquence suivre, malgré sa fatigue, un rythme beaucoup plus rapide pour écoper et pour gonfler.

Je traversai mon Rubicon à Corumba. Ni les douanes ni les services d'immigration de cette importante ville frontière ne virent mon passeport ni mes documents de navigation qui d'ailleurs n'existaient tout simplement pas. Je glissai tout doucement le long des quais en n'utilisant qu'un seul moteur. Apparemment les seuls êtres vivants que j'aperçus étaient ivres. Je me souvins alors brusquement que nous étions samedi soir. Toute la ville était en fête ; des haut-parleurs puissants déversaient des flots de musique ;

j'aperçus au loin des couples qui dansaient sur le seuil des bars violemment éclairés. Personne ne me demanda quoi que ce fût ou ne me fit même signe d'arrêter. Il me fallait ensuite franchir le poste de la marine brésilienne à Ladario. Je passai là aussi sans encombre. Enfin, vers minuit, j'atteignis le dernier poste de douane à Puerto Esperanza. Je passai sous la ligne de chemin de fer qui traverse le Brésil; c'était le premier pont que je voyais depuis que j'avais quitté l'Orénoque.

Jusque-là tout se déroulait à la perfection. Un dernier obstacle restait à franchir; mais c'était de loin le plus difficile. Il me fallait maintenant traverser la frontière elle-même. Elle se trouve gardée par un fort, à l'endroit où la rivière passe entre deux collines. Des gardes munis de projecteurs patrouillent toute la nuit pour s'assurer qu'aucun contrebandier ou clandestin ne tente de la franchir. Je projetai de camoufler mon bateau avec des roseaux et de me laisser dériver comme si j'étais une île flottante couverte de jacinthes aquatiques. Malheureusement, au fur et à mesure que les heures passaient, mon plan me semblait de plus en plus dérisoire.

Je me laissai dériver toute la nuit vers ce que je savais être ma perte, n'osant utiliser les moteurs de peur d'alerter les militaires en faction. Je me crevais les yeux à essayer de voir ce qu'il y avait devant moi. A l'aube j'accostai sur une île toute proche du fort et cachai le bateau sous une montagne de végétaux en décomposition. Durant toute la journée, affreusement chaude, qui suivit, je restai à transpirer dans mon hamac terriblement anxieux et tremblant de peur. Ce fut presque un soulagement lorsque, au crépuscule, une vedette en patrouille ayant à son bord trois soldats armés me repéra alors que je préparais mon embarcation pour franchir le dernier obstacle. Ils débarquèrent en braquant leurs mitraillettes sur moi. Je les accueillis avec un large sourire, leur offris du café et leur expliquai que j'étais un explorateur britannique qui arrivait du Venezuela. Bien sûr ils refusèrent tout d'abord de me croire. Ils trouvaient déjà étonnant que quelqu'un ose venir camper seul sur une île que tout le monde savait être infestée de serpents et de jaguars. Mon air détaché les impressionna favorablement. Au lieu d'être mis aux fers, on m'emmena au fort comme une sorte de phénomène. On tenait absolument à m'exhiber au mess des officiers après le dîner. Je réussis, lorsqu'il fut question de permis et de papiers, à changer de sujet. Ils étaient trop polis et trop intrigués par ce que je leur racontais pour approfondir la question. Ils me donnèrent même généreusement de l'essence et s'assemblèrent gentiment sur les remparts pour me faire de grands signes d'adieu. Pensant qu'à un certain moment ils s'apercevraient que personne n'avait vu mes papiers et qu'ils se lanceraient alors à ma poursuite, je fonçai à toute vitesse vers le Paraguay. En arrivant au poste frontière de Bahia Negra, je me jetai dans les bras du *capitan* du port en lui expliquant que les Brésiliens étaient à mes trousses. Je n'aurais rien pu trouver de mieux pour me faire aimer des Paraguayens. Ils m'affirmèrent que j'étais maintenant en sécurité. J'atteignis enfin Buenos Aires pour découvrir que mon absence prolongée avait inquiété journalistes et diplomates. On avait craint pour ma vie. On organisa des conférences de presse et, pendant un bref instant, on parla beaucoup de moi à la télévision et dans les journaux. On me surnomma « El Intrepido » et tout le monde, où que j'aille, me reconnaissait. On était en 1965, au mois de février, et Sir Winston Churchill venait de mourir à l'âge de quatre-vingt-dix ans. Les Britanniques jouissaient d'une popularité exagérée. Un héros, quel qu'il fût, c'était justement ce que l'on demandait. Les Argentins considéraient aussi avec enthousiasme les possibilités de cette liaison par voie fluviale avec le Venezuela.

Un peu plus tard, au cours de cette même année, je fus invité à déjeuner avec la reine au palais de Buckingham. Le prince Philip – j'étais assis à sa gauche – me fit subir un interrogatoire serré sur les implications économiques de la voie fluviale que je venais d'ouvrir. C'était, il me faut l'avouer, une chose à laquelle je n'avais pas énormément pensé et je me mis à bredouiller un peu. Puis une idée me vint brusquement. J'improvisai :

« Puisque beaucoup de rivières sur lesquelles j'ai navigué n'ont que quelques dizaines de centimètres de profondeur et sont pleines de bancs de sable et de rapides, l'engin qui conviendrait le mieux pour ouvrir au commerce l'intérieur de l'Amérique du Sud serait un de ces aéroglisseurs sur lesquels je viens précisément de lire un article. »

Le prince Philip se retourna vers l'homme qui se trouvait à sa droite – je ne le connaissais pas – et lui dit : « Monsieur Cockerell, voici un jeune homme qui a une bonne idée. Vous devriez lui donner une de vos machines ! »

M. Cockerell (plus tard Sir Christopher Cockerell), l'inventeur des aéroglisseurs, ne trouva nullement cette idée amusante. Pourtant, à la suite de notre conversation, une série d'étranges expéditions furent organisées qui me permirent, par la suite, de découvrir pour la première fois ce qu'était un voyage d'équipe.

Je ne peux évidemment être tenu pour responsable des effets désastreux au niveaux humain et écologique de l'ambitieux programme routier transamazonien brésilien. Si ma première expédition à travers l'Amérique du Sud consistait en une traversée de continent en voiture, la seconde, presque incidemment, voulait montrer que c'était peut-être moins onéreux et moins nuisible d'utiliser les cours d'eau existants comme voie de communication plutôt que les routes qui apportent toujours avec elles des bouleversements massifs. Malheureusement l'idée est venue trop tard et n'aurait probablement jamais été acceptée. Elle n'aurait pas permis aux entrepreneurs de faire fortune en « ouvrant la route de l'Ouest ». J'ai toujours pensé cependant que mes deux voyages, en plus de m'avoir fait traverser des régions peu connues de l'Amérique du Sud, me mettaient à même d'avoir une idée personnelle sur la meilleure manière d'y développer des voies de communication.

4.

Le sceau du nomadisme

*Le sceau du nomadisme qui marque si pro-
fondément les sociétés...*
T.E. LAWRENCE,
« Les sept piliers de la sagesse ».

Le désert et les gens du désert m'ont toujours attiré. Les
quelques aperçus que j'avais eus, lors de mes premiers voyages des
espaces arides et de leurs habitants endurcis m'avaient toujours
donné envie d'y retourner. Durant les années soixante, alors que le
mythe de la sédentarité à vie était parti en fumée, j'entrepris
plusieurs longs voyages, généralement seul, dans diverses régions
du Sahara. Il me fallait une excuse pour partir. Je choisis comme
prétexte la recherche de peintures rupestres dans une chaîne de
montagnes pratiquement inexplorée, située au sud de l'Algérie.
Au cœur même du Sahara, à quelque quinze cents kilomètres des
rivières et de la verdure, se trouve une oasis appelée Djanet, ce qui
signifie « paradis ». Au-dessus se dresse un plateau montagneux
abrupt, le Tassili des Ajjer. Là, parmi des gorges et des falaises
brûlées par le soleil, repose, oubliée depuis des milliers d'années,
la plus grande collection de peintures rupestres du monde. Elles
ont été découvertes, à la fin des années cinquante, par l'ethnolo-
gue français Henri Lhote qui en a réalisé le relevé. Il a ensuite
publié des livres et organisé des expositions pour les faire
connaître. Croyant qu'il ne serait pas possible de photographier
ces fresques, Lhote avait emmené avec lui quelques artistes qui,
luttant contre le vent et le sable, reportèrent en couleur sur des

feuilles de papier les innombrables dessins. Ces relevés firent sensation. Ils montraient que des cultures successives avaient probablement occupé cette région, aujourd'hui totalement aride, à une époque où elle était encore fertile et où même, à certains moments, la végétation avait été luxuriante. De grands troupeaux d'animaux domestiques y figurent sous la surveillance de pasteurs nomades. Des chasseurs armés d'arcs et de flèches poursuivent des animaux depuis longtemps disparus dans la région : éléphants, girafes, hippopotames. Les membres d'une culture inconnue dessinèrent de grandes formes blanches à la tête ronde et au corps de poisson. On a dit de ces peintures qu'elles étaient « la découverte artistique la plus inattendue du siècle ».

Un jeune photographe français, Jean Dominique Lajoux, qui faisait partie de l'expédition de Lhote, revint sur les lieux plus tard et parvint à prouver que les peintures pouvaient être photographiées. Les illustrations de son livre [1] me passionnèrent au point que je projetai d'aller là-bas pour y tourner un court métrage. Malheureusement, durant la guerre d'Algérie, il n'était pas possible de voyager dans le sud du Sahara. Mais dès que l'Algérie eut obtenu son indépendance et bien que le pays fût loin d'être calme – on y considérait encore un peu tous les étrangers comme suspects – je décidai de tenter ma chance.

Août était le seul mois durant lequel je pouvais m'absenter cette année-là. On me prévint qu'il ferait terriblement chaud à cette époque de l'année. Les plus hautes températures du monde – cinquante-huit degrés à l'ombre – avaient été enregistrées non loin de Djanet. Mais puisque j'avais l'intention d'avoir une véritable expérience saharienne, c'était aussi bien de me rendre là-bas à la période la plus défavorable.

Le jeune homme qui me reçut à l'ambassade de Grande-Bretagne revenait précisément du désert. Il me dit clairement qu'il était préférable de ne pas traîner dans les parages.

– Je suis allé là-bas chercher les restes d'un de nos compatriotes. Ce n'était pas un travail agréable.

– Oh, le pauvre...

– Vous ne me comprenez pas. Cela fait trente ans qu'il est mort. Son avion s'est écrasé alors qu'il tentait de traverser le Sahara. On a repéré l'épave il y a juste une semaine. C'est

---

1. Merveilles du Tassili n'Ajjer, Éditions du Chêne, 1960.

92

vraiment l'enfer. J'ai détruit la Land Rover de l'ambassade. Toute cette affaire ne nous amène que des ennuis. Dans le désert rien ne pourrit. On a retrouvé ses papiers, ses affaires personnelles dans une sacoche à côté de lui. C'est vraiment une curieuse histoire qui me laisse perplexe. Plusieurs lettres sont adressées à une dame qui de toute évidence n'est pas sa femme. Il lui dit que lorsqu'il sera de retour il demandera le divorce pour pouvoir l'épouser. Cela peut produire un certain scandale si nous les envoyons à sa veuve qui, entre parenthèses, doit être une vieille dame maintenant. D'un autre côté je ne peux pas simplement les déchirer. Vraiment une affaire ennuyeuse.

A Alger, dans les milieux officiels, on me dit que c'était de la folie de vouloir se rendre à Djanet :
— Depuis que les Français sont partis, le fort est abandonné. Aucun camion n'ira là-bas avant l'hiver. Et ce n'est même pas sûr. Il n'y a pas d'avion non plus puisqu'il n'y a plus personne.
— Mais si, il y a les Touaregs.
— Sait-on jamais? me répondit mon informateur. De toute façon ils ne font rien à cette époque de l'année. Ils attendent que le temps devienne moins brûlant. Si vous arrivez jusque-là, vous ne survivrez pas. De plus l'Algérie est extrêmement dangereuse en ce moment. Des bandits armés parcourent le pays pour piller. Ils n'hésitent pas à tuer. Pourquoi ne pas revenir l'année prochaine lorsque les choses se seront un peu calmées?
— Quel est l'endroit le plus proche de Djanet que je puisse atteindre?
— Eh bien, il y a un nouveau champ pétrolifère à In Amenas. C'est à environ mille kilomètres au nord. Mais que ferez-vous quand vous serez là-bas?
Je bredouillai que pour atteindre le paradis il fallait avoir la foi, et me précipitai dans les bureaux de la compagnie pétrolière.
L'avion de la compagnie s'enfonça dans un défilé pour traverser l'Atlas, laissant derrière lui les vertes vallées et les nuages. Nous nous trouvâmes bientôt sous un soleil de plomb au-dessus d'une terre aride où des collines rocheuses semblaient être reliées entre elles par des coutures. C'était en fait les lits des rivières asséchées qui zigzaguaient dans le désert. Puis, peu à peu

le terrain s'égalisa et les tortueuses rivières asséchées devinrent comme les doigts innombrables d'un géant dont la main se recouvrirait peu à peu de sable. Cela me fit penser à ce qu'on dit à propos des hommes mourant de soif. Ils rampent un dernier mètre puis s'immobilisent tandis que leurs mains continuent de gratter le sol.

Puis tout à coup nous survolions une houle de sable qui s'étendait à l'infini. Jusqu'au coucher du soleil, l'avion ne fut qu'un point au-dessus d'une immensité circulaire de sable jaune. Quatre heures plus tard, les lueurs orange des puits de pétrole perçaient les ténèbres. Un instant après, nous atterrissions à In Amenas.

Certaines coïncidences inimaginables élèvent parfois au niveau du sublime ce qui n'était qu'un voyage banal. Le sous-préfet de Djanet se trouvait là pour sa visite officielle annuelle de deux jours aux champs pétrolifères. Il rentrerait chez lui en Land Rover le lendemain matin. Aucun autre véhicule n'avait emprunté cette route depuis six mois. Et il n'y en aurait pas d'autre avant trois mois. Je partis avec lui.

Après avoir été secoué durant trois jours sur des pistes de cailloux et de sable, Djanet m'apparut en effet, à l'aube, comme le paradis. Le soleil se levait derrière le vieux fort immaculé qui se dressait au-dessus de l'oasis. Ses rayons qui frappaient les pics noirs et rocheux du Tassili des Ajjer transformaient le paysage en une toile de fond féerique sur laquelle se découpait le fort. Cela évoquait pour moi une gravure romantique. En contrebas, les palmiers et jardins apportaient une fraîcheur bienvenue dans la vallée.

Le sous-préfet, un Algérien du Nord, me proposa de m'installer dans le fort. Il était vide et abandonné : « De toute façon, me dit-il, il n'y a rien ici dans le village. » C'était vrai, il n'y avait ni boutique, ni café. Je prenais mes repas avec lui, puis escaladais la colline dans le noir, m'éloignant des bruits de la nuit touareg pour m'enfoncer dans le silence impressionnant de ma forteresse aux murs extraordinairement épais. Je traversais doucement les cours et les terrasses au clair de lune, craignant de marcher pieds nus sur un scorpion ou une vipère ou même de rencontrer l'ombre d'un légionnaire assassiné.

Djanet était comme un petit port à l'embouchure d'un large fleuve. Une ligne de palmiers longeait l'étroite vallée qui débouchait sur une mer infinie de sable orange. Les maisons carrées en terre des Touaregs étaient groupées sur la colline au-dessus des quelques bâtiments administratifs construits en dur, laissés par les Français. Ils formaient un carré fermé sur trois côtés comme l'enceinte d'un port. Les peintures rupestres se trouvaient « à l'intérieur des terres », derrière les falaises abruptes de quelque six cents mètres de haut qui gardaient le Tassili. Quatre cols extrêmement difficiles traversaient la montagne. On organisa une réunion pour parler de mes projets. Elle était présidée par le jeune chef des Touaregs des Ajjer dont le père avait commandé la dernière bataille rangée contre les Français, en 1926. Il portait une grande robe d'un blanc immaculé, un turban et un voile laissant uniquement une mince fente pour les yeux. Tranquillement assis, il m'observait avec attention, la main posée sur le fourreau de cuir rouge de sa longue épée rectiligne. Près de lui étaient accroupis trois vieillards portant l'habituel turban indigo des Touaregs. C'est à cause de cette teinture, qui se dépose sur la peau par frottement, qu'on a donné aux Touaregs le surnom d'hommes bleus. Les vieillards étaient des spécialistes des voyages en montagne. Ils étaient unanimes pour s'opposer à mon entreprise. Le sous-préfet et moi-même étions assis en face d'eux. Il me servait d'interprète en traduisant ce que je disais de français en tamachek, la langue des Touaregs.

– L'Akba Tafelalet (la route directe) est trop abrupte pour les chameaux.

– Alors je passerai par le nord, par l'Akba Assakao.

– Les chameaux sont très faibles à cette époque de l'année. La sécheresse a été dure et ils n'ont aucune graisse.

– Alors j'irai à pied.

– Personne ne vous accompagnera sans une bête de somme pour porter l'eau.

– Alors j'irai seul.

Ce n'est qu'après plusieurs heures de discussion que le chef ouvrit la bouche :

« Il vous donnera deux chameaux et deux hommes, traduisit le sous-préfet. Il pense que vous ne survivrez pas au voyage et ne veut en aucune façon être tenu pour responsable. Je dois ajouter que, de mon côté, je décline également toute responsabilité. »

J'acceptai d'écrire une lettre pour dégager la responsabilité de chacun, au cas où les choses tourneraient mal. Ensuite je parlai d'argent.

— Le chef dit qu'il ne veut pas d'argent. Si vous êtes content de ses hommes, vous lui donnerez quelque chose pour eux à votre retour. Mais vous ne devez surtout pas les payer avant car ils vous voleraient et vous abandonneraient. Comment pensez-vous vous nourrir?

— Je mangerai comme eux.

— Il n'en est pas question. Ces gens sont extrêmement pauvres et ne mangent presque rien. On m'a dit qu'il n'y avait pas d'eau dans les collines. Si votre provision vient à s'épuiser, vous risquez d'être obligé de marcher pendant plusieurs jours avant d'en trouver. Un Touareg peut vivre neuf jours avec trois dattes lorsqu'il n'y a plus d'eau. Il mange la peau le premier jour, la chair le deuxième et suce le noyau le troisième. Le dixième jour, il meurt. Vous sentez-vous capable de vivre aussi longtemps?

— J'en doute. Cependant j'ai l'intention d'adopter leur manière de vivre en toute occasion. Ça sera intéressant de voir comment je vais m'en sortir.

Finalement, tout fut arrangé. Puisque je voulais traverser le plateau dans toute sa largeur, il fut convenu que la Land Rover m'attendrait dans trois semaines à la sortie du défilé situé le plus au sud, l'Akba Adjefane, qui se trouvait à quelque cent kilomètres de Djanet. Le long voyage de retour à travers le désert me serait ainsi épargné.

Ma première « escalade » d'un chameau manqua d'élégance. Elle eut lieu — d'une manière assez désagréable — devant une petite foule venue assister à notre départ. Lorsque j'admis, après avoir dit que j'avais monté toutes sortes de chevaux depuis ma naissance, que c'était la première fois que je grimpais sur un chameau, on m'assaillit de conseils. Une des bêtes portait des outres en peau de chèvre pleines d'eau, un petit sac de provisions et nos sacs de couchage. L'autre, agenouillée, était surmontée d'une selle magnifique qui ressemblait à un trône. Elle me regardait d'un air hautain. Je m'approchai et montai sur son dos. L'animal poussa immédiatement un cri épouvantable. Tout le monde se mit à hurler en gesticulant en direction de mes pieds. Je devais sans doute enlever mes chaussures. Je descendis, me mis pieds nus et remontai en plaçant mes pieds correctement à la base du cou en m'agrippant légèrement. Je m'accrochai à la croix de bois, recouverte de cuir repoussé, qui se trouvait à l'avant de la selle. Cela ressemblait vaguement à un guidon de bicyclette. Une clameur s'éleva de nouveau. Je compris tout de suite que cette croix était purement décorative et qu'on risquait de la casser en s'y accrochant comme à un guidon de bicyclette. Très nerveux, je laissai un des spectateurs disposer mes mains correctement. La droite devait tenir une seule rêne de cuir qui passait sous le cou du chameau et venait s'accrocher à un anneau pris dans sa narine. La gauche devait serrer la selle juste à la base de ma colonne vertébrale. Tout le monde se mit alors à produire des bruits curieux avec la langue et la bouche, et le chameau commença à se relever. Je ne m'attendais pas le moins du monde aux extraordinaires secousses qui suivirent la mise en mouvement, apparemment désordonnée, de ses articulations. Je me trouvai projeté en avant puis en arrière selon un rythme imprévisible alors que le sol s'éloignait de moi de plusieurs mètres.

J'avais prêté ma caméra au sous-préfet pour qu'il filme à l'intention de la postérité cette scène inoubliable. Malheureusement, tordu par les rires, il en oublia d'appuyer sur le déclencheur. En revanche, le jeune chef, l'air distant, ne semblait nullement affecté par ce spectacle.

Par la suite je pris beaucoup de plaisir à voyager à dos de chameau. Mais au cours de ce voyage nous marchâmes la plupart du temps, ne nous servant du chameau qu'à tour de rôle, lorsque nous étions réellement fatigués. Il m'avait semblé important que je parte en beauté pour montrer ce dont j'étais capable. Ma dignité avait au contraire terriblement souffert. J'étais un peu inquiet de ne pas avoir mérité le respect de mes deux compagnons de voyage. Mohamed, le guide, était presque aveugle et parlait rarement. Il était fier de ses soixante-dix ans et passait pour connaître fort bien le Tassili. Hamouk, en revanche, était jeune et effrontément bavard. Il avait une tendance désespérante à se moquer de moi. Aussi, après quelques kilomètres, lorsqu'il me demanda mon nom, obéissant à une inspiration subite, je lui répondis : « Sir. » Il en déduisit qu'un nom si court devait être une appellation extrêmement familière. Il ne perdit aucune occasion de s'en servir, ce qui me procura une tranquille satisfaction, tout en protégeant mon incognito au cas où un autre Anglais passerait par là à l'avenir!

Le soir, Hamouk faisait cuire un pain dur comme de la pierre et préparait une bouillie de mil sur les braises. Au début du voyage, nous avions en plus un peu de viande de chameau cuite avec des oignons. Ensuite, il ne nous restait plus que le sac de dattes. Mais c'était surtout l'eau qui nous préoccupait. Les outres en peau de chèvre perdaient de leur volume chaque jour. Grâce à l'évaporation, l'eau restait fraîche mais c'était bien sûr autant de liquide en moins. Nous buvions d'ailleurs étonnamment peu : quelques gorgées de thé chaud à la menthe trois fois par jour, et sans doute pas plus d'un demi-litre d'eau pour chacun. Les peaux avaient été tannées récemment de sorte que l'eau avait un fort goût de chèvre. On y trouvait aussi de temps en temps des lambeaux de chair. Le plaisir de boire était donc assez réduit. Mais même sans cela, j'eus beaucoup moins de difficulté à contrôler ma soif que je ne le pensais au départ. Je rêvais bien sûr de bière fraîche et brûlais de me jeter dans un ruisseau limpide lorsque la chaleur, au milieu de la journée, atteignait son maximum. Mais en général je trouvais nettement plus pénibles les interminables distances que nous avions à parcourir en franchissant d'innombrables collines rocheuses les unes après les autres, sans jamais parvenir à la fin de l'étape. La seule unité de mesure de Mohamed était « une journée de voyage ». Aussi m'était-il impossible de me réconforter de temps à autre, en pensant qu'il ne me restait plus que quelques heures à parcourir.

Le soir, allongés sur le sol, nous regardions les étoiles jusqu'à ce que la lune se lève. Elles s'étendaient sans interruption d'un bout à l'autre de l'horizon de sorte que nous avions l'impression de regarder dans un kaléidoscope. Brusquement j'en vis une qui se déplaçait lentement en suivant une trajectoire incertaine. Je demandai à Hamouk ce que c'était.

« Je ne sais pas, me répondit-il. C'est quelque chose de nouveau, je l'ai vu aussi au-dessus de Djanet. »

Il s'agissait évidemment d'un satellite artificiel. L'irrégularité de sa course était due à la réfraction créée par la chaleur à la surface de la terre. Il me fut assez désagréable de voir qu'ici, dans l'endroit le plus retiré de la planète, l'homme occidental ne pouvait s'empêcher de perturber l'ordre naturel des choses. Les millions et les millions d'êtres humains qui, pendant des siècles, ont levé la tête en direction d'un ciel familier auraient sûrement été choqués de cette étrange intrusion.

Tous les matins les chameaux avaient disparu. Nous les détachions la nuit afin qu'ils puissent chercher çà et là quelques rares brins d'herbe desséchés ou quelques tiges épineuses. Comme elles étaient éparpillées sur de grandes distances, nous devions parfois marcher durant plusieurs kilomètres avant de retrouver nos montures. Durant la journée, sous la chaleur, le désert semblait totalement dépourvu de vie. Mais à cette heure matinale, lorsque le soleil était encore en dessous de l'horizon et que les bêtes sauvages relâchaient leur vigilance, j'étais émerveillé par tout ce qui s'agitait autour de moi. Des hyrax [1] bien gras faisaient un bond pour m'observer et s'enfonçaient tout aussitôt dans leur terrier. Des lézards glissaient sur le sable pendant quelques mètres comme s'ils étaient sur des rails puis s'arrêtaient pour me jeter un regard peu aimable au-dessus de leurs épaules. Un oiseau noir et blanc, qui ressemblait à une pie miniature, très commun partout dans le Sahara, sautait de rocher en rocher à côté de moi avec un air interrogateur. D'autres petits oiseaux plus sauvages et plus banals chantaient doucement dans le lointain. Un jour, je tombai par hasard sur le même lièvre ridicule que celui d'*Alice au Pays des Merveilles* avec une tête et des oreilles bien trop grandes pour lui. Il me regarda d'un air si horrifié et incrédule que je ne pus m'empêcher de rire, brisant stupidement le silence. Il détala avec un air d'excuse comme s'il se souvenait d'un rendez-vous oublié. Les gazelles étaient toujours extrêmement sauvages et peureuses. A mon grand regret, je ne vis aucun des quelques mouflons qui vivent encore, dit-on, sur le Tassili. Ces moutons sauvages à longs poils, avec une longue barbiche et de magnifiques cornes recourbées, très caractéristiques – assez larges au départ, elles s'amincissent au point d'être extraordinairement effilées à leur extrémité –, sont le dernier lien qui nous relie aux habitants préhistoriques de cette région. Comme nous aujourd'hui, ils les jugeaient remarquables et dignes. On trouve en effet de très nombreuses reproductions de leurs cornes gravées ou peintes sur les rochers de la préhistoire.

Nous découvrîmes une seule fois un puits pour remplir nos outres en peau de chèvre. Ce fut ensuite terminé. Et le jour arriva

---

1. Damans.

où il ne nous restait plus que deux ou trois litres d'eau. Au réveil, Hamouk et Mohamed paraissaient graves. Ils me dirent que nous devions chercher de l'eau en même temps que les chameaux au cours de notre habituel vagabondage matinal. Je les laissai partir dans la direction où se trouvaient probablement les chameaux et m'enfonçai au milieu de grands rochers où j'espérais dénicher des peintures rupestres. Par hasard, au bout d'une demi-heure, je tombai sur une *guelta,* une petite poche d'eau, restée là à la suite des pluies, pourtant extrêmement rares, qui tombent sur le haut plateau. Mais au lieu de me précipiter pour annoncer la bonne nouvelle, je m'assis à proximité pour réfléchir. Je ne suis pas particulièrement délicat et je ne porte pas normalement une grande attention à ce que je bois. Je me suis toujours désaltéré sans prendre aucune précaution dans les rivières d'Amazonie, dans les lacs africains ou dans les mares d'Extrême-Orient. Ma théorie, qui n'a jamais été prise en défaut, est simple : il vaut mieux renforcer son immunité aux maladies plutôt que de se protéger artificiellement. Mais il me semblait de la plus grande sagesse de mettre cette petite flaque à l'index. Ayant environ un mètre de large et cinquante centimètres de profondeur, elle se trouvait dans une crevasse de pierre dure au bas d'une faille verticale. De toute évidence d'innombrables chameaux et bêtes sauvages y avaient bu. Cela faisait sans doute des mois ou même des années que cette eau n'était plus fraîche. Elle était de couleur brune et dégageait une odeur peu engageante. Le soleil du désert, au cours d'interminables journées, avait évaporé ce qui avait été autrefois une mare de belle taille pour ne laisser qu'un fond boueux sur lequel flottaient d'innombrables choses. Sa puissante odeur parvenait jusqu'à l'endroit où j'étais assis.

Au camp, les deux hommes m'attendaient près des chameaux. Ils me demandèrent si j'avais trouvé de l'eau. Je mentis. Intérieurement, je tentai de justifier ce mensonge en me disant qu'aucun homme sain d'esprit ne pouvait appeler ça de l'eau. Mohamed insista cependant. Il avait entendu dire qu'il y avait de l'eau par ici. Il fallait donc continuer les recherches. Ils découvrirent évidemment ma flaque « d'eau ». J'eus un court moment de soulagement lorsque je crus comprendre que cette eau serait réservée aux chameaux. On les fit approcher le plus près possible de la flaque, leurs grêles pattes antérieures largement écartées. Le récipient dans lequel nous faisions la cuisine et où nous gardions le reste de mil enveloppé dans un torchon fut plongé dans cette sorte de boue et tendu à chacune des bêtes à tour de rôle. Elles buvaient bruyamment en bavant. Puis malgré leurs protestations, on les repoussa et nos outres en peau de chèvre furent remplies une à une. De temps en temps on enlevait quand même une crotte de chameau du récipient. Ce n'était pas tant par amour de l'hygiène que pour ne pas boucher le col étroit de l'outre et risquer ainsi de perdre une goutte du précieux liquide. Je demandai qu'on renonçât à mélanger ce jus infâme à l'eau qui subsistait encore dans une des outres. On me morigéna comme un enfant pour ma maniaquerie déplacée et l'outre fut remplie. Si l'on oubliait finalement sa provenance, cette eau n'était pas si mauvaise. En tout cas, elle ne nous fit aucun mal et nous sauva probablement la vie car nous n'en trouvâmes plus une seule goutte en cours de route.

Le prétexte de mon voyage était l'étude des peintures rupestres. Pourtant les souvenirs que j'en ai conservés sont fort personnels et n'ont que peu de chose à voir avec l'érudition. Je suis heureux bien sûr d'avoir pu contempler ces peintures encore intactes avant qu'une foule de visiteurs ne viennent les effacer peu à peu. Il paraît d'ailleurs qu'aujourd'hui elles ont déjà presque disparu. Je ne me mêlerai pas de tisser des spéculations sur leur ancienneté et leur origine. Certaines, dit-on, auraient plus de douze mille ans. Et les géants à la tête ronde ont été attribués à des artistes de très diverses origines : Bochimans, voyageurs interplanétaires, Romains ou Nubiens. Je ne sais qu'une chose : il s'agissait d'extraordinaires artistes. Des vagues successives de populations ont très certainement occupé les plaines autrefois fertiles du Sahara central. Ces peuples étaient probablement, au départ, des chasseurs qui poursuivaient de grands troupeaux d'animaux cherchant refuge dans la région. D'autres hommes y ont amené ensuite des bovins gras et solides, aux cornes recourbées et aux imposantes mamelles. Si l'on en juge par les dessins méticuleux qu'ils en ont fait, ces bêtes devaient être d'une importance capitale dans leur vie. L'origine de la plupart de ces peuples est inconnue et se perd dans la nuit des temps. Ils n'ont rien laissé d'autre derrière eux que ces peintures rupestres. Certains ont sans doute abandonné la région au fur et à mesure que le désert s'installait, comme l'ont fait les Peuls et les Fulanis du Sahel qui sont encore des pasteurs nomades, et les quelques

Bochimans, bien plus loin au sud, qui chassent aujourd'hui encore de la même manière que les chasseurs dessinés sur les rochers du Tassili il y a des milliers d'années.

Beaucoup de ces peintures sont particulièrement magnifiques et j'éprouve un sentiment de profonde reconnaissance envers les artistes qui les ont créées. La première que je vis, qui est aussi celle dont je me souviens le mieux, se trouvait dans un amas de rochers appelé Tin Tekelt. Je regardais depuis un moment un mur de roc dont l'aspect laissait supposer qu'il avait pu servir de support. J'étais vraiment déçu de ne rien voir, sachant que des peintures se trouvaient à proximité puisque la carte de Lajoux les mentionnait. Je n'arrivais cependant pas à discerner la moindre forme dans l'imbroglio de taches de couleurs que je voyais sur les rochers. Puis tout à coup, j'aperçus l'image d'une girafe. Elle avait une vingtaine de centimètres de haut. A dire vrai, je m'attendais à quelque chose de beaucoup plus grand. Elle était de plus ocre et jaune au lieu de l'ocre rouge que j'imaginais. Invisible au premier abord, elle se détachait maintenant aussi clairement que si elle avait été encadrée seule sur les murs d'une galerie. Elle se tenait toute droite sur ses longues jambes, son cou à la courbe gracieuse tendu pour attraper les délicieuses feuilles d'une haute branche. Une fois que je l'eus repérée, je vis tout autour un ensemble d'autres images : troupeaux, hommes, animaux sauvages apparaissaient sur le rocher de tous côtés. Pendant deux jours, ensuite, j'allai de site en site. Beaucoup sans doute avaient déjà été repérés mais quelques-uns peut-être n'avaient pas été vus par l'homme depuis des millénaires. De toute façon aucune peinture ne m'a touché autant que ma première girafe. Elle sera toujours pour moi le chef-d'œuvre du Tassili.

Nous atteignîmes le bas de l'Akba Adjefane le jour convenu. Nos chameaux avaient les pattes en sang et nous étions épuisés. Nous nous laissâmes tomber sur le sable fin, inattendu, de l'erg Admer. Nous nous demandions, au cas où la Land Rover ne serait pas au rendez-vous, si nous aurions la force de retourner à Djanet. Au crépuscule, alors que pratiquement tout espoir nous avait abandonnés, nous entendîmes un moteur et aperçûmes un nuage de poussière qui approchait. Une longue silhouette blanche descendit de la voiture et se précipita vers nous. Le chef des Ajjer me donna l'accolade avant de me serrer la main à plusieurs reprises. Il me félicita de notre retour sains et saufs. Je compris alors qu'il avait dû beaucoup s'inquiéter à notre sujet.

Le Sahara est plein de plaisirs inattendus. La difficulté de survivre dans le désert, le sentiment de solitude dû à ces étendues immenses, et l'impressionnant silence qui y règne rendent particulièrement agréables les quelques moments de détente qu'on peut y trouver. Ce sont le plus souvent les rares occasions où l'on mange à sa faim et les rencontres inattendues, ces contrastes brutaux avec le déroulement de la vie quotidienne, qui créent alors des plaisirs d'une qualité exceptionnelle.

Plus tard, en compagnie de John Hemming, j'ai traversé le désert de Libye perché sur le chargement d'un camion arabe qui suivait la route prise par le général Leclerc en 1943. Nous explorâmes ensemble les montagnes du Tibesti, particulièrement difficiles. Nous trouvâmes d'innombrables gravures rupestres et nous vîmes le « Trou au Natron », le cratère de volcan le plus spectaculaire du monde.

Lors d'un autre voyage, j'essayai d'atteindre les montagnes sahariennes qui se trouvent tout à l'ouest, l'Adrar des Ifora. Partant de Gao via Tombouctou au Mali, je remontai en bateau une partie du fleuve Niger sans parvenir à pénétrer dans le désert : les Touaregs étaient en conflit avec les autorités.

C'était plus paisible au Niger. Les chameaux de l'Aïr passent pour les meilleurs du Sahara, les plus recherchés étant les blancs. Le chef du poste d'Iférouane me prêta son chameau blanc et, pour la première fois, j'éprouvai le plaisir de parcourir le désert rapidement et sans heurts. Durant la journée, la chaleur, la poussière, la sueur et les mouches gâtaient un peu les choses. Mais de nuit, rien ne peut être comparé à l'atmosphère légère et fraîche, au silence parfait et à la paix profonde des montagnes du désert. Personne, pas un bruit, kilomètre après kilomètre. Seul y est perceptible le glissement doux du chameau sous la voûte étoilée. Longer, à dos de chameau, le lit obscur d'un oued bordé d'arbustes épineux et de grands acacias noirs tandis que le sable de la rivière asséchée bruisse doucement ne peut être comparé qu'à la descente, la nuit, d'un cours d'eau entrecoupé de rapides.

Les campements sont toutefois bien plus faciles à installer dans le désert qu'au bord d'un fleuve. Inutile de faire place nette sur la rive et de se préoccuper de sélectionner ce qu'il faut décharger parmi le fouillis inhérent à tout voyage motorisé. Les chameaux doivent de toute façon être débarrassés de leurs charges et de leurs selles. Nous nous en servions d'ailleurs comme abri. Un feu d'épines sèches faisait bouillir le ragoût de chèvre et de mil. Apaisés, mon compagnon touareg et moi buvions, tout en regardant les flammes, de minuscules tasses de thé à la menthe. Peu à peu mon visage déjà brûlé par le soleil de la journée commençait à cuire au rayonnement du feu et mes pieds à geler en raison de la chute brutale de la température. Je me glissais alors dans mon sac de couchage, la seule concession que je faisais au confort. Il me servait d'ailleurs, suivant les circonstances, de coussin de selle, de tapis ou de lit. Une lueur semblable à celle du ver luisant, due à l'électricité statique, courait alors le long de la fermeture Eclair métallique. Je me couchais ensuite sur le dos pour regarder le ciel.

Aucun mot ne peut donner une idée de la paix des nuits dans le désert. L'homme retrouve naturellement son sens atavique de l'espace. C'est un retour à une époque où toute l'humanité faisait encore partie non seulement de l'univers mais aussi de la nature. Elle partageait alors la vie des autres créatures et si elle entrait en compétition avec elles, elle n'en détruisait pas pour autant l'harmonie de leurs rapports. Aujourd'hui la rupture est achevée. Différents et technologiquement surdéveloppés, nous avons peur et nous nous tenons sans arrêt sur nos gardes de crainte d'être réenglobés par la nature. Mais dans la nuit du désert, la sensation de paix est si profonde qu'on laisse de côté les inquiétudes de la vie sociale. Ou, tout au moins, elles s'y trouvent ramenées à une dimension qui vous permet de ressentir votre plénitude et le flot indifférencié de la vie qui coule en vous. Pour un temps je n'exige rien du monde et il n'exige rien de moi. Je me sentais si profondément bien qu'il m'arrivait de penser que si les hommes d'État fatigués pouvaient de temps à autre passer une nuit telle que celle-ci, ils trouveraient aisément des solutions plus sages aux problèmes qui se posent à eux. Je commençais maintenant à comprendre pourquoi j'étais venu dans le désert. Les peintures rupestres n'étaient définitivement qu'un prétexte.

Arambé était un vieux soldat, un ex-goumier qui avait servi autrefois auprès des Français. Grand, droit comme un I, il était, à en juger par le respect avec lequel on le traitait et par la lenteur de ses mouvements, relativement âgé. Je n'ai jamais vu son visage totalement à découvert. Il se détournait de moi pour manger et passait la nourriture sous la partie inférieure de son voile. De temps en temps il fumait une cigarette de la même manière. J'entr'aperçus seulement plus tard un nez fin, aquilin et un visage tanné et balafré.

Son fusil, entièrement rouillé, une véritable antiquité, était le bien dont il était le plus fier. Il le conservait toujours à portée de la main. Le chef du poste ne l'autorisait à disposer que d'une seule cartouche, mais cela ne diminuait en rien le prestige que nous retirions de cette arme. Touareg, il connaissait les chameaux, le désert et les quelques nomades que nous pouvions rencontrer. En fait, il faisait ce que les gens de sa culture avaient toujours fait. Il ne voyait aucun inconvénient à ce que je suive un itinéraire particulier, à ce que je m'arrête sans cesse pour m'essouffler parmi les rochers à la recherche des peintures préhistoriques. Ancien goumier, il connaissait également quelques mots de français qui venaient au secours de mon tamachek hésitant. Il avait aussi appris par son expérience de vieux soldat à accepter l'étrange comportement des Européens mais en s'arrangeant habilement pour que leur conduite ne devînt pas trop pénible à supporter. Comme je n'avais besoin ni d'un domestique ni d'un ami intime, Arambé était un compagnon de voyage parfait.

Nous arrivâmes à un puits appelé Tedekelt. Une femme et ses deux filles puisaient de l'eau pour leur troupeau de chèvres. Le puits, dans le lit d'un oued, avait cinq mètres de profondeur environ. Il était étayé par des morceaux de bois. Je fus extrêmement frappé, sachant qu'il n'y avait pas d'eau à des kilomètres et des kilomètres à la ronde, du comportement des chèvres. Très disciplinées, elles restaient étroitement groupées, ne montrant apparemment aucun intérêt aux deux jeunes filles qui remplissaient l'auge dans laquelle elles venaient boire. L'aînée, une magnifique fille de seize ans, lançait son seau dans le puits avec beaucoup de grâce. Bien qu'il fût en peau de chèvre, il s'enfonçait et se remplissait immédiatement car on l'avait habilement renforcé avec des montants de bois. Sans marquer de temps d'arrêt, la jeune fille jetait le seau et le remontait aussitôt. Sa jeune sœur, vive et coquette, les yeux étincelant d'un sourire enchanteur, vint nous offrir de l'eau et des dattes alors que nous nous étions assis à l'ombre pour nous reposer.

Les hommes étaient au loin, ce qui est normal dans les familles touaregs. Ils sont sensés s'occuper des choses « sérieuses » : commerce, voyages, rapports entre les différentes ethnies. Cependant, avec l'introduction progressive des camions pour remplacer les caravanes de chameaux, le déclin des routes de commerce traditionnelles à travers le Sahara, et la fin des guerres tribales, il devient de plus en plus difficile pour les hommes de se consacrer à ces actions considérées comme viriles.

Avec la terrible sécheresse du Sahel, l'existence des Touaregs est devenue chaque année de plus en plus difficile. Beaucoup sont morts ou ont été obligés de se réfugier dans des camps en bordure du désert. Mais, en 1966, bien que frugale et rude à un point inconcevable pour des Européens, la vie était encore supportable pour eux. La joie et les rires de ce petit groupe de femmes ne laissaient nullement pressentir la famine et la misère qu'elles ont dû très certainement endurer par la suite. Leur campement était tout proche et Arambé parvint à me convaincre de nous donner, pour une fois, un peu de répit. Il aurait été dommage de ne pas profiter du lait et de la viande fraîche qui s'offraient à nous. Nous mîmes des entraves aux chameaux avant de les laisser aller. Cette nuit-là, ce fut la fête. Nous mangeâmes des bols de lait de chèvre caillé, du maïs ainsi qu'une cuisse de chevreau grillée à la braise que nous nous passions de main en main. Nous bûmes, pour achever ce festin, du thé à la menthe, assis auprès du feu car la nuit devenait de plus en plus froide. La mère et la grand-mère s'approchèrent de nous pour parler. J'appréciai tout particulièrement la délicatesse et la courtoisie de ces femmes qui ne montrèrent aucune exigence vis-à-vis de l'étranger que j'étais. Si j'essayais de me servir des quelques mots de tamachek que je connaissais ou cherchais à augmenter mon vocabulaire, elles m'aidaient avec beaucoup de gentillesse. Quand je me suis étendu pour écrire près du feu, elles poursuivirent leur conversation sans montrer le moindre embarras. La nuit fut toutefois nettement moins paisible et agréable que la soirée. Les chèvres, serrées les unes contre les autres derrière une épaisse haie d'épineux, en plus de leur forte odeur, n'arrêtaient pas de produire des bruits assez désagréables où les bêlements hystériques le disputaient aux pets retentissants. De plus, lorsque la lune se leva, tous les chiens du campement se mirent à aboyer et le chameau d'Arambé, se sentant abandonné, tenta de venir nous rejoindre. Dans la demi-lumière froide de l'aube, je regardai la plus jeune des filles traire une chamelle dans un bol de bois. Elle prit ensuite une bûche enflammée de son feu pour rallumer le nôtre. Elle déposa le lait à côté de nous. Son goût rappelait l'odeur de chameau mais c'était tiède, mousseux et revigorant.

Un tel luxe était cependant rare. Nous nous mettions en marche habituellement avant l'aube pour couvrir la distance la plus longue possible avant la forte chaleur. Enveloppé dans une couverture, les pieds nus glacés sur le cou du chameau, j'avançais devant Arambé afin d'augmenter mes chances de pouvoir observer la faune du désert. Les chameaux trottaient régulièrement, pratiquement sans aucun bruit. De temps en temps cependant, lorsqu'une mouche se posait sur le museau de l'un d'entre eux, il leur arrivait, pour la déloger, de souffler bruyamment en secouant la tête et en agitant les babines. C'était la meilleure heure pour apercevoir les gazelles, toujours frêles et apeurées, parmi ces immensités de sable et de roc. Les autruches, énormes et maladroites, s'enfuyaient de tous côtés en désordre à notre approche. Je vis aussi une bande de singes à longue queue. Les femelles, leurs petits accrochés sur la poitrine, s'enfuirent à quatre pattes en sautant de rocher en rocher tandis que les mâles restaient derrière pour protéger leur retraite. Une autre fois, dans le demi-jour, j'aperçus aussi un chacal.

Henri Lhote dit des peintures rupestres de l'Aïr « qu'elles indiquent une certaine décadence ». Certes, je ne vis là rien de comparable avec la beauté des peintures et des dessins du Tassili des Ajjer ni même avec celle des scènes de chasse et de bataille du Haut-Tibesti. Mais dans un amas rocheux nommé Djangeran, près d'une montagne appelée Arrarhous, à proximité de l'oued Tarouée, et à d'autres endroits qui ne portaient aucun nom, je vis des dessins de girafes, d'autruches, de grands bovins tachetés et cornus, de chevaux, de cerfs et quelquefois d'éléphants. La plupart étaient en mauvais état et difficiles à distinguer. Et souvent, après avoir escaladé des rochers abrupts, dans l'espoir d'atteindre un site prometteur, je ne découvrais sur la pierre que des formes mystérieuses dues à l'action du soleil, du sable, de la chaleur, du froid et du vent pendant des siècles. Mais cela m'affectait maintenant à peine. Je ne ressentais plus aussi vivement les déceptions de la recherche et l'exaltation de la découverte. J'avais renoncé à la plupart de mes ambitions concernant l'art préhistorique du Sahara. Je m'étais rapidement rendu compte que c'était la recherche elle-même qui m'intéressait et non la satisfaction intellectuelle de devenir un expert dans ce domaine. Les montagnes de l'Aïr étaient sans doute les plus agréables de tous les massifs sahariens. Bien que rare, la végétation était suffisante pour favoriser l'existence d'une riche faune sauvage et permettre à quelques troupeaux de moutons et de chèvres de survivre. Pour la première fois, je sentais qu'il m'était possible de rester dans cette sorte de milieu naturel et d'y prendre plaisir. Les aubes glacées et les midis brûlants, la paix des feux de camp, les nuits silencieuses et étoilées m'étaient devenues familières et me procuraient beaucoup de joie. Paradoxalement, le besoin de me mesurer au désert pour me prouver que j'existais s'était évanoui. A demi surpris, je découvrais quelque chose qui n'avait rien à voir avec mon but initial. Puisque j'aimais maintenant le désert – sans excès et passion – je ne voyais plus la nécessité d'y rester. Comme un vieil ami qu'on peut très bien ne pas voir durant des années, il serait toujours là lorsque j'aurais envie de lui rendre visite. Ce sont les hommes du désert qui sont importants et que je pleure. Des milliers sont morts durant la pire sécheresse de leur histoire. Beaucoup de ce qu'ils savaient sur le désert et sur la manière d'y survivre a disparu avec eux. Quant aux survivants, ils ont perdu confiance en leur propre dignité. La plupart végètent maintenant dans des camps de réfugiés et se voient obligés d'accepter les aumônes de leur pays d'accueil. De nombreux experts pensent qu'ils ne seront plus jamais capables de retourner dans ces immensités apparemment désertes. Ils étaient pourtant les seuls êtres humains à savoir comment y vivre. En conséquence, ces régions, malgré leur intérêt et leur potentiel écologique, seront abandonnées. Il est difficile d'appliquer la technologie agricole des sociétés occidentales à des régions comme le Sahara ou le Sahel. Il est extrêmement rare, et seulement sous certaines conditions très précises, de parvenir à faire fleurir le désert. De nos jours, le manque d'intérêt pour le savoir et l'expérience acquise au cours des siècles par les peuples autochtones et l'importation de techniques inadéquates ont plutôt pour effet d'éliminer ou de restreindre les populations capables de vivre et d'utiliser rationnellement ce type de milieu naturel. Et les nouveaux immigrants inadaptés mènent une vie beaucoup moins satisfaisante et riche que celle des gens dont ils ont pris la place.

Bien des années plus tard, en 1980, je traversais une partie du Kalahari avec un Bochiman. Je rencontrai alors un groupe de personnes de petite taille, à la peau brun-jaune et à la tête ronde. Misérables et apeurés, les Bochimans déculturés avaient conscience de leur pauvreté et s'accrochaient désespérément à un puits foré qui était leur seule ressource en eau. Ils avaient maintenant oublié comment vivre dans leur milieu aride couvert de broussailles desséchées en tirant de l'eau du sable et en la gardant dans des œufs d'autruche. Ils me dirent qu'ils avaient renoncé à nomadiser de peur de mourir de soif. Ils ne mangeaient donc que rarement de la viande et trouvaient très difficilement de quoi survivre.

Ebenene, mon compagnon de voyage, n'avait cependant pas peur. Grâce au truchement de l'interprète bantou qui m'avait conduit vers son groupe à partir d'un camp de prospecteurs, j'appris qu'Ebenene parcourait régulièrement de grandes distances pour rendre visite à d'autres Bochimans et qu'il était aussi un chasseur célèbre. Je lui demandai s'il accepterait de traverser avec moi une région inconnue de nos cartes. Celle qui s'étend entre le Parc national de Gemsbok, à la limite duquel se trouvait son campement de huttes, et Ghanzi, ville lointaine, située au centre du Botswana, desservie par une route praticable en toute saison. Ebenene s'inquiéta de savoir comment nous pourrions communiquer puisque nous ne parlions pas la même langue. Je lui fis répondre que le langage n'était pas si important puisque nous nous comprenions et nous nous faisions mutuellement confiance :

« Quand nous aurons envie de marcher, nous marcherons; quand ce sera le moment de nous arrêter, nous nous arrêterons pour dormir ou pour manger. Nous n'aurons pas besoin de parler. Tu me montreras ce que je dois faire. »

Lorsque cc que je venais de dire fut traduit par l'interprète bantou, Ebenene, sa famille et ses amis se mirent à rire, à battre des mains et à danser comme j'avais entendu dire que le faisaient les Bochimans. Nous partîmes ensemble le lendemain matin un peu avant l'aube. Nous portions chacun un œuf d'autruche plein d'eau, un peu de nourriture. J'avais en plus un sac de couchage et quelques vêtements. Nous marchions chaque jour dans un silence qui n'avait rien de pesant. Nous nous arrêtions seulement lorsque Ebenene avait repéré un animal : gnou, buffle, autruche ou éléphant. Il s'accroupissait alors et regardait la bête avec cette étonnante immobilité du véritable chasseur. Durant les heures chaudes, nous nous reposions sous un épineux.

Il y avait dans cette région un projet d'assistance auquel devait participer Survival International : forer de nouveaux puits pour les Bochimans. Bien que je fusse attristé de constater à quel point leur dépendance à l'égard de ces puits était préjudiciable à leur nomadisme traditionnel, je ne voyais pas d'autre solution pour eux. Ils avaient presque tous perdu le goût et les connaissances nécessaires pour voyager dans le désert alors que pendant si longtemps ils avaient été les seuls à pouvoir y survivre. Aujourd'hui il n'y avait peut-être plus un seul Bochiman qui veuille ou même puisse encore vivre dans le Kalahari comme le faisaient ses ancêtres. La vie dans cette région aride devenait chaque année un peu plus difficile en raison de l'insuffisance de la végétation pour un trop grand nombre de troupeaux et de la baisse de niveau de la nappe phréatique. Mais l'avenir n'est pas sans espoir. Grâce à la compréhension d'un administrateur qui les conseille et les protège sans leur imposer quoi que ce soit, j'ai vu un groupe d'une centaine de Bochimans transformés en d'excellents fermiers. Leurs récoltes de légumes sont parmi les meilleures du pays. Bien qu'ils soient méprisés et trop souvent exploités par leurs voisins Bantous éleveurs de bétail, ils n'ont pas eu à souffrir de la terrible sécheresse qui s'est abattue sur les Touaregs. Et si les bouleversements apportés dans leur manière de vivre sont aussi importants, il me semble qu'ils ont plus de chances d'être à même de les supporter.

Il est évident de constater les erreurs qui ont été commises en matière de développement au cours du passé et même encore actuellement, dans ces régions où l'existence de l'être humain est à la limite du possible. Ce constat est aussi applicable, et avec une urgence égale, à des régions dont le milieu naturel est plus favorable. En grande partie en raison du mépris de leurs administrateurs et à l'abandon de toute tentative pour surmonter les difficultés d'un monde en voie de transformation, la plupart des Touaregs et des Bochimans se voient contraints de quitter le Sahara et le Kalahari. Ces déserts deviendront maintenant des étendues véritablement stériles, ce qu'ils n'avaient jamais été.

5.

L'exploration pour l'amour
de l'exploration

Parce qu'il est là.

GEORGE MALLORY.
(Réponse à la question qu'on lui posait toujours lors
de sa tournée de conférences aux État-Unis en 1923 :
« Pourquoi voulez-vous faire l'ascension de l'Everest ? »
D. ROBERTSON, *George Mallory*, 1969.)

En 1968, j'eus ma première expérience d'une exploration en équipe. Je fus invité à prendre part à la première expédition en aéroglisseur. Un SRN 6 de dix tonnes qui, en temps normal, faisait le service de l'île de Wight avec trente-six passagers à bord, fut aménagé pour accueillir les vingt membres de l'expédition et leur équipement. L'engin devait être emmené au Brésil par bateau. De là, il tenterait de refaire, en sens inverse, le trajet que j'avais parcouru en canot pneumatique quelques années auparavant. Partant de Manaus, il remonterait le Rio Negro, le canal Casiquiare, descendrait l'Orénoque pour finalement parvenir à l'île de Trinité. Les membres de l'expédition représentaient des intérêts très divers. Mais chacun semblait vouloir diriger les opérations plutôt que de subordonner à une organisation collective; ce qui est généralement le meilleur moyen de courir à la catastrophe. Mais l'occasion de ce voyage était trop belle pour que je la laisse passer.

Je fus engagé comme « maître de camp », un rôle de subalterne caractérisé. J'étais une sorte d'homme à tout faire, responsable du bien-être de chacun. Le docteur Conrad Gorinsky, un brillant ethno-botaniste du Bart's Hospital, fut engagé comme « cuisinier et plongeur ». Travaillant jour et nuit et étant les deux seuls « sous-fifres » de l'expédition, nous devînmes d'excellents amis durant le voyage. Nous étions aussi les seuls à parler l'espagnol et le portugais. Les seuls aussi à connaître et à aimer la vie dans la jungle. Cette expérience nous donnait un énorme avantage. Peu à peu nous devînmes indispensables et nous prîmes les choses en main. Ce qui ne vous valut pas toujours l'amitié des autres membres de l'équipe. Ayant déjà parcouru cette région, j'étais particulièrement suspect. Le projet était en effet présenté comme le « Dernier Grand Voyage sur la Terre », ce qui n'était pas du tout le cas. De plus, les rapports envoyés sur nos activités ne s'étendaient que sur le désagrément et même l'horreur de la vie en Amazonie, toutes choses que j'étais supposé épargner aux autres membres de l'expédition et que, paraît-il, je n'avais même pas remarquées.

Le premier objectif était de démontrer au monde, de la manière la plus spectaculaire possible, que la brillante invention britannique, l'aéroglisseur qui, comme son nom l'indique, glisse à la surface de l'eau et de la terre, était l'appareil idéal pour circuler dans les régions interdites à tout autre véhicule. Sur ce point, je crois, l'opération a été une réussite. En revanche, par la suite, les services commerciaux n'ont guère été efficaces : pas un seul appareil n'a été vendu en Amérique du Sud. Notre équipage, sous le commandement du capitaine Graham Clarke, était des plus remarquables. Avec beaucoup de sagesse, notre commandant ne s'occupait que du bon fonctionnement et des performances de son engin. Sur ces questions, il était indiscutablement le patron; quant au reste, il évitait de se mêler aux discussions.

Notre équipe était divisée en trois groupes hétérogènes dont les intérêts coïncidaient rarement. C'était le *Geographical Magazine,* appartenant alors en partie à l'International Publishing Corporation, qui avait organisé l'expédition. Son délégué, David Smithers, un Gallois vif et machiavélique, tenait les cordons de la bourse, donc l'autorité suprême. Les journalistes attachés à l'expédition étaient Douglas Botting, excellent photographe et écrivain, et Arthur Helliwell, une personnalité presque légendaire de Fleet Street, qui était persuadé qu'il allait périr dans cette équipée et rédigeait en conséquence des récits terrifiants et lugubres sur nos rencontres quotidiennes avec la mort, les cannibales et les tarentules.

Le but supposé de cette aventure était de permettre à une équipe de botanistes et de géo-morphologistes d'effectuer des recherches de terrain. Ceux-ci auraient aimé passer plusieurs jours dans chaque nouvel environnement que nous rencontrions. Ils trouvaient extrêmement désagréable la vitesse imposée au cours de ce voyage ainsi que les problèmes relevant de la logistique.

Il y avait enfin une équipe de cinéastes. La BBC avait en effet financé en grande partie l'opération. Ses représentants voulaient donc faire le film le plus original et le plus spectaculaire possible.

Conrad et moi n'appartenions à aucune de ces factions. Aussi n'étions-nous que rarement invités aux tables rondes nocturnes où l'on débattait, à n'en plus finir, du programme du lendemain. En revanche, lorsqu'il était question d'établir un nouveau camp sur les rives du fleuve, soudain chacun de nos amis se souvenait brusquement d'un travail urgent et extrêmement important qu'il avait à faire. On nous laissait donc décharger les deux tonnes de matériel, installer le campement et préparer le dîner. Les techniciens s'occupaient de l'embarcation; les scientifiques creusaient le sol pour prélever des échantillons ou partaient à la recherche de plantes; les journalistes et l'équipe de cinéastes préparaient les récits du voyage pour la postérité. En fait, personne au cours de cette expédition ne détenait réellement l'autorité qui aurait permis de synchroniser les activités. Pendant ce voyage, j'ai beaucoup appris sur la manière d'organiser une grande expédition; ce fut une expérience qui m'a rendu bien des services par la suite.

Tout commença assez agréablement. Nous remontâmes, dans un grondement de tonnerre, le calme et large Rio Negro. Ses plages de sable blanc sont extrêmement belles. De plus, grâce aux propriétés chimiques particulières de ses eaux « noires » – qui lui ont donné son nom – cette rivière n'est pas infestée d'insectes comme la plupart des cours d'eau amazoniens. Nos campements étaient autant d'agréables pique-niques. Seuls, les hommes qui s'affrontaient sans cesse sur des questions de prestige et de pouvoir – à bord ou à terre – semblaient assez abominables.

A Manaus nous prîmes un pilote qui passait pour connaître

chaque courbe, chaque méandre du Rio Negro sur les quelque mille kilomètres que nous avions à parcourir. On l'installa à l'avant, aux côtés du copilote, sous les acclamations de la foule qui était venue assister à notre départ. Le regard tendu derrière ses yeux bridés, notre guide faisait de grands gestes de la main pour indiquer les chenaux les plus larges et les plus profonds. Puis nous approchâmes des premiers hauts-fonds. Devant nous, un banc de sable qui partait du rivage disparaissait en pente douce sous l'eau pour faire surface çà et là au beau milieu du courant ; seul indice de sa présence, de petites îles émergeaient en ridant à peine la surface de la rivière. Notre guide, penché en avant, demanda au pilote de virer vers la gauche où se trouvait un chenal étroit mais profond. Nous avancions à quelque cent kilomètres à l'heure ; le commandant, qui savait que l'aéroglisseur se tenait à un mètre de la surface, que ce fût de l'eau ou du sable, n'allait pas faire zigzaguer inutilement son appareil. Je me rendis compte que le guide, habitué aux bateaux à vapeur d'un certain tirant d'eau, n'avait pas été prévenu de cette caractéristique de notre machine infernale. Je vis les jointures de ses doigts blanchir au moment où il pensa que nous foncions vers une catastrophe certaine. Lorsque nous glissâmes sans ralentir au-dessus des bancs de sable, il s'effondra complètement. Dès cet instant, il refusa de jouer le moindre rôle. Si ce bateau était si malin, il pouvait se débrouiller tout seul. Je me vis donc dans l'obligation de servir de navigateur en me servant d'une carte et de souvenirs qui remontaient à trois ans, sur un fleuve que j'avais descendu en sens inverse. Pour planifier l'utilisation de sa réserve de carburant, le commandant voulait connaître la longueur des étapes. De plus, comme la vitesse de l'engin devait être élevée et constante, il était indispensable de repérer à l'avance les méandres importants. L'engin était propulsé par un moteur d'avion à réaction de mille chevaux qui faisait un bruit épouvantable. A l'intérieur, on était accablé par une chaleur étouffante et un vrombissement assourdissant. Je me sentais devenir claustrophobe. Certes, nous allions d'une étape à l'autre à une vitesse extraordinaire. Mais en produisant bien entendu, là où nous passions, des effets sur la faune et sur les populations probablement catastrophiques.

Je me souviens en particulier d'avoir vu devant nous un petit canot au beau milieu du courant. A l'arrière, un Indien pêchait tranquillement. Lorsqu'il entendit l'infernal bruit de notre moteur, il leva la tête pour tenter de découvrir des nuages d'orage. Puis il regarda dans notre direction et se rendit compte qu'une sorte de grand bateau se dirigeait vers lui. Pensant qu'il avait bien le temps de regagner la rive avant d'être submergé par les remous qu'il redoutait, il commença à s'éloigner lentement. Quelques secondes plus tard, alors que nous étions presque à sa hauteur, il se mit à pagayer désespérément. Comme il levait la tête, j'aperçus l'expression anxieuse de son visage. Il pensait manifestement sa dernière heure arrivée. Nous passâmes en rugissant mais pratiquement sans provoquer de remous dans notre sillage. Je me suis longtemps demandé s'il avait tenté de raconter ce qui venait de lui arriver à sa famille incrédule, ou s'il avait simplement fait semblant de croire que tout cela n'était pas arrivé.

En cours de route, nous nous arrêtâmes à bien des endroits où je vis des gens qui se souvenaient de moi et de l'étrange petit bateau en caoutchouc sur lequel j'avais navigué au cours de mon voyage à travers le continent, trois ans plus tôt. Il était assez amusant de repasser au même endroit à bord d'un moyen de transport nettement plus spectaculaire. L'aéroglisseur pouvait naviguer à une vitesse deux fois supérieure à celle de mon canot pneumatique. Toutefois, le temps passé à installer et à lever le camp, et les délais accordés aux scientifiques pour accomplir leurs travaux, faisaient que nous avancions à peu près à la même vitesse que lors de mon précédent voyage. Si bien que nous passions la nuit bien souvent aux mêmes étapes. Ce fut le cas à Uaupes où se trouve l'une des plus importantes missions réservées aux Indiens du Rio Negro, dirigée par des prêtres salésiens.

Les Indiens rassemblés à la mission descendent d'un grand nombre d'ethnies différentes qui, à l'origine, occupaient cette région particulièrement riche et agréable de l'Amazonie; ils ont pour la plupart perdu leur identité et leur dignité. Les missionnaires font méticuleusement pression sur chaque famille pour leur enlever leurs enfants qui seront élevés dans des internats de la mission, strictement réservés à cet effet. Ils contrôlent matériellement et moralement toute la région qui est presque devenue un véritable fief pour cet ordre religieux. Ils y partagent le pouvoir administratif avec l'armée de l'air brésilienne. Une alliance qui n'a rien de sacré et que les anthropologues et les Indiens eux-mêmes mettent vigoureusement en question. Cette situation contraste fortement avec le caractère progressiste de certains secteurs de l'Église catholique brésilienne dont la voix s'élève courageusement pour défendre les droits des Indiens.

Je retrouvai une de mes anciennes connaissances avec un plaisir tout particulier. Manolo El Tucuman était ce charmant vieil indien édenté, au visage brun tout ridé, qui avait été mon guide pour traverser les rapides de São Gabriel, lorsque j'avais descendu le Rio Negro. Je savais qu'il vivait à Uaupes et je l'y cherchai. Je le trouvai en train de balayer la sacristie de la vaste église des Salésiens. Il m'apparut beaucoup plus vieux que dans mon souvenir. Il ne me reconnut pas tout de suite et se détourna de moi lorsque je m'approchai en souriant. Puis brusquement, il ouvrit des yeux démesurés qui s'emplirent d'émotion lorsqu'il me serra dans ses bras affectueusement.

Tenant toujours ma main dans la sienne, sèche et nerveuse, il me fit traverser le village. Il me demanda pourquoi je n'étais pas revenu plus tôt « puisqu'il m'attendait ». Avec fierté il me présenta à sa famille qui habitait dans une hutte toute simple recouverte de palmes. Il insista pour que je prenne du café et, après nous être assis, nous parlâmes de toutes ces choses que nous avions faites ensemble.

Bien que je fusse traité, en tant que visiteur important, avec respect par la famille, j'eus rapidement l'impression que le pauvre Manolo était maintenant considéré comme un vieillard inutile, que plus personne ne prenait au sérieux. Il me sembla que sa vie ne devait pas être agréable tous les jours. Sa fille aînée et son gendre avaient pris en main la direction de sa petite maison et ne lui cachaient pas qu'il les encombrait.

En marchant pour regagner l'hôpital de la mission où nous étions confortablement logés, j'échafaudai un plan pour restaurer le prestige de Manolo au moins vis-à-vis de sa propre famille et peut-être aux yeux de tout le village. Tous les membres de notre expédition parlaient ce soir-là de la traversée des rapides de São Gabriel qui transforment un méandre du fleuve en une masse d'écume blanche, juste après Uaupes. Ces rapides n'étaient rien en comparaison de ceux que nous devions affronter plus tard sur l'Orénoque mais ils étaient les premiers que nous rencontrions depuis notre départ de Manaus. Tout le monde était curieux de savoir comment allait se comporter notre aéroglisseur. Graham Clarke, le commandant, savait parfaitement que tout cela ne posait aucun problème. Toutefois, par mesure de sécurité, il fut décidé que les membres de l'expédition les franchiraient à pied sur la rive. Comme j'avais déjà traversé ces rapides lors d'un précédent voyage, Graham m'invita à rester à bord. Je lui demandai alors si Manolo El Tucuman, « le meilleur guide du Rio Negro », pouvait se tenir à nos côtés. Bien que la voie suivie par l'aéroglisseur fût cette fois parfaitement tracée et n'eût rien à voir avec celle qu'aurait suivie un bateau, le commandant accepta tout de suite.

L'heure de gloire de Manolo était arrivée. Une foule énorme s'était rassemblée sur la plage en aval des rapides pour voir comment notre fantastique « tortue volante » – c'était ainsi qu'on surnommait l'aéroglisseur dans la région – allait se comporter au milieu des rapides. Un certain nombre de spectateurs qui ne comprenaient pas bien que nous avancions au-dessus de la surface de l'eau pensaient que notre engin allait voler en éclats d'un instant à l'autre. Mais la plupart d'entre eux voulaient monter à bord et insistaient beaucoup pour occuper les places vides. Stuart Syrad, le copilote, renvoyait patiemment tous ces postulants en leur expliquant que la charge devait être le plus faible possible.

Manolo fendit alors la foule qui s'écarta pour le laisser passer. Il portait ses vêtements de fête et tenait à la main un petit baluchon comme s'il partait pour un long voyage. Graham Clarke lui serra la main et le fit asseoir à côté de lui au premier rang. Avec un bruit de tonnerre, dans un nuage d'eau et de sable vaporisés, nous quittâmes facilement le rivage, entrâmes dans le courant, passâmes au-dessus des turbulences et de quelques rochers recouverts d'écume. De la rive, les cinéastes de la BBC filmaient la scène. La foule courait sur la berge pour tenter de rester à notre hauteur en poussant des exclamations de joie. Dans l'habitacle, Manolo regardait attentivement à travers le pare-brise et donnait les mêmes indications refléchies et assurées qu'il m'avait données lorsqu'il était assis, transis et couvert d'embruns, sur le rebord de mon petit bateau pneumatique.

En quelques minutes tout était terminé. On nous accueillit au-dessus des rapides, chacun tenant à nous féliciter. Nous étions ravis de notre exploit. Manolo, une fois de plus, était entouré d'égards. J'aime à penser que cette petite aventure a laissé une impression durable sur sa famille et que Manolo finit ses jours entouré du respect de tous.

A Uaupes, je fis l'acquisition d'un oiseau orange fort beau et extrêmement rare appelé « coq de roche ». Un Indien l'avait capturé alors qu'il n'était encore qu'un oisillon, dans la montagne de la Neblina, et l'avait amené chez lui. Le panier d'osier dans lequel il se trouvait me semblait beaucoup trop petit pour lui. Tout ce que je pus voir d'abord fut un œil volontaire et coléreux qui semblait me mettre au défi de glisser un doigt à l'intérieur. C'est ce que je fis bien entendu aussitôt. J'eus l'agréable surprise d'être mordillé gentiment par un bec parfaitement contrôlé. J'offris à son propriétaire – avec beaucoup de légèreté, parce que cela allait sans doute l'encourager à en capturer d'autres – un peu d'argent. Je voulais en fait lui rendre sa liberté. Malheureusement, lorsque j'ouvris le panier, je m'aperçus que ses ailes avaient été rognées. L'oiseau tomba maladroitement sur le sol et me regarda d'un air agressif. Je le mis sur ma main. Il commença alors à gonfler ses plumes aux couleurs éclatantes, au point de doubler de volume en quelques instants : il n'était plus maintenant de la taille d'un pigeon mais de celle d'une pintade. De plus, son extraordinaire crête se dressa jusqu'au-dessus de son bec, de sorte que sa tête formait un cercle parfait. Il se ramassa simultanément sur lui-même et referma avec volupté ses serres acérées sur mon doigt jusqu'à ce que ses griffes antérieures rejoignent son ergot postérieur. Le sang se mit à couler. Je n'ai plus jamais eu depuis envie de le confondre avec un perroquet.

Chico – c'était son nom – eut l'autorisation de monter à bord et lorsque nous traversâmes l'équateur le lendemain, il reçut du commandant un certificat signé, déclarant qu'il était le premier coq de roche à avoir passé la ligne en aéroglisseur. C'était aussi une grande première pour notre appareil lui-même.

Généralement Chico demeurait silencieux en regardant de ses yeux jaunes, du haut de son perchoir, le paysage défiler devant lui. Il n'acceptait de proférer quelques sons incertains que lorsque je lui offrais de petits morceaux d'ananas ou de banane. Il faisait alors gonfler ses plumes et se rengorgeait en exécutant sur le sol sa danse d'accouplement. Assister à ce spectacle en pleine nature a depuis longtemps été l'ambition de nombreux ornithologues. Chico, en Angleterre, passa des jours heureux, durant plusieurs années, dans notre cuisine. Il y exécutait instantanément cette danse dès qu'il apercevait quelque chose d'orange. Il tomba éperdument amoureux de Marika et de son tablier de cuisine qui présentait justement la couleur idéale.

Quelques oranges ou même un chiffon à poussières de cette teinte suffisaient à le mettre en transe, ce qui est la preuve indubitable que les oiseaux ne sont pas daltoniens!

Lorsque nous commençâmes à remonter le canal Casiquiare, c'est-à-dire lorsque nous nous mîmes pour la première fois à naviguer sur ce qu'on nomme ici « les eaux blanches », les choses commencèrent à se gâter. Je crois bien que de tous les endroits infestés d'insectes où j'ai eu la folie de me rendre dans le monde, c'est indiscutablement la région du Casiquiare qui est le plus infernal. Les moustiques, énormes, y semblent plus avides et les essaims de simulies plus innombrables que partout ailleurs. En moins d'une heure, tous les visages furent couverts de cloques comme si nous étions atteints par une épidémie de variole. Tous furent couverts de plaies qui se mirent à saigner puis à suppurer après s'être grattés avec une certaine frénésie. Nos rapports s'envenimèrent également. Les deux seuls à ne pas être affectés furent Conrad et moi-même, ce qui n'accrut pas notre popularité. Lorsqu'on me demandait comment cela était possible, j'aimais à répondre qu'il suffisait de ne pas se gratter et d'avoir des pensées pures. Cette réponse, je m'en suis aperçu, pouvait rendre enragée la personne la plus pacifique. Pourtant, hors de toute plaisanterie, je pense qu'elle n'est pas tout à fait sans fondement. J'ai souvent réussi à repousser « à force de volonté » les effets de morsures ou de piqûres qui sur d'autres auraient été catastrophiques. Il me faut admettre que mes chromosomes et une absence totale d'allergie y sont aussi pour quelque chose. C'est une grande chance.

A ce point du trajet, l'équipe de la BBC décida brusquement qu'il n'y avait pas eu jusqu'ici suffisamment d'incidents spectaculaires. Nous aurions parfaitement pu parcourir les deux cent cinquante kilomètres du cours du canal Casiquiare, qui nous séparaient de l'Orénoque, en une journée. Ils nous demandèrent cependant de nous arrêter deux fois en route. J'ai toujours eu pour politique, lors des expéditions, de rendre les choses aussi faciles que possible. Les ennuis et les dangers savent fort bien vous trouver tout seuls. Aller au-devant d'eux m'a toujours semblé de la pure folie : il ne faut pas tenter le diable. Et c'est ce que nous avons un peu fait.

La première nuit se passa relativement bien. Nous pûmes en effet nous servir d'une hutte indienne abandonnée sur la rive. Couverts de moustiquaires, les membres de l'équipe parvinrent à s'endormir facilement. Juste avant l'aube, le silence fut brusquement troublé par un cri strident de Chico dont la cage était accrochée à l'un des poteaux d'angle. Je me précipitai dans sa direction et j'aperçus, dans le faisceau de ma lampe, un ocelot de bonne taille, debout sur ses pattes arrière, qui tâtonnait derrière les barreaux de bambou, toutes griffes dehors. Chico se débattait comme un malheureux pour rester hors d'atteinte. Il sautait d'un côté à l'autre avec suffisamment de présence d'esprit pour appeler simultanément à l'aide. Après que le félin se fut enfui, il me fallut un certain temps pour calmer l'oiseau. Les membres de l'expédition, réveillés par le vacarme, me demandèrent, le regard sombre, de préparer le thé du matin.

Le lendemain soir il n'y avait malheureusement pas de hutte. Je tendis donc de mon mieux, en manière de toit, une grande et lourde bâche que nous avions emmenée avec nous pour cet usage. Nous accrochâmes en dessous les hamacs à des arbustes et à des piquets. Tout ce serait bien passé s'il n'avait pas plu. Malheureusement des trombes d'eau se mirent à tomber comme cela arrive si souvent sous les tropiques. Le tumulte de protestations véhémentes qui s'ensuivit fut indescriptible. En maillot de bain, j'allais toute la nuit d'un malheureux inondé à l'autre, écopant et réconfortant, tandis que la bâche s'affaissait progressivement et inéluctablement.

Je jurai alors que ma première règle, si je devais un jour diriger une expédition collective, serait : Égalité absolue des participants; ce qui implique que chacun se sente responsable de soi. Il n'y a pas de place pour les diva au cours de ce genre de voyage. La nature humaine est malheureusement ainsi faite que beaucoup se prennent pour des stars à la moindre occasion. Les gens fatigués, mal installés et effrayés de se trouver dans un milieu inconnu deviennent facilement irascibles et exigeants; ils peuvent même se conduire comme ils n'auraient jamais pensé pouvoir le faire chez eux. Cela a évidemment un effet plus que funeste sur le moral de leurs coéquipiers et tout le monde finit par se disputer. L'on s'en prend alors le plus volontiers au « maître de camp » et au cuisinier... mais j'avais juré que cela ne se produirait plus jamais.

Peu après, à Esmeralda sur l'Orénoque, il fut décidé très raisonnablement d'interrompre l'expédition pendant une semaine de manière que l'aéroglisseur pût être révisé à fond. Durant ce temps, chacun aurait le loisir d'aller de son côté. Conrad et moi entreprîmes deux longs voyages en canot qui devaient changer ma vie. Le premier fut une visite à un groupe d'Indiens Yanomami, qui, bien qu'elle faillît mal se terminer, était en quelque sorte prophétique. Plusieurs années plus tard en effet, on me demandait d'écrire un livre sur eux.

Un vieux prêtre catholique, à la barbe blanche, le Padre Cocco dont la mission se trouvait à l'embouchure de l'Ocamo, nous prêta une pirogue et un moteur hors bord. Accompagnés de deux Indiens Yanomami de la mission, nous commençâmes à remonter le courant. Conrad était à la recherche de plantes qui servaient d'ingrédients à un puissant hallucinogène fabriqué et utilisé par les Yanomami. Elles pouvaient être très utiles à la médecine occidentale. Elles poussaient, pensait-on, en amont sur les rives de l'Ocamo. Nous étions bien décidés à les trouver. En chemin, nous nous arrêtâmes pour rendre visite à un groupe de Yanomami qui, après avoir quitté une région de collines à l'est, s'étaient installés récemment dans la plaine. Le Padre Cocco leur avait rendu visite une seule fois. En dehors de cela, ils n'avaient probablement très peu ou même jamais eu de contacts avec le monde blanc.

Les Yanomami vivent dans de vastes maisons communales tronconiques, des *shabono* ou *yano,* couvertes de feuilles de palmier tressées, au centre desquelles s'ouvre une *plaza* découverte. Nous résistâmes à l'envie de découvrir cette extraordinaire habitation : nous voulions toujours remonter la rivière pour trouver les plantes de Conrad. Nous pensions revenir de nuit. Lorsque nous repassâmes le soir, ayant accompli notre tâche avec succès, tout avait changé. Il n'y avait plus aucun Yanomami sur la rive pour nous souhaiter la bienvenue. Nos guides nous demandèrent instamment de ne pas nous arrêter. Je leur dis de ne pas être stupidement craintifs et sautai en même temps sur la berge pour me précipiter vers la porte basse du *yano.* Je découvris alors un des plus étranges spectacles de ma vie. L'atmosphère n'avait plus rien d'amical ni de paisible. Elle était tout au contraire inexplicablement chargée d'hostilité. Je compris plus tard que ce revirement était dû à une grande douleur. Les corps des Indiens n'avaient plus leur couleur cuivrée rehaussée légèrement de teinture de roucou; ils étaient entièrement recouverts de très vifs dessins noir et vermillon qui m'apparurent inquiétants. Les hommes, rangés en file, brandissaient leurs arcs (de deux mètres de haut) et leurs flèches en frappant le sol de leurs pieds. Alors que je m'apprêtais à prendre une photo, l'un de nos guides qui m'avait suivi en courant me saisit par le bras et m'entraîna vers le bateau. Les Indiens se lancèrent alors à notre poursuite et au moment où nous quittions la rive, décochèrent quelques flèches au-dessus de nos têtes en signe d'hostilité.

De retour à la mission, nous apprîmes qu'une jeune fille était morte au cours des quelques heures qui s'étaient écoulées entre nos première et deuxième visites. Les Indiens en conclurent tout naturellement, mais cette fois à tort, que notre arrivée inopinée avait peut-être causé sa mort. Les Yanomami ne voulaient plus rien avoir à faire avec nous, en particulier durant la préparation des funérailles.

A la recherche d'une autre plante médicinale qui avait la propriété de coaguler le sang, nous remontâmes pendant plusieurs jours le Ventuari, un des plus grands affluents de l'Orénoque, à environ deux cent cinquante kilomètres en aval de l'Ocamo. Les membres de l'ethnie Piaroa en étaient les traditionnels utilisateurs. Ils en faisaient d'ailleurs le commerce avec d'autres groupes. Conrad, ayant constaté qu'on mentionnait cette plante dans une région très étendue, pensait qu'elle méritait d'être collectée et analysée afin qu'en soient identifiés et isolés les éléments actifs.

Au cours de ces voyages en pirogue, nous restions de longues heures assis, ne nous levant que de temps à autre pour descendre dans l'eau afin de faciliter le passage de l'embarcation sur des hauts-fonds ou à travers des rapides. Pendant ces périodes d'immobilité nous parlions. Ou plutôt Conrad parlait et j'écoutais. Il affirmait que les Indiens connaissaient et comprenaient la jungle bien mieux que nous ne le ferions jamais. Bien avant que cela ne devînt à la mode, il condamnait la dilapidation des ressources naturelles et la dévastation des quelques territoires naturels encore vierges de la planète – en particulier celle de la forêt tropicale – par notre monde industriel. Il s'intéressait tout particulièrement aux connaissances botaniques des Indiens dans le domaine de l'alimentation et de la médecine.

Il me donnait d'innombrables exemples montrant que presque tous les aliments et les médicaments que nous utilisons n'avaient pas été découverts par des scientifiques, isolés dans leurs laboratoires, mais venaient plus simplement, après une certaine adaptation, des immenses ressources du savoir botanique d'autres cultures. Les héritiers de ces cultures « différentes », dont les ancêtres avaient, pour subsister, dû s'adapter à des milieux naturels spécifiques et en acquérir progressivement une fantastique expérience, sont maintenant les premières victimes de la dégradation écologique et sociale dont notre civilisation ingrate et inconsciente ravage leur territoire. Ils sont pourtant les détenteurs d'une somme de connaissances irremplaçables. Les peuples autochtones des régions « pionnières » sont les seuls et véritables experts pour ce qui touche à l'utilisation des milieux naturels qu'ils occupent depuis des millénaires. Sans ce savoir et les indications indispensables qu'il fournit, il est impossible d'exploiter rationnellement ces régions. On retombe alors dans le cycle infernal de la monoculture qui, automatiquement, détruit les sols et dépeuple d'immenses territoires. Privées d'une certaine diversité écologique et culturelle, notre propre économie et notre propre société se trouveront, je le crois, fortement menacées dans leur avenir.

Il n'est pas seulement humainement dramatique que les Indiens et leur culture disparaissent, il est probablement quelque part crucial pour nous qu'il n'en soit pas ainsi. Et pourtant, et c'est une terrible ironie du sort, partout où des cultures diffèrent encore des normes reconnues par l'Occident, d'immenses efforts sont faits non pour en tirer un enseignement, mais pour les transformer. On veut détourner le « sauvage ignare » de ses « coutumes stupides »; on veut lui apporter la vérité spirituelle et matérielle; on veut lui faire prendre des médicaments de synthèse contre des maladies auxquelles il a résisté depuis des siècles; et dans le même temps, on fait un minimum d'effort pour enrayer les épidémies, cette fois mortelles, qui se sont multipliées à cause de nous. On veut lui apprendre à être dangereusement dépendant d'une monoculture extrêmement vulnérable et lui faire abandonner une alimentation très diversifiée et parfaitement équilibrée, comprenant des produits sauvages et une grande variété de plantes cultivées; on veut l'obliger à renoncer à ses esprits païens dont les exigences s'accordent harmonieusement avec les nécessités de son environnement et, en contrepartie, lui imposer toute une série d'interdits et d'obligations absurdes inventées à la fin de la préhistoire par un peuple du désert, créateur de notre culture judéo-chrétienne.

Nous avons pensé, face à une telle situation, qu'un organisme humanitaire devrait être créé pour s'opposer à ces politiques obtuses et destructrices. Cette organisation aurait comme principe fondamental de se faire l'écho des revendications et des besoins des Indiens, tels qu'ils les formulent eux-mêmes, au lieu de se nourrir des préjugés de nos sociétés à leur égard. Elle s'efforcerait de protéger leurs droits ancestraux sur leurs territoires et leurs identités culturelles. Elle encouragerait toutes recherches scientifiques effectuées sur leurs savoirs et leurs expériences traditionnelles. Elle considérerait les Indiens eux-mêmes comme des experts irremplaçables dans certains domaines et, en les aidant à survivre, elle favoriserait la survie de notre propre monde.

L'idée de Survival International était née. Lorsque, quelques mois plus tard, la presse européenne révéla les atrocités perpétrées au Brésil contre les Indiens par l'administration qui avait été précisément créée pour les protéger, l'opinion publique se rangea à nos côtés. Nous pouvions dès lors engager un lent processus destiné à nous permettre de recueillir des fonds et de mettre en place les structures de notre organisation.

Un exemple concret de ce dont parlait Conrad se présenta à nous lorsque nous rencontrâmes enfin un groupe de Piaroa qui vivaient près d'un petit affluent du Ventuari. Au moment opportun nous dirigeâmes la conversation sur le sujet qui nous intéressait tout particulièrement : la plante que nous souhaitions collecter.

— En effet, nous dirent-ils, nous en faisons bien le commerce.

— Pouvez-vous nous indiquer la plante dont vous vous servez pour ce médicament précis!

— Seul le chaman la connaît. Il faut le lui demander.

Nous découvrîmes alors que plus personne ne voulait être considéré comme un chaman. Le dernier était mort quelques mois plus tôt, peu après l'arrivée d'un « aide-soignant » que le gouvernement avait envoyé là pour mettre sur pied une infirmerie. Le jeune homme était charmant et avait quelques connaissances médicales de base. Ses « petites pilules blanches » étaient sans aucun doute très efficaces pour régler certains problèmes de santé du groupe, grippe et autres infections amenées de l'extérieur. Mais son arrivée avait miné l'autorité et la confiance du vieux chaman. Il s'était retiré dans son hamac pour mourir, emmenant avec lui, selon l'expression de Conrad, toute une bibliothèque de connaissances et d'expériences irremplaçables : la sagesse accumulée au cours des siècles par les chamans successifs, presque toute la tradition de l'ethnie. Elle lui avait été communiquée oralement mais il ne l'avait transmise à personne.

L'épreuve la plus dangereuse pour l'aéroglisseur se présenta lorsque nous atteignîmes les rapides très redoutés de Maipures-Atures sur l'Orénoque. Chutes d'eau impressionnantes, tourbillons gigantesques, vagues géantes s'y succèdent sans interruption sur une soixantaine de kilomètres. Une piste pour les camions contourne les rapides. C'est par cette voie que passent voyageurs et marchandises pour monter ou redescendre le fleuve. C'est celle que j'avais eu la prudence d'emprunter avec mon bateau pneumatique. Tous ceux qui avaient tenté de les franchir en navigant étaient morts. La réputation de ces chutes était si terrible qu'un commandant de l'armée de l'air vénézuélienne déclara qu'il voulait bien être pendu si nous réussissions à y faire passer l'aéroglisseur.

Bien que je ne connusse pas plus les rapides que n'importe qui d'autre, ne les ayant vus que de la route, on me demanda de nouveau de servir de navigateur. Le commandant, le copilote et moi-même survolâmes les rapides en hélicoptère à basse altitude à plusieurs reprises. Me conformant aux instructions de Graham, je réalisai une carte à grande échelle de manière à pouvoir indiquer par la suite de quel côté des îles il fallait passer et comment franchir les chutes d'eau à l'endroit le moins dangereux. Vus d'avion, tous les rapides paraissent toujours étonnamment inoffensifs. Mais Graham ne se leurrait pas : il savait que l'opération serait difficile et dangereuse. Cependant, puisque le niveau de l'eau baissait et que la situation ne pouvait qu'empirer, il décida de tenter sa chance immédiatement. Le reste de l'équipe et le matériel seraient transportés par la route.

La conduite d'un aéroglisseur sur un cours d'eau dans des

conditions extrêmement difficiles demande trois personnes. Le navigateur choisit l'itinéraire qu'il indique au copilote. Celui-ci regarde droit devant lui les obstacles qui pourraient surgir. On laisse au pilote le soin de surmonter les difficultés qui surviennent au dernier instant. Nous sommes ainsi finalement partis sur la surface parfaitement lisse du grand fleuve tandis que l'hélicoptère, avec à son bord l'équipe de la BBC, nous survolait. Nous nous approchâmes de la ligne tombante qui était tout ce que nous pouvions distinguer de la première chute. Nous dirigeant à pleine vitesse en ligne droite vers l'endroit où la plus grande masse d'eau s'engageait dans le plus large chenal, nous nous trouvâmes brusquement secoués, comme sur des montagnes russes, puis précipités contre un mur d'eau de trois mètres de haut. Au moment de l'impact, les moteurs de l'aéroglisseur calèrent et nous fûmes presque submergés. Du ciel le cameraman crut qu'il filmait un désastre et que tout était terminé. A l'intérieur de l'habitacle, ce fut un peu l'affolement lorsque des trombes d'eau se mirent à pénétrer de mon côté par une vitre qui avait volé en éclats. En un instant nous fûmes tous trempés et ma carte, si soigneusement établie, se trouva instantanément dissoute. Puis lentement mais puissamment, l'aéroglisseur parvint à se hisser au-dessus des vagues. Graham, les dents serrées, décida d'aller de l'avant. De toute façon il n'était plus question de faire demi-tour. Ma prétendue carte n'était plus qu'une masse informe et détrempée; mais ne voulant pas accroître les soucis du commandant, je prétendis pouvoir m'y retrouver dans cette petite masse de pâte à papier collée à mes genoux. Toutes les dix secondes environ, le copilote hurlait : « Ensuite? Ensuite? » J'essayais alors d'inventer quelque chose. A un moment pourtant mes coéquipiers commencèrent à soupçonner que j'en savais encore moins qu'eux. Graham me fit en effet transmettre ce laconique message : « Demandez à Robin de vérifier sa direction. Nous remontons maintenant le courant! » Nous remontions un des affluents du fleuve au lieu de descendre les rapides de son cours principal.

Mais finalement, après une heure d'extrême tension nerveuse – car si par malheur nous avions heurté un rocher dans une de ces chutes d'eau successives, notre embarcation aurait été éventrée et aucun de nous n'aurait pu regagner la rive à la nage – nous arrivâmes à bon port. Je ne pense pas avoir jamais eu aussi peur de ma vie. Pas seulement par crainte de mourir noyé (j'ai toujours pensé qu'en cas d'accident je serais l'unique survivant), mais aussi par le fait de n'avoir aucun contrôle sur la situation et d'être le seul à le savoir.

Ce soir-là, il y eut une fête de tous les tonnerres. On offrit même au général vénézuélien un gâteau au chocolat en forme de potence. L'accueil en fanfare qu'on nous réserva une semaine plus tard, avec toute la population de Port of Spain dans la rue, nous apparut presque décevant en comparaison.

En dépit de mes réserves sur ce type d'équipée, je pris part, l'année suivante, en 1969, à une nouvelle expédition en aéroglisseur. J'étais cette fois engagé comme adjoint de David Smithers qui était le chef de l'expédition. On m'envoya en éclaireur pour obtenir les autorisations officielles et reconnaître une partie de notre itinéraire qui, partant de Dakar au Sénégal via Tombouctou, empruntait le fleuve Niger dans le pays du même nom et le Benoué au Nigeria et au Cameroun. Nous devions ensuite passer par le Tchad, la République Centrafricaine, le Congo (aujourd'hui le Zaïre) avant de retrouver l'Atlantique à Matadi.

La facilité avec laquelle l'aéroglisseur passe du sable à l'eau, de l'eau aux roseaux et vice versa, le rendait particulièrement adapté pour explorer le lac Tchad où d'immenses étendues d'eau peu profondes sont parsemées d'innombrables îles plates dont les rives sont dissimulées par une végétation luxuriante de papyrus et de roseaux. Le principal danger, nous dit-on, était les bilharzies qui infestent ces eaux. La bilharziose est endémique parmi les populations riveraines. Cela signifiait que nous ne pouvions ni nager, ni même patauger dans l'eau. Nos activités s'en trouvaient limitées d'autant.

Les îles du sud du lac ne sont en fait que des roseaux agglomérés qui flottent partiellement. Elles sont pourtant habitées par une population nomade qui y vit de la pêche et utilise des embarcations en papyrus. Ces embarcations ressemblent, en miniature, au Râ sur lequel Thor Heyerdahl traversa l'Atlantique. D'ailleurs son premier bateau fut construit par un passeur du lac Tchad. Nous débarquâmes sur quelques-unes de ces îles. Le sol roulait et tanguait en dessous de nous, de la même façon que les bourbiers dans les marécages de ma jeunesse en Irlande. Nous frayant un chemin à travers les masses de roseaux et d'épineux, nous obéissions aux directives du botaniste de l'équipe qui nous dirigeait vers les plantes rares qu'il souhaitait qu'on lui ramène et qu'il était d'ailleurs le seul à apercevoir depuis son perchoir sur le toit du bateau.

Assez curieusement, nous débusquions parfois, dans les broussailles, des troupeaux de cervidés qui sautaient dans l'eau pour nous échapper et gagner l'île la plus proche à la nage. Le lac était couvert de nuées d'oiseaux : canards, échassiers, fringillidés de toutes sortes qui se cachaient dans la végétation luxuriante de ses rives. C'est le dernier endroit où ils peuvent se reposer et se nourrir avant d'entreprendre le vol de quelque cinq mille kilomètres qui les conduira en Europe en s'aidant, haut dans le ciel, des vents alizés du Sahara. Pendant un certain temps, j'ai aidé notre ornithologue à attraper, à peser puis à relâcher les oiseaux que nous capturions dans des filets à petites mailles, matin et soir. Je fus stupéfait d'apprendre qu'un fringillidé peut doubler son poids au cours des trois semaines qui précèdent le vol, passant ainsi de douze grammes à vingt-quatre. Il perdra cet excédent durant les quatre journées terribles de son vol migratoire et arrivera à destination en pesant de nouveau douze grammes. Imaginez un homme de soixante-quinze kilos qui passerait brusquement à cent cinquante kilos pour se retrouver quelques jours plus tard de nouveau à soixante-quinze kilos!

La partie nord du lac est souvent asséchée et ensablée car le Sahara continue, comme il l'a fait depuis des milliers d'années, à gagner du terrain sur ce qui fut autrefois une immense mer intérieure. Aujourd'hui, cette mer n'a plus que la taille d'un lac qui continue à rétrécir chaque jour et qui finira par disparaître à moins que ne survienne un nouvel âge glaciaire ou que l'homme déclenche quelque catastrophe climatique. Le lac est parsemé de rangées de petites îles de sable dont le sommet ride à peine la surface de l'eau. Vu d'avion, on dirait un ciel dont les nuages pommelés se refléteraient dans les eaux.

Sur beaucoup de ces îles existe cependant une maigre végétation. Plus étonnant, nous entendîmes même dire qu'il y avait un éléphant sur l'une d'elles! Quelques années plus tôt un troupeau d'éléphants, à la recherche de nourriture, avait apparemment traversé le lac à la nage, en allant d'île en île. Pour une raison qui demeurera inconnue, un petit groupe de pachydermes s'était séparé du troupeau et avait décidé de rester sur l'île en question. Ensuite, craignant sans doute de la quitter, ils étaient morts un à un. On disait qu'il n'y avait plus qu'un survivant. Accompagnés d'un guide, nous nous mîmes à sa recherche. A bord de l'aéroglisseur, il y avait de nouveau une vingtaine de personnes, mais pratiquement aucune n'avait participé à l'expédition précédente en Amérique du Sud. Nous avions aussi avec nous quelques scientifiques français de la base de recherche de Fort-Lamy et deux officiels tchadiens.

L'île semblait trop petite pour servir de repaire à un éléphant. Nous ne vîmes tout d'abord qu'un amas d'os blanchis sur le rivage. Il s'agissait de toute évidence des restes, parfaitement nettoyés par les vautours, d'un des pachydermes. Pendant que nous les observions, le survivant surgit brusquement des fourrés du centre de l'île. Il voulait probablement se rendre compte d'où venait tout ce bruit. Barrissant d'étonnement, il se mit à courir le long du rivage pour rester à hauteur de l'aéroglisseur. De temps à autre, il lançait un cri en direction de cette créature étonnamment bruyante qui venait troubler sa tranquillité. Puis comme nous glissions sur le rivage dans un nuage de sable et d'écume, il s'enfonça de nouveau dans les broussailles.

Il y eut un moment de désarroi quand – bien que tout le monde fût descendu à terre, que les caméras et leur trépied fussent mis en place et toute l'équipe prête à filmer – rien ne se produisit. L'éléphant refusait de se montrer.

Je sentis alors qu'il me fallait faire quelque chose. Je décidai donc de contourner les fourrés pour obliger l'éléphant à en sortir. J'étais convaincu, tant mon désir était grand de me rendre utile et sans vraiment avoir examiné la question soigneusement, qu'il me suffirait de faire du bruit pour que l'éléphant, effrayé, se précipitât vers les cinéastes et leur permît de filmer une séquence spectaculaire. Ce n'est qu'après m'être glissé avec quelques difficultés dans ces broussailles épaisses qu'il me vint à l'esprit que l'éléphant, au lieu d'être effrayé, pouvait se mettre en colère et se jeter sur moi pour m'aplatir. Je me mis alors à avancer plus lentement et en redoublant de précautions pour écarter les hautes herbes qui se trouvaient devant moi.

Le souffle coupé, je compris brusquement que j'étais parvenu à destination avant d'avoir une idée nette de ce que je devrais faire. L'éléphant s'était enfoncé bien plus profondément dans la végétation que je ne le croyais et je venais de tomber sur lui. A vrai dire, les deux troncs d'arbre qui se dressaient devant moi et sur l'un desquels j'avais posé la main étaient les pattes arrière de l'éléphant! Si je m'étais approché suffisamment doucement pour que la bête ne m'entendît pas, on peut deviner que ma retraite fut silencieuse au point que même une souris n'aurait pu mieux faire. Il me fallut un temps fou pour m'extirper des buissons. Une fois que j'y fus parvenu, je me mis à courir à toutes jambes jusqu'à ce que j'aperçoive toute l'équipe. J'essayai alors de m'avancer avec nonchalance. J'avais bien trop honte de ma folle imprudence puis de ma couardise pour dire à qui que ce fût que j'avais vraiment touché l'éléphant. Je déclarai que j'avais simplement été faire un petit tour. Personne jusqu'ici n'a jamais cru cette histoire; elle est pourtant parfaitement authentique.

L'ennui lorsqu'on mène ce qu'on appelle « une vie d'aventures » est que chacun s'attend à ce qu'à votre retour vous ayez un répertoire de récits sur les dangers que vous êtes supposés avoir courus, et qu'il soit suffisamment passionnant pour tenir en haleine tous les invités des dîners auxquels on vous convie. Les gens ont une telle hâte d'entendre ce genre de chose qu'il est même rare qu'on me demande parfois tout simplement où je suis allée et ce que j'ai fait dans un endroit précis. En revanche, on ne manque jamais de me poser l'éternelle question : « Où irez-vous la prochaine fois? » Je ne suis jamais parvenu à savoir si cette question, si souvent posée, l'est par intérêt sincère ou si l'on essaie ainsi de m'éloigner avec tact de mes souvenirs. En fait, dans la vie réelle d'un voyageur, il y a très peu d'incidents dramatiques. Ils ne le deviennent que lorsqu'on les raconte. Le plus souvent, comme dans le cas de ma rencontre avec l'éléphant, ce sont des instants peu glorieux dans lesquels on n'est guère fier de soi-même. On les considère même avec un certain sentiment de culpabilité, sachant que si les choses avaient mal tourné, elles auraient pu avoir également d'ennuyeuses conséquences pour les autres. Je ne connais aucun véritable voyageur qui parte dans l'espoir de trouver des sensations fortes. S'il en rencontre, c'est parce qu'elles sont liées d'une certaine manière au désir de se comprendre et de comprendre, buts que certains pensent plus facile d'atteindre dans une nature à l'état sauvage.

Il est aussi bien plus satisfaisant, si l'on voyage dans des contrées étrangères difficiles, d'avoir un objectif parfaitement clair. On peut bien sûr, comme j'en ai fait l'expérience dans le désert, voyager simplement pour l'amour du voyage. Mais une bonne raison de voyager donne, du moins jusqu'à un certain point, une autre valeur à vos déplacements. Il arrive d'ailleurs que les rouages du voyage lui-même ou l'inconscience et les sautes d'humeur de vos compagnons vous détournent de votre propos initial. Il aurait été préférable alors de voyager chacun de son côté.

Au cours de ces voyages en aéroglisseur, j'ai appris ce qu'une expédition ne devait pas être. Et j'ai commencé à réfléchir sur ce qu'elle devrait être au cas où j'aurais l'occasion d'en diriger une. Voyager en équipe a été pour moi une nouvelle expérience. Pour la première fois, j'ai compris le plaisir d'appartenir à un groupe et en même temps j'ai découvert les dangers des lois du comportement en collectivité même si celle-ci est composée de gens extrêmement intelligents. Un leader me semble nécessaire. Je me demandais parfois si j'avais les qualités requises pour en être un et si je le serais jamais. Une chose était cependant parfaitement claire pour moi : je préférais voyager seul. C'est alors que je découvris, après douze ans d'un heureux mariage, qu'avoir Marika à mes côtés doublait mon plaisir de voyager.

6.

Pas des bêtes mais des hommes

Solennellement reconnaissons ces Indiens comme de véritables hommes... Et ces dits Indiens et tous les autres peuples qui, à l'avenir, pourraient être découverts par les chrétiens, même s'ils sont infidèles, ne devraient pas être privés de leurs libertés ni de la jouissance de leurs biens et ne devraient pas être réduits en esclavage...

PAUL III (1537),
Bulle « Veritas Ipsa ».

Durant les quatre siècles qui suivirent la découverte du Brésil, en 1500, par Pedro Alvares Cabral, les Indiens subirent presque constamment une inimaginable oppression. Ce fut très certainement la plus cruelle et la plus efficace des guerres d'extermination. Des millions et des millions d'Indiens y furent massacrés, fouettés à mort, écorchés vifs et mutilés. Les cris de douleur qui s'élèvent du cours de ces siècles sanglants se répercutent à travers les âges. Je ne peux m'empêcher d'avoir un haut-le-cœur en regardant les illustrations des livres de cette époque où les Indiens amicaux et accueillants ont les mains coupées et sont brûlés vifs par pur sadisme ou pour les punir de ne pas vouloir travailler jusqu'à l'épuisement.

Tous ceux qui furent en contact avec les Indiens durant cette période parlent de façon incessante de leur beauté, de leur propreté, de leur étonnante santé et de leur gentillesse. Leur

135

absence d'inhibition concernant la nudité et la sexualité fut une des choses qui frappèrent le plus les conquistadores empêtrés dans leurs interdits. Même encore de nos jours, alors que le courant de libération des mœurs va dans ce sens et que nous devrions, en fait, admirer une telle attitude, c'est toujours ce problème qui préoccupe ceux qui sont le plus souvent en contact direct avec les Indiens : les colons et les missionnaires. Les Portugais furent aussi impressionnés par la générosité des Indiens. Tout ce qu'on admirait était immédiatement offert : coiffures, colliers, bracelets, qu'ils soient de plumes ou d'or. Tout ce qui suscitait l'avidité ou la cupidité des nouveaux arrivants était livré spontanément. Ce fut peut-être un sentiment d'infériorité profond – immédiatement refoulé – qui, en face d'une telle générosité, poussa les Européens à agir envers les Amérindiens avec un incroyable sadisme. Ce qui sous-tendait leur brutalité était une insatiable soif de gains; le désir de disposer dans les scieries, dans les plantations, dans les manufactures, dans les mines, d'une main-d'œuvre bon marché. Et donc, détruire cette force de travail était, dans la logique d'un tel système, d'une absurdité folle. Si des centaines de milliers d'Indiens moururent massacrés, des millions furent victimes de la maladie. Des épidémies, nées des taudis moyenâgeux de l'Europe et inconnues sur ce continent, traversèrent alors l'Atlantique pour frapper un peuple qui, depuis des dizaines de milliers d'années, était coupé du reste du monde. Bien évidemment, les Indiens étaient totalement dépourvus d'immunité devant ces nouveaux fléaux. Les maladies se propageaient de façon accélérée d'ethnie en ethnie, traversant forêts et savanes pour exterminer des populations entières. Rougeole, variole, coqueluche et même notre simple rhume, avaient une issue fatale pour la population indienne. Il en est toujours ainsi. En obligeant ces gens à porter des vêtements dont ils n'avaient pas l'habitude, à vivre entassés dans des conditions d'hygiène déplorables qui ne pouvaient convenir ni physiquement ni psychologiquement à des individus habitués à chasser chaque jour dans des forêts giboyeuses et à changer régulièrement de sites d'habitation, on ne fit qu'aggraver les effets de la maladie et à favoriser la contagion.

Plus tard, les esclaves venus d'Afrique par bateaux apportèrent de nouvelles variétés de maladies tropicales. Paludisme, fièvre jaune, leishmaniose, pian, et plus récemment bilharziose et onchocercose, augmentèrent une fois de plus le nombre des infirmes. Il n'y a pratiquement aucun doute sur leur origine africaine. John Hemming, dans son livre exemplaire sur l'histoire des Indiens du Brésil, *Red Gold*[1], évoque les conséquences catastrophiques du choc épidémiologique. En l'an 1500, l'Afrique et l'Amérique avaient probablement le même nombre d'habitants : entre dix et vingt millions chacune.

Alors que les populations d'Afrique ont survécu et se sont multipliées au point de chasser de leur sol les puissances coloniales, les Indiens d'Amérique du Sud se sont éteints peu à peu. Dans le cas du Brésil, leur disparition est presque totale. Au lieu de reconquérir leurs terres, ils ne sont plus maintenant qu'une minorité méprisée et opprimée. Ils sont probablement moins de deux cent mille, c'est-à-dire en nombre insuffisant pour remplir, selon l'expression d'un anthropologue brésilien, le stade de football de Rio de Janeiro.

L'ignorance et les préjugés qui entourent encore aujourd'hui les Indiens au Brésil, dans les autres pays d'Amérique du Sud et aussi, il faut bien le dire, en Europe et en Amérique du Nord, ne cessent de me confondre. Des gens cultivés n'hésitent pas à me demander, lorsqu'ils voient des photographies d'Indiens : « Ont-ils une religion ? » en attendant bien évidemment que ma réponse soit « non » (ce qui bien sûr n'est pas le cas). Comme s'ils sous-entendaient que cela puisse, dans une certaine mesure, excuser ce qu'on leur a fait et ce qu'on continue de leur faire. D'ailleurs sont-ils eux-mêmes religieux, ceux qui me posent de telles questions ? Sur ce sujet de la religion et des Indiens, je citerai Claude Lévi-Strauss : « Peu de peuples sont aussi religieux... peu possèdent un système métaphysique d'une telle complexité. »

Au cours des siècles, à intervalles irréguliers, certains ont essayé de faire respecter les Indiens et de leur faire rendre justice. Les premiers missionnaires français ont donné des descriptions extrêmement vivantes des réactions des Amérindiens devant l'arrivée des Européens, et les Français s'enorgueillissaient de leur sympathie envers les Indiens. Quelques religieux espagnols s'en firent les défenseurs, en particulier l'évêque Bartolomé de Las Casas. En 1514, il embrassa la cause des Indiens et passa le reste

---

1. Macmillans, Londres, 1978.

de sa vie à les défendre. Il menaça même d'excommunier quiconque mettrait en esclavage ou maltraiterait un Indien. En 1537, la célèbre bulle *Veritas Ipsa* fut publiée. On y lisait pour la première fois que les Indiens d'Amérique étaient de véritables hommes et non des bêtes, et que même ceux qui n'avaient pas encore été convertis au christianisme « ne devraient pas être privés de leurs libertés ni de la jouissance de leurs biens et ne devraient en aucun cas être réduits en esclavage ». Elle ne fut malheureusement guère appliquée et les massacres continuèrent. Ils ne diminuèrent que lorsque les victimes commencèrent à manquer.

Les missionnaires pleins de zèle de la Compagnie de Jésus qui venait d'être créée arrivèrent alors au Brésil avec l'intention bien arrêtée de combattre l'esclavage et de défendre les Indiens. Ils parvinrent ainsi rapidement à avoir plein pouvoir sur tous ceux qui vivaient sous domination portugaise. Mais leurs efforts ne firent que provoquer des catastrophes encore plus terribles. Ils regroupèrent les ethnies et obligèrent les Indiens à vivre dans des conditions extrêmement proches de celles des camps de concentration. Ils s'étonnèrent cependant de les voir mourir les uns après les autres. Ils s'arrangèrent donc pour aller chercher des Indiens de plus en plus loin, au cœur du pays, les fouettant à mort lorsqu'ils tentaient de s'échapper. Parfaitement conscients de ce que les mêmes épidémies allaient décimer ces nouvelles populations, ils voulaient néanmoins maintenir un nombre élevé d'individus dans les missions afin de sauver – de manière incroyablement perverse – des âmes.

Curieusement, au cours de ces quatre siècles de contacts entre les deux populations, alors que les massacres et les tortures faisaient rage sur le continent américain, l'Europe restait fascinée par les Indiens. Elle les considérait comme des êtres parfaits qui avaient découvert le secret du bonheur et de l'innocence. Au XVIᵉ siècle, Thomas More, dans son *Utopie,* admirait le dédain montré par les Indiens pour les biens matériels. Au XVIIᵉ siècle, Hugo Grotius décrivit élogieusement leur vie simple et communautaire. Au XVIIIᵉ siècle, Jean-Jacques Rousseau créa, dans ses œuvres théoriques et politiques, l'image romantique du bon sauvage. Bien d'autres écrivains et philosophes de ces époques firent allusion dans leur œuvre à la simplicité et à la noblesse des Amérindiens.

Dès le XIXe siècle, on se désintéressa des Indiens : les esclaves noirs venant d'Afrique remplacèrent les esclaves indiens décimés. Un halo de sentimentalité victorienne entoura alors, même au Brésil, les survivants. José Bonifacio déclara ainsi en 1823 : « Nous ne devons pas oublier que dans ce pays nous ne sommes que des usurpateurs. Souvenons-nous aussi que nous sommes chrétiens. » Les droits des Indiens sur leur terre et ses ressources naturelles furent reconnus dans la première constitution du Brésil, en 1824. Il en fut de même dans les six autres qui lui succédèrent jusqu'à ce jour.

A la fin du XIXe siècle survint le boom du caoutchouc. Les Amérindiens étaient plus habiles que les Africains pour découvrir dans la forêt les arbres producteurs. Toutes les atrocités recommencèrent avec une intensité renouvelée. Durant plus d'une décennie, la demande pour le caoutchouc – produit qu'on ne trouvait qu'en Amazonie – fut insatiable. D'énormes fortunes se constituèrent. Les folies de la ville de Manaus, alors capitale de l'Amazonie, ne furent possibles que par la réduction en esclavage de dizaines de milliers d'Indiens. Les flagellations, les tortures redoublèrent de violence. On dit que la société britannique qui prit le nom de Peruvian Amazon Company fit périr à elle seule trente mille Indiens Uitoto. Le rapport de Roger Casement sur la condition des Indiens du Pérou dans la région du Putumayo – pour lequel il fut anobli – fit sensation en Europe et provoqua une nouvelle prise de conscience au Brésil. Sa parution coïncida d'ailleurs avec la fin du boom du caoutchouc. Les plantations de Malaisie, rendues possibles grâce à des graines d'hévéa volées au Brésil, concurrençaient maintenant la production amazonienne. J'ai toujours eu une secrète, presque coupable, admiration pour Casement. Anglo-Irlandais comme moi, défenseur passionné des Indiens, il fut finalement considéré comme traître par les Anglais et fusillé !

Fermement décidé à ce que les Indiens ne soient plus jamais exploités de cette manière, le gouvernement brésilien créa le Service de Protection des Indiens (SPI). C'était le premier organisme de cette sorte en Amérique. Son noble idéal fut poursuivi sous la direction du grand maréchal Rondon, lui-même d'origine indienne. Le but du SPI était d'intégrer les Indiens dans la société brésilienne en protégeant leur vie et leurs droits. Cette politique humaniste, irréalisable par ses objectifs contradictoires, permit au moins d'arrêter les massacres. Elle ne permit cependant pas de mettre un terme au déclin de la population indienne. Tout en installant les premières lignes de télégraphe brésiliennes, on prenait contact avec de nouvelles ethnies. Les Indiens qui avaient précédemment fui devant les brutalités des chasseurs d'esclaves étaient maintenant attirés par les présents des équipes de « pacificateurs ». Mais ils mouraient toujours peu après de maladies, de la même façon qu'à l'ère coloniale.

Le 23 février 1969, Norman Lewis publia un article dans le supplément en couleurs du *Sunday Times*. Cet article devait avoir des conséquences à long terme. Intitulé « Génocide », il s'appuyait sur des documents en provenance du gouvernement brésilien qui, pour une fois, semblait faire son examen de conscience. L'article rendait compte d'un document officiel sur le travail du SPI. On y révélait que ce service, qui avait succombé à la corruption dans sa presque totalité, avait été supprimé. Une enquête judiciaire relative aux exactions de cent trente-quatre de ses fonctionnaires avait été ouverte. On rapportait aussi dans cet article les propos du Procureur général qui instruisait le dossier. A son avis, en fait, à peine un pour cent des mille employés du SPI pouvaient être lavés de tout soupçon. Au cours d'une conférence de presse, il révéla d'autres conclusions du rapport officiel. Sous le couvert de cette administration, les terres des Indiens avaient été volées systématiquement, et des ethnies entières exterminées. On avait employé contre les populations indigènes de la dynamite et des vêtements contaminés. On les avait réduites à la famine. On avait enlevé des enfants à leurs parents. Tous ces crimes restaient impunis. Il recensa les ethnies qui avaient été condamnées à l'extinction par les agissements des agents du SPI. Ainsi les Mundurucus, au nombre de dix-neuf mille trente ans plus tôt, n'étaient plus que mille deux cents. Il ne restait plus, de beaucoup d'autres ethnies, qu'une ou deux familles. Après quelques déclarations de témoins oculaires des massacres d'Indiens, l'article se terminait par une prédiction du professeur Darcy Ribeiro, autorité sur la question indienne au Brésil. D'après lui, plus un seul Indien ne serait vivant au Brésil en 1980. C'est en partie grâce à ce qui s'est passé à la suite de la publication de cet article que cette prévision pessimiste ne s'est pas réalisée.

La semaine suivante, le même magazine publiait une lettre signée de Nicholas Guppy et de Francis Huxley qui avaient tous les deux écrit d'excellents livres sur les Amérindiens [1]. Ils y déclaraient qu'une organisation internationale devrait être créée pour protéger les peuples autochtones. Nous prîmes, Conrad et moi, immédiatement contact avec eux. Et durant l'été, une série de rencontres furent organisées dans mon appartement londonien. Un grand nombre de gens qui s'intéressaient à la question y assistèrent et de nombreuses idées furent échangées au cours de ces réunions. Parmi ces personnes se trouvaient John Hemming qui venait de terminer son livre *La conquête des Incas,* et des anthropologues tels qu'Audrey Colson et James Woodburn. Y vinrent aussi Teddy Goldsmith qui venait de lancer l'*Ecologist Magazine,* Adrian Cowell qui finissait son film *La tribu qui se cache des hommes*, sur les Kreen-Akarore... Quand nous dépassâmes la trentaine et qu'il devint difficile d'entasser tout ce monde chez moi, nous décidâmes de louer un local et de créer une association humanitaire.

Grâce en particulier aux efforts de Nicholas Guppy, nous trouvâmes un certain nombre de « sponsors » importants. Les démarches légales furent effectuées et le « Primitive People Fund » vit le jour. Ce nom n'était pas très heureux. Une courageuse minorité voulait prouver au monde que le mot « primitif » n'avait rien de péjoratif et que, tout au contraire, il connotait des qualités différentes de celles de nos sociétés matérialistes. Malheureusement, la plupart des gens, particulièrement en Afrique et aux États-Unis, ne pouvaient se débarrasser du sens défavorable dont il était chargé. Nous décidâmes donc de rebaptiser l'association « Survival International ».

Notre premier objectif fut de chercher de l'argent pour commencer à engager des actions. Il fallait alerter l'opinion publique en lui faisant prendre conscience de la situation critique dans laquelle se trouvaient ceux que nous voulions aider, et découvrir des solutions pratiques rapidement applicables sur le terrain. La sensibilisation de l'opinion était, et est toujours, un véritable casse-tête. Les bénéficiaires de notre association ne font en effet partie d'aucune des catégories conventionnelles de l'action humanitaire. Il ne s'agit ni de victimes de la famine, ni d'enfants, ni de personnes âgées, ni de malades. Ce n'étaient que

---

1. *Wai Wai,* par N. Guppy, John Murray, 1958. *Aimables Sauvages,* par F. Huxley, Plon, « Terre Humaine ».

des groupes humains en train de disparaître, et certaines personnes se trouvaient même pour dire que cela n'était pas un mal étant donné l'explosion démographique qui sévit sur la planète. Par ailleurs, le problème n'était pas simplement de laisser ces peuples tranquilles – même si pendant un certain temps on avait pu penser que c'était une bonne chose – car le monde extérieur était en train de les submerger irrévocablement. Ils avaient besoin d'aide pour l'affronter. Bizarrement, il leur aurait été bien plus facile de trouver cette aide s'il ne s'était pas agi d'êtres humains au comportement complexe, inhabituel et parfois étrange. Le World Wildlife Fund dont le président, Peter Scott, était un de nos « sponsors », s'était incroyablement développé au cours de ces dernières années. Il fait d'ailleurs un travail admirable et inestimable. Malheureusement nous nous attaquions à un problème bien plus difficile et hasardeux que la préservation de la faune. Nous ne pouvions nous attendre immédiatement à des résultats spectaculaires. Bien que notre premier souci fût la survie physique des populations auxquelles nous nous intéressions, nous étions également obligés de regarder un peu plus loin : il fallait aussi sauvegarder leur culture, leur dignité, leur talent et leur savoir-faire. Elles ne devaient pas entrer dans notre société à l'échelon le plus bas. Il fallait leur donner une chance de pouvoir un jour se joindre à nous, d'égal à égal, en préservant leur identité et leurs racines pour, en fin de compte, qu'elles puissent contribuer au futur de l'humanité.

Nous avions terriblement besoin, pour donner une idée de ce qu'était notre travail, d'entreprendre quelque chose de concret et de spectaculaire. Dès la première année, une magnifique occasion se présenta à moi. Attaqué sans arrêt par la presse internationale depuis la divulgation du rapport sur la corruption qui régnait au sein du SPI et à cause de la destruction de ce document, le gouvernement brésilien m'invita, en tant que président de Survival International, à visiter le pays, à me rendre compte par moi-même de la situation des Indiens, et à examiner les possibilités d'une coopération internationale pour leur venir en aide. L'année précédente, une mission médicale de la Croix-Rouge Internationale avait entrepris une « enquête sur les conditions d'existence et la situation sanitaire de la population indigène dans différentes régions du Brésil ». Elle ne s'était préoccupée que des questions médicales, mais déjà les informations qu'elle ramenait étaient alarmantes.

Un nouveau service gouvernemental, responsable des affaires indiennes, la Fundação Nacional do Indio [1] (FUNAI), avait été créé pour remplacer le SPI discrédité et dissout. On espérait vivement, ici et là, qu'un bon coup de balai serait donné pour mettre fin à la corruption, et qu'une fois encore le Brésil saurait montrer au monde sa volonté de prendre en considération le destin de ses Indiens. Malheureusement, des signes inquiétants apparaissaient aussi à l'horizon. La FUNAI n'était qu'un petit département du ministère de l'Intérieur, sans moyens, dont le but véritable était d'ouvrir l'Amazonie aux colons et aux prospecteurs et de les préserver des attaques des Indiens. De plus, le projet de route transamazonienne, avec son dense réseau de voies de communication à travers la forêt, commençait à prendre corps. A une certaine époque, le vieux SPI n'avait de comptes à rendre qu'au président de la République. Il pouvait ainsi consacrer tous ses efforts au bien-être des Indiens sans faire entrer en ligne de compte d'autres considérations. Nous avions espéré qu'il en serait de même pour la FUNAI. Il n'en fut malheureusement rien.

Les choses se révélèrent d'autant plus sombres que le célèbre rapport sur les activités du SPI avait disparu. Les bureaux où se trouvaient tous les documents avaient mystérieusement brûlé peu après que le scandale fut révélé par la presse. Aucune enquête n'avait été effectuée; pas un seul des fonctionnaires du SPI n'avait été poursuivi ou puni. Beaucoup de gens pensaient que la nouvelle FUNAI était en grande partie composée des hommes du SPI qui avaient échappé à la justice.

Pour la première fois, Marika m'accompagna lors d'un de mes voyages. Après douze ans de mariage, nous découvrîmes que nous faisions sur le terrain un excellent tandem. Elle se montra pleine d'enthousiasme et de passion pour ces nouvelles découvertes et ces nouvelles expériences. Elle jugeait avec acuité et profondeur aussi bien le caractère d'un général brésilien que celui d'un chef indien. Elle faisait preuve à chaque instant de bonne humeur et de camaraderie. En fait, elle ne m'apportait pas seulement une aide, elle partageait réellement toute la complexité

---

1. Fondation Nationale de l'Indien.

de ma tâche avec moi. Elle se débattait pour comprendre, avec son portugais hésitant, l'enchevêtrement de tous les problèmes en jeu pour, et toujours, faire la part des choses entre les préjugés obtus et l'utopisme débridé.

Une des premières personnes que nous rencontrâmes à Brasilia fut le général Bandeira de Mello, le tout récent chef de la FUNAI. Il faisait auparavant partie de la police secrète; ce qui est malheureusement bien trop souvent le cas des fonctionnaires s'occupant des affaires indiennes. Ce petit homme trapu, aux yeux rapprochés et à la tignasse blanche, me prit apparemment en grippe dès le premier instant. Il m'attaqua sans tarder. Mais puisque nous étions des invités officiels du gouvernement, il se voyait, par moments, tenu à une certaine politesse. Lors de nos rencontres, son ton oscillait sans cesse entre l'invective et une obséquiosité diplomatique.

Après un agréable discours de bienvenue, dans son luxueux bureau, il se tourna vers moi pour vociférer qu'il n'y avait pas de problème indien au Brésil, que son pays n'avait nullement besoin d'une aide étrangère. Debout près d'une grande carte accrochée au mur, sur laquelle étaient piquées des épingles à tête de couleur pour situer les différentes ethnies, il se mit soudain à déplacer les épingles à toute vitesse et apparemment au hasard, en nous disant qu'il allait rapprocher ces ethnies isolées de la civilisation. Les enfants seraient séparés des parents pour recevoir l'instruction du gouvernement. Quant aux adultes, grâce à ces nouvelles conditions, ils vivraient bien plus longtemps que dans la forêt. Je lui demandai alors, avec peut-être une pointe de provocation dans la voix, si l'on était parvenu à faire une étude démographique parmi les Indiens qui n'avaient pas encore été contactés. Il me répondit en hurlant que l'on savait maintenant tout ce qu'on avait besoin de savoir sur les Indiens du Brésil et qu'en conséquence, les anthropologues étrangers pouvaient rester chez eux.

Puis brusquement l'atmosphère changea complètement. On nous offrit cérémonieusement des anneaux de mariage Nambiquara en bois noir, rangés dans de petites boîtes fermées avec des rubans, qui contenaient un message de bienvenue extrêmement bien tourné du même Président de la FUNAI.

Un instant après, j'étais violemment pris à partie à propos des frères Orlando et Claudio Villas Boas. Ces deux hommes remarquables, presque entrés dans la légende, étaient les seuls parmi les fonctionnaires du SPI à avoir reçu des louanges dans le célèbre rapport, mystérieusement disparu, sur les activités de cet organisme. Ils avaient durant trente ans travaillé sans relâche afin de créer une réserve pour les Indiens dans la région des sources du Xingu. Grâce à leurs efforts, un grand Parc National avait vu le jour, qui fut regardé à l'époque par la communauté internationale comme un modèle du genre. La Royal Geographical Society avait donné une médaille d'or aux deux frères. En tant que membre du conseil, j'avais été chargé de la leur remettre. Nous avions également tenté, par Survival International, de leur faire obtenir le prix Nobel de la Paix. Cette récompense aurait attiré l'attention du monde sur notre cause, tout en rendant hommage à deux hommes courageux, dévoués et universellement admirés. Le général était furieux. Il me dit que les frères Villas Boas ne valaient pas mieux que « tous ces sous-fifres » de la FUNAI. Lorsque je tentai de démontrer que ce prix honorerait le Brésil tout entier, le général m'interrompit d'un mouvement rageur des épaules.

Plus tard, en présence de son supérieur, le ministre de l'Intérieur, et aussi du ministre des Affaires étrangères, qui étaient l'un et l'autre aimables, courtois et raisonnables, il se conduisit d'une manière encore plus étrange. Nous parlions du temps qu'il fallait considérer pour intégrer les Indiens dans nos sociétés. Nous étions d'accord qu'il faudrait au moins deux ou trois générations pour que ces peuples puissent assimiler certains aspects d'une culture et de valeurs entièrement nouvelles. Le général nous interrompit et, monopolisant la parole, fit une grande tirade sur le sujet. D'après lui, « il n'était plus nécessaire d'employer l'ancienne et lente méthode. Grâce à la psychologie (les projections de salive se mirent à fuser!), nous pouvons accomplir l'opération en six mois! »

Je lui demandai quels étaient ces nouveaux procédés « psychologiques ».

« A l'aide de la psychologie, nous parvenons à les installer rapidement dans de nouveaux villages. Nous leur enlevons alors leurs enfants que nous envoyons tout de suite à l'école. Ils profitent ainsi de nos services éducatifs et sanitaires. Dès que le processus de leur acculturation est terminé, nous les lâchons dans notre monde. Ce sont alors des citoyens aussi parfaitement intégrés que vous et moi ou que notre ministre ici présent. »

Je protestai dans des formes diplomatiques. Évidemment, ce ne pouvait être aussi facile que cela! Un processus de transformation de cette ampleur devait prendre bien plus de six mois! Le général n'en démordit pas :

« Nous pouvons aujourd'hui transformer des Indiens, venant des régions les plus isolées, en des citoyens brésiliens totalement intégrés en six mois. Nous n'avons que faire des conseils de soi-disant experts. »

Puis il s'en prit directement à moi en m'accusant de vouloir conserver les Indiens dans des jardins zoologiques et de les traiter comme des animaux.

Le ministre de l'Intérieur intervint alors. C'était heureux car je commençais à perdre patience. A son avis, l'opération dans son ensemble se déroulerait au moins sur trois générations. Le général l'interrompit en s'écriant : « Pas du tout! Nous pouvons le faire en six mois. » Le ministre poursuivit patiemment en disant que, bien sûr, il était de la plus grande importance que les choses se fassent le plus rapidement possible. Il ajouta que cette question de politique intérieure devait être résolue par le Brésil lui-même. J'intervins alors pour faire remarquer qu'on pouvait – bien que la situation fût différente – dire la même chose pour l'Afrique du Sud, cela n'empêchait nullement les gens d'autres pays de se sentir concernés.

« Bien que les Nations Unies ne se soient pas encore penchées sur le problème des peuples autochtones, il n'en reste pas moins que ce problème préoccupe beaucoup de gens en Europe, aux États-Unis et ailleurs. Il existe de par le monde un profond désir d'apporter d'une manière ou d'une autre de l'aide à ces peuples. Pour ma part, j'essaie simplement de voir si cette préoccupation peut déboucher sur quelque chose d'autre que des critiques stériles. »

Alors qu'on nous avait promis de nous faciliter les choses au maximum et même de nous prêter un petit avion de l'armée de l'air, en nous laissant carte blanche pour aller où nous aurions envie, le général ne se gêna pas pour nous mettre des bâtons dans les roues. Il tenta, par exemple, de nous empêcher de modifier l'itinéraire prévu en déclarant que les endroits où nous voulions nous rendre n'étaient pas convenables pour une femme!

Ce fut un énorme soulagement lorsque nous pûmes enfin quitter les immeubles de Brasilia et leurs bureaucrates pour voler en direction du Xingu.

Au cours des trois mois qui suivirent, nous rendîmes visite à trente-trois ethnies indiennes. Nous vîmes des populations isolées qui n'avaient pratiquement jamais rencontré d'étrangers, des groupes pleins de vie et de force, convaincus de leur supériorité mais aussi des mendiants accablés par la maladie, vivant dans des taudis innommables. On nous embrassait, on nous touchait sur tout le corps avec amitié, curiosité ou agressivité dès que nous apparaissions. Marika, qui subissait pour la première fois ce genre d'accueil, faisait des efforts surhumains pour ne pas se sauver en hurlant. Nous étions très émus lorsque nous quittions des gens qui, en quelques jours, avaient réussi à nous séduire en nous démontrant affection et confiance. Nous nous sentions finalement aussi proches d'eux que des personnes qui nous étaient les plus familières. Nous discutâmes interminablement avec toutes sortes de gens à propos de l'avenir des Indiens : des personnes qui leur avaient consacré leur vie, des fanatiques qui espéraient leur imposer leur propre religion ou leurs propres valeurs; des intellectuels qui abordaient le sujet sans aucune passion comme s'il se fût agit du destin d'une espèce de poisson; des cyniques qui ne rêvaient que de les exploiter le plus possible et de voler leurs terres.

Avant de quitter Brasilia, nous fûmes contraints de passer une soirée avec un individu de la dernière espèce. Il s'appelait Sam, était originaire du Texas et avait mis sur pied une série d'immenses ranchs dans le Mato Grosso. Tout en fumant un gros cigare, il nous projeta, bobine après bobine, des films où on le voyait monter ou descendre de son petit avion sur d'innombrables pistes d'atterrissage de brousse, portant dans ses bras des caisses de bière et de coca-cola. Il admit volontiers que, malgré les vols réguliers qu'il effectuait pour inspecter ses propriétés, il passait rarement, extrêmement rarement, la nuit sur ses terres. Il nous dit qu'il « permettait » à quelques Indiens Shavante de vivre sur un morceau de ses immenses « propriétés ». Ils devraient d'ailleurs quitter les lieux très bientôt car – ajoutait-il – il devait prochainement défricher cet endroit. Il était fier de la manière dont il les traitait. Il leur donnait chaque mois un sac ou deux de riz ou de haricots ainsi que le dernier numéro de la revue *Playboy*. Il nous montra des photographies d'Indiens en train de feuilleter le magazine, ce qui déclencha un fou rire de mauvais goût dans l'assistance. Il prétendait admirer les Shavante, il disait qu'ils étaient coriaces, très indépendants, et ne souhaitaient nullement être assimilés. Mais sa dernière remarque anéantit tout ce qu'il venait à peine de dire.

« On peut maintenant acheter des terres dans ce coin pour l'équivalent de quelques bouteilles de bière à l'hectare. Lorsqu'on a acquis quelques centaines de milliers d'hectares et rassemblé quelque vingt mille bêtes à cornes, on peut foutre le camp de ce coin pourri et mener la grande vie à Paris, à Hawaii, en Suisse, où ça vous chante ! »

Il est regrettable que le développement de l'intérieur du Brésil soit la plupart du temps entre les mains d'hommes de cette espèce.

Il serait difficile de trouver un plus grand contraste qu'entre Sam et l'homme avec qui nous allions passer les trois semaines suivantes. Claudio Villas Boas, vieilli et malade à la suite des souffrances et des privations qu'il avait endurées en passant presque toute sa vie dans la forêt, avait pris sa retraite et quitté le Parc National du Xingu que lui et son frère avaient créé. Orlando, qui se battait encore pour les Indiens, avait été pris à partie par les politiciens, critiqué par les anthropologues et désavoué par beaucoup de ceux qui défendaient la même cause. La méthode des frères Villas Boas, consistant à tenir les Indiens totalement à l'écart de l'influence des missionnaires et du « progrès », était maintenant considérée comme paternaliste par un grand nombre d'Indiens eux-mêmes. Les temps et les politiques ont changé. Je ne peux cependant cacher la dette que j'ai envers Claudio pour m'avoir convaincu définitivement de la justesse de notre action. Son humilité et sa gentillesse, alliées à un courage exceptionnel en face de tout danger physique ou moral, eut pour effet de sceller définitivement mon engagement en faveur des peuples auxquels il avait consacré sa vie.

Il pensait que de nouveaux idéaux devraient aider à résoudre les problèmes des Indiens aussi bien que ceux du reste de la population brésilienne. Le problème « indien » ne se posait pas, pour lui, à cause de l'existence des Indiens. C'était la volonté acharnée de les transformer pour qu'ils s'intègrent à la société nationale qui faussait tout, une telle entreprise n'étant finalement utile à personne, ni aux Indiens, ni aux autres. Si seulement cette volonté d'acculturation n'existait pas, il n'y aurait pas de problème « indien ». Si le Brésil pouvait attendre jusqu'à ce que le reste de la population fût suffisamment mûr pour comprendre et reconnaître les valeurs des Indiens, toutes les difficultés en ce domaine s'évanouiraient car l'on finirait bien par découvrir que le pays n'a aucun besoin, pour son développement, des terres qui leur appartiennent. Et les cultures indiennes, au lieu d'être considérées comme un poids mort, deviendraient alors un atout national. Il serait alors possible pour les Amérindiens de trouver leur juste place dans la société brésilienne et de jouer un rôle utile pour l'avenir du pays. Claudio disait :

« Les Indiens sont nos ancêtres et nous devons les honorer. L'homme est bien plus important que la lune. Nous l'avons trop oublié et nous nous trouvons maintenant aux prises avec les inextricables problèmes que nous nous sommes créé, en négligeant les choses qui font que la vie vaut la peine d'être vécue.

« Pourquoi ne pas résoudre ce problème humain dont la solution est à notre portée ?

« Aucun homme ne peut assimiler les Indiens dans notre société. Dans quelle sorte de société l'Indien se trouverait réellement intégré si l'on tente de le contraindre à l'acculturation ? Parmi les hommes des fronts pionniers ? parmi les colons et les prospecteurs qui « ouvrent » l'intérieur du Brésil ? Bien sûr que non ! Dans les favelas de Rio et de São Paulo alors ? Pas même ! Ils se retrouveraient encore plus bas dans l'échelle sociale.

« Il suffit d'observer toutes les tentatives d'intégration qui ont été faites pour constater leur effet destructeur sur les populations concernées. Il n'est pas possible d'intégrer les Indiens par la technologie moderne. On n'y est jamais parvenu et on n'y parviendra jamais.

« Ce problème ne peut être résolu qu'avec le temps. Il nous faut du temps pour apprendre. Inutile de se précipiter.

« L'Indien est heureux ; c'est un homme complet ; son bonheur n'est pas lié à notre culture. Il n'a besoin que de médicaments pour le protéger de nos maladies.

« Dans dix ou quinze ans, les Indiens auront disparu, je ne parle pas seulement de leur culture, mais des hommes eux-mêmes. Ils mourront. Il ne faut surtout pas mêler les Indiens aux grands programmes de développement. Il faut les laisser tranquilles et ne les aider que selon leurs besoins et leurs demandes.

« Le Parc National du Xingu est le seul endroit où vous verrez des Indiens vivant comme ils le faisaient autrefois. Partout ailleurs, ils ont changé ou se sont éparpillés en petits groupes déculturés. Quel intérêt y aurait-il à supprimer ce Parc National? Il serait remplacé par trois ou quatre grandes *fazendas* qui n'apporteraient rien du tout à l'économie nationale.

« Ce que l'intégration pourrait offrir de mieux aux Indiens, ce serait de les transformer en petits propriétaires terriens. Ce qui ne serait pas si mal pour une grande partie de notre population mais qui n'apporterait rien aux Indiens. Peut-on sincèrement penser que les Indiens se sentiraient mieux en étant réduits à cet état? Attendons encore dix ou vingt ans, jusqu'à ce que notre société soit capable de les accueillir et de les intégrer harmonieusement. Le réseau de routes transamazonien ne jouera aucun rôle funeste à condition qu'on évite soigneusement le Parc National et toutes les autres régions peuplées d'Indiens.

« Améliorer le sort des Indiens, au-delà même de leurs rêves, ne nous coûterait presque rien. Il faut leur donner tout ce dont ils ont besoin : isolement, aide médicale, vêtements, hameçons et tous les outils qu'ils désirent. S'il y avait trois millions d'Indiens au Brésil, il pourrait y avoir un problème, mais il y en a si peu. Non seulement ce serait mieux pour eux mais ça nous coûterait aussi bien moins cher de les laisser comme ils sont, de prendre soin d'eux plutôt que de vouloir les changer à tout prix. »

Claudio voyait le surgissement d'un nouveau monde après l'échec du capitalisme et du communisme. Ce monde surgirait de la compréhension de ce que nous avons surexploité notre planète et de la conscience de ce que continuer dans cette voie ne pourrait aboutir qu'à notre propre destruction. L'acceptation de la diversité des cultures ferait alors surgir un monde dans lequel les individus et les groupes différents seraient respectés en toutes circonstances. Il pensait que seulement dans une telle société, les Indiens auraient leur place.

Je lui demandai alors quelle sorte de société cela pourrait être. Il me répondit : « Vous êtes le premier signe de cette société que je vois poindre à l'horizon. »

D'avoir pu m'asseoir auprès d'un tel homme fut pour moi un grand privilège. L'entendre exprimer ses sentiments et ses pensées forgés au cours de son travail parmi les Indiens du Brésil durant un nombre d'années en fait supérieur à celui de n'importe qui d'autre était fascinant. Me rendre compte que ses vues d'homme de terrain, en dialogue permanent avec les Indiens, s'accordaient à celles des fondateurs de Survival International qui s'appuyaient essentiellement sur une expérience anthropologique et quelques idéaux me convainquit que nous étions sur la bonne voie.

Marika et moi, nous décrivîmes ces mois de voyage à travers le Brésil dans deux livres que nous publiâmes à l'époque [1]. Nous y racontions les aventures et l'enthousiasme que nous avions partagés au cours de ces tribulations en avion monomoteur, en jeep, en canot, à cheval et à pied. Nous y évoquions aussi nos frustrations, les obstacles rencontrés, le manque de confort et les dangers. Pour Marika ce fut un grand moment de découvertes et d'expériences. Elle pouvait enfin partager avec moi tout le charme des voyages sous les tropiques. Elle observait et décrivait avec attention ce monde exotique qui m'était devenu si familier. Pour moi ce fut un temps d'intense concentration. Je me débattais pour saisir toute la complexité des problèmes, pour décider de l'attitude à prendre, pour détecter les signes favorables m'indiquant que notre nouvelle organisation pouvait, malgré les obstacles, avoir un rôle à jouer. Pour Marika et moi, ce temps passé dans le Parc du Xingu s'écoula comme dans un rêve. Nous étions entourés par les hommes les plus beaux, les plus naturels et, apparemment, les plus heureux de la terre. Nous étions pleins d'espoir en l'avenir.

Les différents groupes d'Indiens du Haut-Xingu possèdent une force que j'ai rarement vue ailleurs. Malgré plus de trente ans de contact avec l'administration et les colons, ils ne semblaient nullement avoir perdu leur confiance en eux et en leurs traditions. Si beaucoup de choses réalisées dans cette région sont apparues récemment dépassées et même suspectes aux défenseurs des Indiens, en raison de l'accent mis sur leur aspect exotique, il me faut dire pourtant que ces hommes étaient très beaux dans leur différence. Il se dégage des corps qui ont toujours été nus un rayonnement qui fait défaut à ceux qui ont été habitués à porter

---

1. *A question of survival*, Robin Hanbury-Tenison, publié par Angus & Robertson. *For better, for worse*, Marika Hanbury-Tenison, publié par Hutchinson.

des vêtements. Les hommes pour qui la nudité est naturelle ne semblent jamais nus au sens de notre nudité puritaine honteuse. Ils se tiennent droits et fiers comme des dieux grecs. Quant aux femmes, leur peau couleur de miel paraît si douce et luisante qu'elle semble avoir été frottée à l'huile.

Comme Claudio leur avait dit que j'étais là pour tenter de les aider à l'avenir, les Indiens nous couvraient de cadeaux. Il nous fallut rapidement cesser d'admirer leurs objets car ils ne cessaient de nous les offrir immédiatement. Néanmoins, on nous fit présent d'une quantité impressionnante d'arcs, de flèches, de coiffures de plumes, de colliers de nacre et aussi de quelques-unes des plus belles poteries réalisées par les Waura. Presque tous ces objets sont encore chez moi, en Cornouailles. Les Indiens célébraient en dansant une époque d'abondance. Nous discutions, discutions sans arrêt, nous sentant privilégiés de faire partie de cet ensemble pour un moment.

Nous reçûmes à Bananal, notre étape suivante, un choc terrible. Les riches rivières qui entourent l'île, que nous avions connues Richard et moi douze ans plus tôt et dont je me souvenais parfaitement, étaient maintenant vides de poissons. Leurs rives avaient été défrichées et brûlées par les éleveurs. La vie sauvage avait presque complètement disparu. Les Indiens, encerclés par des fils de fer barbelés, habitaient des huttes dans lesquelles ils n'étaient autorisés à vivre qu'en familles nucléaires. Nous étions malades de honte lorsqu'on les obligea à danser pour les visiteurs importants que nous étions. Quelques Karaja qui s'efforçaient désespérément de nous honorer en dansant essuyèrent les quolibets des *civilizados* et des fonctionnaires de la FUNAI. Cet endroit était un de ceux que le général de Brasilia nous avait indiqués comme étant un parfait exemple d'intégration réussie. Je me souvenais avec quelle fierté les Indiens avaient dansé lors de ma première visite à Bananal et comme ils ne s'étaient nullement préoccupés de nous.

Durant notre séjour au Brésil, nous devions voir beaucoup d'autres spectacles déprimants de ce genre. Dans le Sud, les Kaduweu, orgueilleux guerriers à cheval, en étaient réduits à vivre en cultivant de maigres parcelles de terrain. Les Terena, considérés avec raison comme de remarquables horticulteurs, avaient été

152

dépossédés de leurs terres. Les nobles Bororo dont parle Lévi-Strauss [1] avaient été réduits à une abjecte soumission par de redoutables missionnaires protestants qui leur interdisaient de chanter, de danser, de se peindre ou de garder aucune de leurs coutumes traditionnelles.

De temps à autre, nous rencontrions des gens exceptionnels qui se consacraient avec un inlassable dévouement à améliorer le sort des Indiens, pour un salaire dérisoire. Ils se heurtaient généralement à toutes sortes de tracasseries, de préjugés et même de dangers provenant des autorités elles-mêmes. Les Indiens du Brésil, lorsqu'ils ne déclenchent pas chez la plupart des Blancs le désir de les détruire, désir réellement incompréhensible, parviennent à faire apparaître chez certains un altruisme et un dévouement qu'il est difficile de trouver ailleurs. Dans ce monde égoïste et mesquin, entièrement voué aux valeurs matérielles, il est curieux de constater qu'une des plus grandes réussites des Indiens est de nous placer dans une situation qui exige le meilleur de nous-mêmes. Près de Cuiaba, il y avait un petit hôpital pour les Indiens. Il ne comprenait que trois bâtisses, des plus rudimentaires, recouvertes de palmes. Le groupe électrogène était souvent en panne et l'équipement terriblement limité. Mais c'était indubitablement le plus précieux des services de la FUNAI dans toute cette partie du Brésil. Il ne fonctionnait que grâce à une petite dame, une infirmière mi-japonaise mi-brésilienne, qu'on appelait Dona Cecilia. D'apparence douce et aimable, elle dégageait cependant une telle détermination, une telle énergie, que les bureaucrates gonflés d'importance aussi bien que les Indiens musculeux et en colère faisaient exactement tout ce qu'elle désirait. Elle était une de ces rares personnes qui sont capables, grâce à leur force de caractère et à leur personnalité, de maintenir en place un édifice qui, sans elles, s'effondrerait.

L'hôpital manquait sans arrêt de médicaments et d'argent. N'y travaillaient que trois ou quatre personnes. Néanmoins, il jouait très probablement un rôle capital dans le combat mené pour sauver les Indiens de l'extinction. Le Peace Corps avait apporté une aide non négligeable en envoyant deux jeunes Américaines comme assistantes de laboratoire. La route, pour atteindre l'hôpital, était extrêmement mauvaise et même quelquefois impratica-

---

1. *Tristes Tropiques,* Plon, « Terre Humaine ».

ble lorsque les pluies avaient emporté l'étroit pont de planches que l'on devait franchir pour y parvenir. Dans un enclos mitoyen, on gardait deux vaches qui fournissaient le lait nécessaire aux enfants souffrant de tuberculose. Personne d'autre n'y avait droit. Un potager était cultivé par quelques Indiens qui avaient abandonné leur forêt. Soixante-dix Indiens venant de différentes ethnies du nord du Mato Grosso y étaient soignés en même temps. Inutile de dire que la surcharge était terrible. Notre visite coïncida avec une épidémie de rougeole qui sévissait parmi les Nambiquara occupant la région de la rivière Guaporé. Aussi l'activité à l'hôpital était-elle intense. On estimait que le groupe Sararé avait perdu la moitié de sa population (vingt-cinq personnes sur cinquante). La mort avait touché surtout les femmes et les enfants, ce qui bien sûr réduisait les chances qu'avait cette ethnie de survivre au désastre.

Nous vîmes plusieurs Nambiquara à l'hôpital. Un homme affaibli, le visage émacié, était allongé sur un lit, ayant près de lui son petit garçon qui, apparemment, semblait être tiré d'affaire. La mère de l'enfant était morte la veille. Sur le lit voisin, un homme couché sur le dos fixait le plafond. Sa femme et deux de ses enfants étaient morts dans le village Sararé. Une femme incroyablement décharnée, dans le coma, était reliée à un goutte à goutte. Son mari, un Nambiquara de grande taille, le crâne rasé, était bouleversé. Alors que nous étions dans la cuisine, il entra pour prendre deux bûches du foyer afin de faire son propre feu dehors. Lorsque le feu fut pris, il revint près de sa femme et essaya de la transporter dehors pour qu'elle pût dormir près de lui. Dona Cecilia lui expliqua patiemment mais fermement, à l'aide de signes et de quelques mots, qu'il n'en était pas question. Mais elle lui fit comprendre qu'il pouvait dormir sur le sol près de sa femme.

Il se passa alors quelque chose que Marika et moi avons toujours considéré comme une des choses les plus émouvantes de notre vie. Debout, appuyés au mur, nous nous tenions par la taille. Le Nambiquara, extrêmement agité, regardait autour de lui d'un air désespéré. Il nous aperçut alors et durant un instant, son visage se détendit et il se mit à sourire : il avait immédiatement vu en nous toute l'affection d'un couple. Il passa alors avec émotion ses bras autour de nous pour exprimer sa douleur de ne pouvoir serrer sa femme contre lui. Passant de la douceur à la colère, grâce à des

154

onomatopées et à une mimique d'une extraordinaire vivacité, il nous raconta, sans que nous puissions un seul instant nous tromper sur le sens de son récit, comment on les avait emmenés à l'hôpital en avion, combien son village lui manquait et comme il aurait aimé retourner là-bas avec sa femme. Tout le monde l'observait en silence. Revenant vers sa femme, il forma une coupe avec ses mains qu'il ouvrit peu à peu, comme une fleur en train de s'épanouir, au-dessus de son ventre pour nous dire qu'elle avait accouché de trois enfants. Puis il encercla de ses bras un espace vide pour nous montrer à quel point ses enfants avaient besoin de lui maintenant.

Nous fûmes, Marika et moi, extrêmement émus de voir à quel point son amour pour sa femme transcendait toutes ses autres sensations. Il lui permettait de supporter l'étrangeté de l'hôpital et cette installation inhabituelle. Nous nous sentions atrocement impuissants devant tous ces malheurs et nous fûmes reconnaissants à Dona Cecilia de l'aider un peu en distribuant des verres d'eau aux patients qui en avaient besoin.

Souvent les seules personnes qui se préoccupent des Indiens sont des missionnaires. Il n'y a aucun doute que, dans bien des cas, sans leur présence, les colons seraient arrivés et auraient tué ou chassé les ethnies dont ils s'occupent maintenant. Les gens au Brésil craignent terriblement les Indiens. Des habitants des grandes villes me demandaient ainsi parfois si je pensais possible un soulèvement général des Indiens. Étant donné le pourcentage infime de la population indienne au Brésil (moins de 0,1 %), leur dispersion sur d'immenses territoires et l'inimitié qui oppose la plupart des quelque cent cinquante ethnies, l'idée est parfaitement délirante.

A l'intérieur du pays, la crainte des paysans brésiliens est un peu plus précise car des échauffourées ont toujours eu lieu et ont lieu encore de nos jours, au cours desquelles *civilizados* et Indiens sont tués. Mais les exemples d'attaques de fermes ou de villages par les Indiens sont extrêmement rares, bien que la presse leur donne toujours une place disproportionnée. Il est vraiment regrettable que la population brésilienne qui colonise les territoires de l'intérieur du pays soit constituée généralement par les représentants les moins qualifiés et les moins aptes de la culture occidentale pour entrer en contact avec les Indiens pour la première fois. L'absence de discrimination raciale, qui est un des traits marquants du Brésil et qui pourrait servir de modèle à la plupart des autres pays du monde, s'évanouit complètement dès qu'il est question des Indiens. Le plus pauvre des colons à la limite du monde civilisé, dont les conditions de vie, physiques et culturelles, sont de toute évidence bien pires que celles des membres d'une communauté indigène prospère, croit que les Indiens sont des animaux dangereux et imprévisibles. Quelle que soit sa pauvreté, le colon possède toujours un fusil; il sait donc qu'il aura toujours le dessus dans un affrontement avec les Indiens. Avec de la chance, s'il s'est établi sur d'assez bonnes terres de l'intérieur, il pourra subsister. S'il fait des bénéfices, il retournera les dépenser dans les villes de la côte.

D'un autre côté, les Indiens, extrêmement sensibles aux maladies des *civilizados,* ont besoin de la médecine moderne, aussi bien curative que préventive. Si, malades, ils s'enfoncent profondément dans la jungle, ils emmènent avec eux des maladies qu'ils transmettront à d'autres groupes, provoquant une épidémie; s'ils acceptent d'être soignés, ils sont obligés d'admettre qu'ils le sont par charité. Lorsque les soins sont prodigués d'une manière intelligente, les hommes peuvent s'en tirer sans trop de dommages. Mais bien souvent l'écrasante démonstration de notre supériorité technologique détruit la confiance en eux des Indiens. Ils finissent, eux aussi, par croire qu'ils sont inférieurs et handicapés. Quand ils en sont à ce stade, il y a bien peu de chance qu'ils puissent un jour entrer dans la société brésilienne comme des citoyens à part entière.

Quelques-uns des missionnaires que nous avons rencontrés étaient des hommes remarquables, travaillant avec acharnement pour améliorer les conditions de vie des Indiens. Ils étaient très certainement motivés par leur foi chrétienne mais ils tentaient de découvrir des solutions pratiques aux problèmes qui se posaient à eux plutôt que de faire du prosélytisme à tout prix. En revanche, d'autres faisaient montre d'un fanatisme si terrible qu'il défiait l'imagination. Marika et moi les quittions en chancelant, atterrés par leur incroyable bigoterie.

Un des missionnaires les plus convaincants était un jeune jésuite que nous rencontrâmes parmi les Pareci. Il portait un bleu de mécanicien et roulait en cyclomoteur. Marika, qui le trouvait incroyablement séduisant, nous observait jalousement tandis que nous discutions interminablement en portugais, langue incompréhensible pour elle. Ce prêtre avait travaillé et voyagé dans cette région parmi les Indiens depuis plusieurs années, et passait, à juste titre, pour être un expert dans ce domaine. Nous bavardâmes pendant plusieurs heures et je fus extrêmement impressionné par son approche libérale et impartiale du problème. Il refusait l'idée d'enlever les enfants à leurs parents pour les mettre dans des internats, comme l'avaient fait les missions protestantes et catholiques pour briser les cultures indiennes. Il disait que cela avait été désastreux au Brésil. « Le plus important de tout, disait-il, est de faire en sorte que le peuple brésilien finisse par compendre les Indiens et désire les aider. Il y a si peu de gens dans ce pays qui soient réellement informés que la plupart du temps on fait plus de mal que de bien. Il est donc préférable de ne pas essayer de contacter inutilement des Indiens qui n'ont pas encore été pacifiés ni de changer la manière de vivre de ceux qui l'on été. Le mieux est de les laisser tranquilles aussi longtemps que possible, puis d'avancer sur la pointe des pieds. »

A son avis, c'était plus important pour nous d'apprendre à connaître les besoins des Indiens et d'essayer ensuite de les satisfaire, plutôt que d'imposer arbitrairement toutes sortes de transformations. Dans le cas précis des Pareci, ces Indiens étaient totalement désorientés parce que pour développer et exploiter les ressources de leurs réserves, ils devaient y introduire des bovins qu'ils auraient à soigner. (Ce prêtre pensait que c'était la meilleure façon d'utiliser les terres de cette région, ce dont je doutais puisqu'il n'y pousse que des broussailles sur un sol desséché.) Malheureusement, les Indiens n'avaient ni les capitaux nécessaires pour acheter le bétail, ni aucune connaissance en matière d'élevage; malgré cinquante ans de contacts avec le monde blanc, ils étaient toujours des chasseurs dans l'âme. Le passage vers une économie basée sur l'agriculture et l'élevage aurait demandé des études approfondies et les conseils d'experts. Puisque ce n'était pas le cas et que le gibier se faisait de plus en plus rare, les Indiens devinrent dépendants de la route et firent reposer tous leurs espoirs sur elle. Malheureusement, la route ne leur apporta pratiquement rien. Ils vendirent seulement quelques objets d'artisanat de mauvaise qualité aux chauffeurs de camions et ce fut rapidement la mendicité et la prostitution. Ils se trouvèrent en plus mauvaise posture que leurs voisins du sud, les Terena – plus acculturés, qui commençaient à faire face à la situation – et du nord, les Nambiquara qui, malgré tous leurs problèmes sanitaires, conservaient au moins intacte une grande partie de leur héritage culturel.

Le missionnaire nous dit aussi qu'il faudrait faire d'urgentes recherches sur l'attitude des Indiens face à la médecine occidentale. Ils avaient une certaine propension à s'enfuir de l'hôpital de sorte qu'il était pratiquement impossible de leur donner des soins. Les questions sanitaires, disait-il, doivent avoir la priorité si l'on veut garder les Indiens en vie.

Il ne craignait pas de critiquer l'attitude que son Église avait eue vis-à-vis des Indiens par le passé. Il faisait toutefois remarquer que les dommages causés par l'Église catholique, au cours de ces dernières années, étaient nettement moins importants que ceux imputables aux missions protestantes.

Le comportement des missionnaires protestants au Brésil a souvent été attaqué par les anthropologues et par bien d'autres spécialistes. Une équipe de médecins de la Croix-Rouge Internationale a critiqué le travail accompli par quelques-uns de ceux que nous avions rencontrés. Il a été même officiellement annoncé, après cette visite, qu'un certain nombre d'entre eux seraient déplacés. Quelques-uns furent effectivement expulsés durant un certain temps et interdits de travailler parmi les Indiens. Mais nous entendîmes dire par la suite que la plupart d'entre eux, sinon tous, étaient finalement revenus sur les lieux. Un Américain vivant dans une luxueuse maison près d'un des plus misérables villages indiens que nous ayons vus, nous dit, tout en avalant un petit déjeuner composé de crêpes, de bacon et de sirop d'érable – deux Indiens à quatre pattes à côté de nous frottaient le plancher – que les membres de cette ethnie, les Pareci, étaient, tout comme les juifs, paresseux et sans désir d'apprendre. Et puisque leur seul espoir reposait dans l'éducation alors qu'ils refusaient de s'instruire par la douceur, la seule solution était d'enlever les enfants à leurs familles et de les éduquer par la force. Il fallait aussi obliger les adultes à devenir sédentaires et à travailler. Quant à ses efforts d'évangélisation, il prétendait qu'il n'essayait pas de modifier les croyances des Indiens mais simplement de « les transformer légèrement ». D'après lui, ceux-ci croyaient déjà aux esprits du bien et du mal. Ils adoraient le mal parce qu'ils le regardaient comme plus puissant que le bien. Ce que lui et les autres évangélistes désiraient obtenir était de les aider à se mettre à adorer l'esprit du bien puis leur donner des noms chrétiens.

Le pouvoir que de tels hommes sont capables d'exercer, en grande partie grâce à la peur et aux biens dont ils disposent, est terrifiant. Sous leur autorité, les Indiens sont rapidement réduits à une abjecte servitude. Un autre missionnaire protestant fondamentaliste, un Anglais, attaqua violemment en ma présence les frères Villas Boas et le Parc National du Xingu. Pour lui il s'agissait d'un lieu de perdition. Tout d'abord nous ne parvînmes pas à comprendre pourquoi il semblait si nerveux et agité. Il aborda le sujet par la bande en faisant de vagues allusions à Satan et à la corruption. Ce ne fut que lorsqu'il nous montra quelques-unes de ses photographies que je compris la profondeur de son horreur puritaine pour la nudité. Partout où l'on voyait des Indiens nus, leurs parties sexuelles avaient été biffées si violemment que la pointe de la plume avait déchiré le papier.

Bien entendu, tous les missionnaires protestants que j'ai rencontrés n'étaient pas aussi mauvais, et tous les missionnaires catholiques aussi bons. Je ressentais néanmoins généralement une certaine sympathie pour ces derniers tandis que je n'avais aucune espèce d'affinité rationnelle ou spirituelle avec les premiers. L'un des plus agréables parmi les prêtres catholiques que je rencontrai fut un Allemand responsable de la mission franciscaine auprès des Indiens Tirio, tout au nord du Brésil, à la frontière avec le Surinam. Un Parc National appelé « Tumucumaque », comprenant quelque vingt-cinq mille kilomètres carrés, avait été créé là en 1968. Ce fut le seul endroit que nous vîmes durant notre voyage au Brésil qui pût être comparé avec le Parc National du Xingu et qui nous donna ce même sentiment d'espoir. Le père Cyrille Hass était un homme remarquable aux multiples talents. Bien qu'il fût un prêtre consciencieux, aimé et respecté des Indiens, il aurait dû être ingénieur. Sa passion, son obsession était la mécanique. Il bricolait mille choses avec une étonnante habileté. C'était dans cette direction qu'il se sentait le plus apte à aider les Indiens à acquérir des connaissances qui leur permettraient de survivre au sein de la société nationale. Me parlant du caractère des Indiens, il me dit qu'il les croyait plus intelligents que les *caboclo*, les paysans brésiliens généralement métissés de l'Amazonie.

« Les Indiens comprennent bien plus vite et bien mieux que les *caboclo* nos équipements occidentaux. Et contrairement à eux, ils n'aiment pas qu'on leur donne des ordres; ils apprennent beaucoup mieux en observant et en suivant l'exemple qu'on leur donne. J'ai fait très attention de ne pas obliger les Indiens à changer de but en blanc; je les ai laissés m'observer en train de travailler et constater par eux-mêmes que ce que je faisais est parfois préférable à ce qu'ils font eux. Cela leur laisse la possibilité de m'imiter.

« Quand j'arrivai pour la première fois au village – il y a une dizaine d'années – je commençai par vivre dans une maison semblable aux leurs. Puis je construisis une nouvelle maison – toujours avec un toit de palmes – mais avec des murs en bois qui empêchaient les animaux et les insectes de pénétrer. Elle était donc plus confortable. Maintenant vous constaterez qu'environ la moitié des maisons du village sont construites de cette façon et l'autre moitié selon les règles traditionnelles. Mais ce sont les Indiens qui ont choisi. Un jour, ils auront peut-être besoin de maisons en dur, je suis donc en ce moment en train de construire une maison en briques pour servir d'atelier, près de la ferme. Mon évêque voulait que je fasse venir par avion du ciment afin de la construire avec des blocs de béton. Malheureusement, les Indiens n'ont pas de ciment; et il faudra un bon moment avant qu'ils puissent en acheter. J'apprends donc à faire des briques et ils apprennent avec moi. C'est quelque chose qu'ils n'oublieront plus.

« Il en va de même pour les ponts et les routes que nous construisons. Tout d'abord les Indiens ne s'y intéressent pas ou se montrent même méprisants. Ensuite, ils découvrent par eux-mêmes à quel point ces choses rendent la vie plus facile; ils se servent maintenant de mes outils pour fabriquer des objets pour eux. »

Ce prêtre d'une énergie sans limite et ouvert aux idées nouvelles me dit qu'il projetait d'installer une pompe hydraulique afin d'amener l'eau au village. Il avait aussi un projet plus ambitieux. Il voulait creuser un canal de cinq à six kilomètres de long qui permettrait la construction d'une petite centrale hydro-électrique. Cela profiterait directement aux Indiens en fournissant de la lumière au village et le dispensaire pourrait stériliser ses instruments. Toutes sortes d'améliorations suivraient.

A son avis, la plus grave menace qui planait sur le Parc Tumucumaque était le projet, dont on parlait beaucoup dans la presse, de développer le tourisme dans cette région. Il y était violemment opposé. Il fallait, disait-il, écraser cette idée dans l'œuf; c'était la pire des choses qui pût arriver aux Indiens.

« En ce moment, ils sont en bonne santé et font des progrès rapides. Si les touristes arrivent ici, tout ce qui a été fait sera réduit à néant. Les Indiens perdront leur fierté et leur confiance en eux-mêmes. Ils ne seront plus capables de se débrouiller tout seuls; ils deviendront des mendiants. »

Tout comme moi, il pensait que les Indiens devaient être protégés dans leur environnement naturel et préparés très lentement à l'intégration. Il fallait qu'ils atteignent un niveau de connaissances sur notre société qui leur permît d'entrer en compétition avec le reste de la population. C'était quelque chose qu'il fallait toujours avoir à l'esprit car ce savoir leur serait indispensable en toute occasion. Les frères Villas Boas, sur ce plan, n'allaient pas assez vite, disait-il. Ils risquaient ainsi de rendre un mauvais service aux Indiens en les sur-protégeant.

Bien que les deux hommes fussent très différents, beaucoup de ce que me disait ce prêtre me rappelait les conversations que j'avais eues avec Claudio Villas Boas. En tant qu'hommes d'action et philosophes, les deux hommes, en empruntant des chemins différents, arrivaient aux mêmes conclusions à propos du bien-être et des besoins des Indiens. Ils ne s'étaient jamais rencontrés; j'encourageai le Père Cyrille à rendre visite à Claudio au Xingu. Je crains bien que cette rencontre, durant laquelle j'aurais aimé être une mouche sur le mur, n'ait pas encore eu lieu.

Les rencontres et les conversations les plus importantes auxquelles je pris part eurent lieu avec les Indiens eux-mêmes. Bien souvent les choses n'étaient pas simples : notre langage commun était extrêmement limité, nous manquions de temps pour gagner leur confiance et leur sympathie, et ces réunions avaient lieu parfois sous l'œil soupçonneux ou apeuré d'un missionnaire ou d'un fonctionnaire de la FUNAI. Je finis par acquérir quelques talents fort utiles en la matière. Le plus important était de « sentir » l'atmosphère. Rester assis tranquillement, durant toute une journée, avec un groupe d'Indiens apparemment satisfaits

– tels que les Kamayura du Xingu –, observer les femmes et les enfants en train de jouer ou de travailler, voir arriver les hommes au moment où ils rentraient le soir de la chasse ou de la pêche, me rendait extrêmement sensible à des conditions qui n'étaient pas en définitive si parfaites. Je découvris aussi une évidence : les Indiens étaient bien plus conscients de leurs propres problèmes – en connaissaient les causes, les effets et les solutions possibles – que ne le pensaient la plupart des gens qui les entouraient. Je compris alors, et j'en reste aujourd'hui convaincu, qu'il est possible de trouver des solutions à presque tous les problèmes qui les assaillent. Mais ces solutions ne peuvent venir que des Indiens eux-mêmes. Ils ont surtout besoin de temps pour se remettre du choc brutal survenu au moment de leur rencontre avec la « civilisation », et des abus qui ont suivi. Ils ont aussi besoin de respect et d'être considérés comme des égaux pour qu'ils puissent retrouver confiance en eux et en leurs valeurs traditionnelles. Il faut aussi leur laisser des territoires suffisamment vastes afin que les survivants et surtout leurs descendants puissent y vivre. C'est peu de chose dans un pays aussi vaste que le Brésil. Pourtant la plupart des Brésiliens ne montrent aucun signe de changement dans leur attitude vis-à-vis des Indiens.

Nous avons aussi rencontré quelques fonctionnaires de la FUNAI respectables et honnêtes. Ils se plaignaient toujours que les vivres, le matériel et les fonds, y compris leur maigre salaire, leur parvenaient toujours avec des mois de retard. Ils étaient pleins de ressentiment envers les administrateurs de Brasilia qui ne quittaient jamais leur bureau, se croyaient supérieurs et n'avaient jamais aucun contact direct avec les Indiens. Les hommes de courage et de caractère prêts à se battre pour les Indiens étaient encore plus rares. L'un d'entre eux, Apoena Meirelles, eut un effet stimulant sur moi, bien que certaines de ses idées me parussent douteuses. Son père avait pacifié plusieurs ethnies, y compris un groupe Shavante. Son fils portait d'ailleurs le nom de leur chef. Apoena avait la responsabilité de l'importante délégation de la FUNAI pour le Rondônia. Il tentait à l'époque d'entrer en contact avec une grande ethnie : les Cinta Larga. Nous avons survolé avec lui leurs villages qui n'avaient pas encore été approchés. Ils se trouvaient aux confins d'un vaste Parc National mal défini, appelé « Aripuanã » qui avait été créé, lui aussi, durant les jours impétueux de 1968. Nous avons vu les Indiens debout devant leur immense maison collective faisant des signes de colère ou d'amitié – impossible de le savoir – en direction de notre appareil. Une expérience étrangement dérangeante.

Apoena était jeune et fier. Intrépide, violent dans ses paroles, il pouvait devenir l'instant d'après sauvage, ombrageux et renfermé. Il avait un lien profond avec les Indiens et il était évident qu'il avait un extraordinaire don pour communiquer avec eux et attirer leur sympathie. Au dire de tous, il était la seule personne en qui les Cinta Larga avaient confiance et avec qui ils acceptaient de traiter. Il était prêt d'ailleurs à se battre de toutes ses forces pour eux. Il avait de grands projets pour le Parc de l'Aripuanã. Il ne voulait nullement suivre le modèle du Xingu mais créer une unité économique où les Indiens, grâce à la richesse de leurs terres, pourraient entrer en compétition commerciale avec les colons du voisinage. Il espérait que, de cette manière, ils parviendraient à surmonter les aspects négatifs de ces nouveaux contacts avec le monde blanc et qu'ils pourraient passer graduellement, mais directement, de leur état traditionnel à une vie leur permettant de se suffire de nouveau à eux-mêmes.

Tout cela me semblait être un magnifique idéal. Mais je me sentis découragé lorsque je compris qu'il croyait que rien de la culture et de la manière de vivre des Indiens ne devrait ou ne pourrait être sauvé. Son objectif final était de les rendre aussi semblables à nous que possible. Nous discutâmes en détail les motifs de ceux qui, tout en désirant protéger les Indiens, voulaient les garder comme ils étaient. Il craignait comme la peste l'établissement de zoos humains et aussi que les Indiens ne fussent considérés que comme des objets d'étude. Il admirait cependant leur manière de vivre et se sentait en harmonie avec elle. Comme beaucoup de gens, il les considérait comme supérieurs à la population environnante dans bien des domaines. Il ne mâchait pas ses mots pour parler du manque d'idéalisme de la plupart des employés de la FUNAI. Il les traitait de « maquereaux des Indiens ». Il les accusait de considérer leur travail comme n'importe quel autre et de vivre en parasites sur le dos des Indiens au lieu d'avoir toujours à cœur leurs intérêts.

Après trois mois de voyage dans l'intérieur du Brésil, nous étions épuisés. Nous avions visité trente-trois ethnies et parlé à d'innombrables personnes. Chaque visite, toujours trop courte, était chargée de nouvelles impressions, d'incidents, de faits, de théories et d'idées. Avant même qu'une visite ne fût terminée, nous préparions la suivante. Nous n'avions ni le temps de nous reposer ni celui de penser ou de mettre en ordre le flot d'images confuses qui tourbillonnaient dans nos esprits.

Marika, qui avait fait de nombreuses photos pour des émissions éducatives sur la vie familiale des Indiens, prit l'avion pour New York en emportant avec elle nos rouleaux de pellicule pour les faire développer. Je fis à nouveau deux voyages en avion en direction des établissements indiens du Roraima depuis Boa Vista, la capitale de la région. Puis j'eus soudain l'envie irrépressible d'être seul pendant huit jours avant le prochain vol international qui m'arracherait au Brésil. C'est alors que je rencontrai un pilote connaissant un terrain plat qui permettait d'atterrir près du mont Roraima. Il se souvenait de cet endroit pour y avoir récemment déposé un groupe de Brésiliens qui projetaient d'escalader cette montagne. Il devait les reprendre dans quelques jours. Si j'étais de retour à temps, il me prendrait avec eux.

C'était une occasion qu'il ne fallait pas manquer. Non seulement j'allais avoir la possibilité d'escalader une montagne légendaire, mais aussi celle de me jeter dans une période d'intense activité physique qui me permettrait de me détendre l'esprit.

Le Roraima n'est pas une montagne particulièrement difficile. Seuls son isolement et les difficultés qu'on trouve à se rendre sur les lieux posent des problèmes. On l'a bien souvent escaladé mais toujours avec l'aide de porteurs indiens. Il n'était nullement dans mon intention de tenter seul l'escalade mais le pilote, qui m'avait déposé sur une zone plate à environ cinquante kilomètres de la montagne, avait brusquement découvert qu'il n'avait pas suffisamment de carburant pour aller jusqu'au village indien. C'était là que j'aurais pu trouver des hommes prêts à m'accompagner. Au lieu de retourner à Boa Vista, je parvins à convaincre le pilote que je ne serais pas immédiatement dévoré par les jaguars qui, à son avis, pullulaient dans la région. Il accepta de me laisser seul.

Lorsque le petit avion monomoteur eut décollé et pris la route du sud, après avoir cahoté sur le sol caillouteux et manqué de s'écraser sur le versant d'une colline, je m'assis un instant pour regarder le paysage. Une pente abrupte, couverte de verdure, se trouvait en face de moi. Elle se terminait par une falaise grise qui encerclait le sommet de la montagne. Une cascade en descendait tandis que des nuages en forme de panaches dérivaient vers l'ouest. Tout près, un petit torrent d'eau claire de quelques dizaines de centimètres de profondeur bondissait de rocher en rocher avant de disparaître dans les taillis. La vue était magnifique. Les bois mettaient en valeur les collines et les rivières qu'on apercevait au loin, comme s'ils avaient été dessinés par un architecte paysagiste.

A l'ouest pourtant, une masse de nuages fermait l'horizon. Derrière se trouvait la montagne qui avait donné son nom à toute cette région – quatre fois plus grande que la Suisse – le Roraima.

Pensant avoir des guides indiens pour porter mon matériel, j'étais encombré de bagages tels que hamacs et couvertures, que je voulais offrir à mes porteurs, et aussi d'un lourd fusil que j'avais emprunté à Boa Vista. Ne prenant avec moi que l'essentiel : machette, sac de couchage, lampe électrique, appareil de photo et aussi un régime de bananes, je cachai le reste soigneusement dans un fourré, sur une île au milieu de la rivière. Après avoir pataugé un certain temps, j'atteignis l'autre rive et commençai mon escalade.

Il y avait devant moi un sentier à peine marqué qui n'arrêtait pas de bifurquer et parfois disparaissait complètement. Un hémisphère de mon cerveau décidait alors de la direction à suivre tandis que l'autre permettait à mes pensées de vagabonder comme cela ne m'avait pas été permis depuis longtemps. Il fallait passer en revue tant de choses, se souvenir de tant de conversations, mettre en ordre tant de pensées. Cela avait été une période d'intense travail intellectuel.

Il m'était enfin permis de ne plus penser, de ne plus discuter et de ne plus faire de plans en portugais. Mes pas devinrent plus légers. Je marchais très vite dans cet endroit silencieux. Des insectes bourdonnaient autour de ma tête et les oiseaux piaillaient dans la forêt.

Il faisait chaud et le soleil écrasait le sol desséché. On se rendait compte qu'au-delà du bourdonnement des insectes et de l'agitation dans les fourrés régnait dans ce paysage un impressionnant silence; ce lieu parfaitement solitaire était un peu effrayant.

Une foule d'impressions me revinrent à la mémoire. Souvenir de ces gens à qui j'avais parlé, de ces gens qui avaient renforcé ma conviction que le problème de la survie des Indiens faisait partie de ceux pour lesquels il valait la peine de se battre; de ces gens qui parvinrent à me convaincre qu'en dépit de toutes les difficultés et différences d'opinion, il ne fallait pas perdre l'espoir. Souvenir aussi des Indiens silencieux, de leur bonheur et de leur désespoir, de la justesse de leur manière de vivre et de la dégradation qu'amenait le fait d'imposer brutalement nos idées et nos croyances. Je me souvins de l'étonnante paix que je ressentais en passant ne serait-ce que quelques heures dans leur univers. Là, chaque acte avait une signification et faisait partie d'un système parfaitement ordonné dans lequel régnait pourtant une complète liberté et où il était possible d'exprimer sa joie de vivre sans aucune honte.

Je pensais aussi aux hommes en colère, aux Brésiliens qui croyaient que la croissance économique de leur pays était la première des priorités, qui pensaient que les Européens, après avoir anéanti des milliers de cultures dans leurs colonies, n'avaient aucun droit de se mêler des affaires indigènes du Brésil, d'autant plus que cela, à leurs yeux, risquait d'entraver le développement du pays. Je songeais aussi au nombre effrayant de braves gens qui croyaient sincèrement que les Indiens étaient des êtres inférieurs, paresseux et dangereux, qu'on pouvait à la rigueur utiliser comme ouvriers agricoles mais qu'il aurait été de toute façon préférable d'éliminer.

Et puis il y avait les stimulantes conversations avec ceux qui, travaillant au bien-être des Indiens, m'avaient fait confiance. Ma visite, liée au fait que des gens de l'extérieur s'inquiétaient et voulaient apporter leur soutien, représentait un nouvel espoir pour la réussite de ce qu'ils avaient entrepris. « Apportez-nous votre aide dans notre combat pour les Indiens. Il faut que le monde sache ce qui est le meilleur pour eux. Aidez-nous à empêcher l'élimination de la surface de la terre de ces peuples que nous aimons. Aidez-les à se battre pour leur survie. Mais par-dessus tout, aidez-nous grâce au poids de votre voix à informer le monde afin qu'il s'intéresse à eux. »

C'était ces conversations qui finalement m'inquiétaient le plus car les requêtes qui y étaient formulées me faisaient prendre conscience de ma solitude. J'avais maintenant la responsabilité

Notre premier objectif fut de réunir des fonds qui nous permettent d'attirer l'attention de l'opinion sur le destin des peuples auxquels nous souhaitions apporter notre soutien, et de mettre en place sur le terrain des programmes d'assistance... Créé en 1969, Survival International a obtenu rapidement le soutien de nombreuses personnalités éminentes, mais la collecte des moyens financiers nécessaires à notre action constitue toujours un de nos problèmes majeurs.

SURVIVAL
INTERNATIONAL
(FRANCE)
Association (loi de 1901) pour le droit à la survie et à l'autodétermination des ethnies minoritaires dans le monde. 28, rue Saint-Guillaume, 75007 Paris.

What do Glenda Jackson, Professor Claude Levi-Strauss, Spike Milligan, Laurens van der Post and Julie Christie have in common?

SURVIVAL INTERNATIONAL

Je décidais de parcourir l'Indonésie, un pays comparable au Brésil par sa taille et sa population, à ceci près qu'un demi-million de personnes y sont officiellement recensées comme « isolées ». Au cours des années 1973 et 1977, j'entrepris un voyage auprès de très nombreuses ethnies isolées, qui me conduisit dans les endroits les plus reculés des 13 000 îles qui constituent le territoire indonésien.

Le fait d'abattre un animal constituait un événement d'une certaine gravité avant lequel des esprits appropriés devaient être conciliés selon qu'il s'agissait d'une espèce sauvage à chasser ou d'une espèce domestique à sacrifier... Le mode de vie des 16 000 membres de l'ethnie mentawai, habitants de l'île de Siberut, se trouvait menacé par le défrichage de leur territoire et les prohibitions obtuses des fonctionnaires gouvernementaux et des missionnaires.

Les 60 000 Dani de la vallée du Baliem en Nouvelle-Guinée indonésienne ont à faire face à un terrible choc culturel dans lequel leur économie de l'âge de pierre se voit bouleversée par la technologie et les biens de la société industrielle.

C'est bien de posséder de l'argent, dirent-ils, mais vivre sa vie ici, c'est mieux. Les Indiens choco du Panama, chez lesquels je me suis rendu en 1972, se contraignent souvent à envoyer leurs jeunes gens travailler dans le monde blanc, mais ceux-ci reviennent le plus rapidement possible vers leur territoire et leur mode de vie traditionnels. *(Photo Robert Harding Picture Library.)*

La troisième, une jolie et timide adolescente, nous le devinâmes tout de suite, serait destinée à Harmodio (ci-dessus), un de ses amis choco qui m'accompagna dans mon périple à travers l'isthme de Darien.

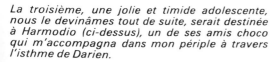

Je me vis confier par la Société royale de geographie la direction de la plus grande expédition scientifique jamais réalisée, une étude multidisciplinaire de la forêt tropicale de Bornéo.

Le camp de base fut édifié sur le modèle d'une « longue maison » traditionnelle. Après deux ou trois semaines en forêt, les scientifiques pouvaient s'y détendre et trouver un peu de confort avant de repartir. Dans les profondeurs de la forêt tropicale de Bornéo, en bordure d'un nouveau parc national encore largement inexploré, le camp de base de l'expédition Mulu abritait les 140 chercheurs de l'expédition qui s'y relayèrent en 1977 et 1978.

Marika et nos enfants, Lucy, 17 ans, et Ruppert, 7 ans, me rejoignirent pour deux mois tout au début de l'expédition. Ci-contre, en famille à bord d'un canot automobile à turbine de l'expédition Mulu permettant de se propulser à grande vitesse au-dessus des quatorze rapides qui protègent le parc national de toute incursion venant du monde extérieur.

Harry Vallack, un accompagnateur berawan et moi-même campons sur les hauteurs du Gunung Api, montagne qui n'avait jamais été gravie. *(Photo Robert Harding Picture Library.)*

Un jour, un homme athlétique portant une sarbacane ainsi qu'un carquois de bambou fixé à son pagne d'écorce — son seul vêtement — pénétra d'un pas décidé dans la clairière située entre la rivière et notre « longue maison » et vint me serrer la main. Nyapun, un membre de l'ethnie nomade des Penan, devint l'un de mes meilleurs amis et m'emmena visiter sa famille au plus profond de la forêt.

Pour les yanomami, qui y vivent depuis les temps les plus reculés, la forêt tropicale est capable de satisfaire tous leurs besoins et périodiquement les gratifie de surplus de nourriture qui sont consommés lors de fêtes destinées à raffermir ou créer des liens d'alliance avec les villages voisins. Une femme yanomami, membre du groupe dans lequel je vécus durant deux mois en 1981, fait ici figure de symbole du bien-être et de l'harmonie qui peuvent être atteints dans la forêt tropicale. (Ph. Victor Englebert - Lifc.)

Bruce Albert en vint à représenter pour moi l'anthropologue idéal. Grace à lui je dispose maintenant d'un point de repère pour évaluer tout travail de terrain. L'anthropologue français Bruce Albert et le photographe colombien Victor Englebert dans le yano yanomami de la rivière Toototobi.

Les images de ce village Cinta Larga et de
ce *yano* yanomami, sans contact aucun
avec le monde blanc, dissimulés dans
la forêt tropicale brésilienne, produisent
un contraste poignant lorsqu'elles sont
mises en regard de la misère qui règne
dans les villages des Indiens karaja
« intégrés » de l'île fluviale de Bananal ou
de la détresse de ceux qui mendient le
long des routes transamazoniennes.
*(Photos : Survival International; Victor
Englebert.)*

*(Les photos non signées relèvent de la collection
de l'auteur.)*

des suites qui allaient être ou ne pas être données à ces appels. Elle était lourde à porter. Mais en acceptant cette mission qui était en train de s'achever, je m'étais chargé d'une lutte qui ne me quitterait pas tant qu'il y aurait des Indiens au Brésil et des gens cherchant à les sauver de l'extermination culturelle et physique. En ne faisant rien, ou trop peu, je manquerais à mon devoir. Si je me trompais dans mes actes ou dans mes paroles, je risquais de faire plus de mal que de bien. Je ne me sentais pas capable de m'attaquer seul à une telle tâche, mais puisque j'avais accepté de réaliser ce voyage, je me sentais maintenant obligé d'endosser toutes les responsabilités qui en découlaient.

Cette sorte de pensées et d'impressions ne cessait de m'assaillir tandis que je poursuivais mon escalade. D'une certaine manière, elle me ramenait vers l'immensité de la forêt tropicale qui s'étendait au-dessous de moi en direction du sud sur plus de trois mille kilomètres.

Vers le soir, j'atteignis une épaisse bande de forêt qui indiquait, sans doute possible, la présence d'une des rivières que j'avais à traverser. Je cherchai un emplacement relativement plat; je tailladai le terrain sablonneux avec mon couteau pour le rendre plus meuble; j'y étendis ma pèlerine et, après avoir mangé deux bananes, je m'allongeai pour dormir. Je n'avais pas besoin de ma lampe électrique – qui d'ailleurs aurait révélé ma présence – car la pleine lune n'était voilée que par de légers nuages. J'apercevais la ligne des collines de l'autre côté de la vallée. Au cours de la nuit, je n'entendis que le feulement rauque d'un jaguar et quelques gouttes de pluie sur les feuilles. Comme les premiers rayons du soleil commençaient à me réchauffer, je me pressai d'atteindre la rivière car cela faisait plus de treize heures que je n'avais pas bu une goutte d'eau. J'en étais encore séparé par une pente abrupte couverte d'une épaisse végétation. Sur l'autre rive, la forêt vierge paraissait impénétrable.

Cette rivière marquait sans doute la frontière avec le Venezuela, à moins que je ne l'aie déjà franchie un peu plus tôt. Étant donné sa taille, il s'agissait très certainement de l'Arabopo qui est une des sources de la rivière Caroni qui, à son tour, se jette dans l'Orénoque peu avant qu'il n'atteigne la mer des Antilles. Dans le mont Roraima se trouve aussi la source du Rio Cotingo, rivière brésilienne qui se jette dans le Rio Branco, affluent du Rio Negro donc, en fin de compte, de l'Amazone. On trouve, sur le versant appartenant à la Guyana, le Mazaruni qui se jette dans l'Essequibo près de Georgetown. Le passage pour atteindre le sommet du Roraima se trouve sur le versant vénézuélien. Donc bien que trois pays – Brésil, Venezuela et Guyana – aient une frontière au sommet de cette montagne, il faut nécessairement passer par le Venezuela pour l'atteindre. Je supposais que les patrouilles de gardes frontières ne devaient pas pulluler dans la région; je l'espérais d'autant plus que je n'avais pas de visa vénézuélien. Je n'aurais certes pas aimé être arrêté et conduit à la ville la plus proche qui se trouvait à plusieurs jours de marche. Cela m'aurait empêché d'arriver à temps pour reprendre l'avion en direction de Boa Vista.

Finalement, je trouvai une piste qui me permit, tant bien que mal, d'atteindre le bord de la rivière. Je la traversai en marchant et l'eau, par endroits, ne m'arrivait qu'à la taille. Puis je déposai mes affaires sur la rive, me déshabillai et me mis à nager avec ravissement dans cette eau fraîche, limpide, au courant rapide. A cette heure matinale, il y avait peu d'insectes et de moustiques. En amont, j'apercevais un léger brouillard à l'endroit où quelques rochers plats retenaient l'eau dans une sorte de piscine naturelle. Devant moi s'étendait la forêt sombre et impénétrable. Dans ses profondeurs un araponga lançait son appel monotone. On aurait dit que quelque chose frappait la partie métallique d'une hache. Cette paix et cette solitude m'attiraient : j'aurais bien passé la journée ici pour éviter le long parcours qui m'attendait.

Suivre la piste dans ce sous-bois touffu n'était pas chose facile. Je me trompai à plusieurs reprises mais finalement je retrouvai la lumière du soleil et aperçus en face de moi le sentier qui serpentait le long de la corniche. C'était maintenant un jeu d'enfant de le suivre. Le Roraima se rapprochait à chaque pas et, bien qu'il me fût impossible de voir si la corniche allait jusqu'au sommet, je commençais à croire que je pourrais arriver en haut avant la tombée de la nuit.

Finalement le passage vers le sommet devint évident. Une ligne floue de végétation, visible une fois que j'eus atteint le bon côté de la montagne, coupait la falaise en diagonale. En me rapprochant, je vis que des ruisseaux descendaient de la falaise. Cachés un instant, au moment où ils passaient la ligne de verdure, ils reprenaient ensuite leur chute presque verticale en direction de la vallée.

Seuls les derniers cinq cents mètres, avant d'atteindre la falaise, étaient couverts d'une abondante végétation. La pente devenait extrêmement abrupte. Je m'enfonçai dans le sous-bois en suivant la piste qui était maintenant parfaitement tracée. J'étais heureux de ne pas avoir à ouvrir mon chemin. L'eau qui ruisselait de la montagne en formant des nappes de brouillard avait provoqué l'apparition d'une bande de forêt tropicale. Tout était détrempé et la végétation luxuriante. Des lichens pendaient des arbres tordus et le sol était boueux.

Mes jambes n'en pouvaient plus de marcher. Il ne suffisait plus maintenant pour avancer de mettre un pied devant l'autre. Il s'agissait d'une véritable escalade. Je fus tenté de m'arrêter et de remettre l'ascension au lendemain. Je craignais toutefois de m'ankyloser et de ne plus en être capable. D'ailleurs le sommet, juste au-dessus de moi, paraissait extrêmement proche. De plus l'expédition brésilienne déposée par mon pilote se trouvait un peu plus haut. J'étais impatient d'entrer en contact avec ses membres et d'avaler le bon repas qu'ils devaient sûrement avoir préparé! Mon régime de bananes s'était transformé depuis longtemps en une bouillie infâme. L'idée d'un vrai dîner me redonna courage.

De loin, la corniche paraissait monter régulièrement. En réalité, la piste escaladait la falaise en un trajet de montagnes russes. Il me fallait beaucoup de temps pour me hisser sur les pentes en m'accrochant aux broussailles et aux racines des arbres, avant de me laisser glisser dans la boue de l'autre versant. Je fus rapidement trempé de la tête aux pieds et dans un état de saleté indescriptible. J'avais aussi de plus en plus soif. Je me souviens à un moment m'être couché sur le ventre dans la boue pour boire à une source limpide qui jaillissait de la falaise. Alors que j'étais à mi-chemin du sommet, un immense rideau gris se mit à glisser sur le côté de la montagne, apportant avec lui de la pluie. Le ciel, le paysage, les falaises au-dessus et en dessous de moi disparurent. Ce brouillard et la minuscule bande de végétation qui se trouvait entre moi et le bord me firent oublier que l'à-pic à ma gauche était de plus en plus profond. De temps à autre, une pluie drue semblait se mettre à tomber sur quelques mètres avant de cesser brusquement. Il me fallut un certain temps avant de me rendre compte que j'étais en train de passer sous de petites cascades.

Lorsque j'atteignis le sommet, mes jambes me faisaient horriblement souffrir et la nuit commençait à tomber. Alors qu'à quatre pattes j'escaladais tant bien que mal les derniers rochers totalement dépourvus de végétation, deux formes lugubres émergèrent du brouillard. C'étaient les crânes intacts – ils avaient même encore leurs cornes – de deux des bœufs que le maréchal Rondon, alors général, avait fait amener dans la montagne pour nourrir ses hommes dans les années trente, au cours de sa mission d'inspection de la frontière. En dessous, des signes avaient été peints sur les rochers. Tout de suite après, le terrain devenait plat.

C'était la fin de l'après-midi et j'étais épuisé. Mes pieds douloureux étaient couverts d'ampoules. J'avais mal de bas en haut de la colonne vertébrale et des crampes tordaient mes mollets.

Je n'avais pas pensé au brouillard. A vrai dire il s'agissait plutôt d'un nuage qui enveloppait le sommet de la montagne et détrempait absolument tout sur son passage. Son humidité parvint, en imprégnant mes vêtements, à mouiller les quelques endroits de mon corps restés miraculeusement secs durant l'ascension. En même temps que le brouillard et l'obscurité, un froid humide tomba sur la montagne. Le rocher sur lequel j'étais assis était glacé au point que je me mis à frissonner. Autour de moi se dressaient les ombres de grotesques monticules et seuls, de temps à autre, quelques affleurements rocheux parvenaient à émerger du brouillard.

Je grimpai sur le point le plus élevé que je pus trouver et me mis à crier « Ohé! Ohé! Ohé! ». Je fis ensuite des tyroliennes en direction des quatre points cardinaux, aussi longues que le supportaient mes poumons. Rien, sinon le léger sifflement du vent sur les rochers, ne me répondait. En descendant de mon promontoire, je glissai et fis une chute de quelques mètres qui se termina dans une flaque. Je pestai contre mes douleurs sans gravité et tremblai rétrospectivement à l'idée d'une fracture au beau milieu d'un telle désolation.

J'avançais à tâtons dans un paysage lunaire, fantomatique, hérissé de rochers éclatés. Des falaises lisses dont je ne voyais pas le sommet m'obligèrent à changer de direction. Il y avait des flaques d'eau partout et il m'était impossible d'en évaluer la profondeur. Mon sac de couchage, trempé comme le reste, était probablement encore sec à l'intérieur. Il me vint à l'esprit de me glisser dedans et de passer la nuit dehors. Mais comment faire pour me sécher un peu? Et où me mettre alors que tout autour de moi n'était que boue, eau et rochers glissants?

Il n'y avait pas de grotte et je ne pouvais apercevoir aucune roche en surplomb. J'eus un moment d'espoir en découvrant un curieux rocher en équilibre qui ressemblait à un immense champignon. J'en escaladai difficilement l'un des côtés pour constater qu'il n'y avait aucun endroit plat et sec.

Avant d'atteindre le sommet, j'avais vu des traces de pas dans la boue qui devaient forcément appartenir aux membres de l'expédition brésilienne. Elles avaient évidemment disparu sur les rochers nus du plateau. Avec peu d'espoir de succès, je revins en arrière en direction de l'endroit où je les avais vues pour la dernière fois. J'essayai alors de les pister. Je ne pouvais plus maintenant les voir qu'à l'aide de ma petite torche dont les piles étaient déjà bien usées. Pendant une cinquantaine de mètres il n'y eut aucune trace sur le rocher nu. J'arrivai alors à un étroit canal plein de boue. Courbé en deux, j'éclairai le sol avec ma lampe électrique et l'examinai avec soin. Je découvris une légère empreinte dans la boue, comme si un bâton avait été traîné à cet endroit. Cela m'indiqua la direction à suivre et me conduisit à un emplacement où un petit cactus avait été écrasé. Au bout d'une centaine de mètres, je découvrais une empreinte clairement marquée. Puisque ce n'était pas une des miennes, j'étais sur la bonne voie, sauf si j'avais suivi la piste d'un des membres de l'expédition qui aurait décidé de se rendre à l'autre bout du plateau, distant d'une quinzaine de kilomètres.

Pendant une heure j'avançai en tâtonnant pour trouver d'autres empreintes, revenant sur mes pas lorsque j'avais l'impression de m'être trompé. Jamais, je crois, aucun Indien n'a pisté quelqu'un avec plus d'attention que je n'en montrai ce jour-là. J'étais convaincu que ma vie dépendait de ma réussite. Trempé, grelottant de froid, au bord de l'épuisement, il était clair que les douze heures de pluie qui m'attendaient avant le lever du jour n'étaient pas une perspective bien engageante. Toutes les créatures visqueuses de la création ne se jetteraient-elles pas sur moi si je m'allongeais? De plus, n'étant pas loin du bord du ravin, je pouvais basculer et faire une chute d'un millier de mètres de long de la falaise. La peur me tint éveillé.

Je devais avoir rampé environ un kilomètre avant que je ne pense à appeler de nouveau. Cette fois on me répondit. Quelques minutes plus tard, j'aperçus la lumière d'une torche. L'Indien qui la tenait me regarda comme s'il voyait un fantôme ou un des esprits qui passent pour hanter le sommet du Roraima. Quand je l'eus rassuré, il se mit à rire, à pousser de petits cris et à secouer la tête. Il me conduisit enfin vers l'endroit où se trouvait l'expédition.

Les hommes s'étaient mis à l'abri dans une petite grotte peu profonde, formée par une falaise en surplomb. Sur le feu cuisait un ragoût dont l'odeur fut plus agréable à mes narines que tous les parfums d'Arabie.

Les formes sombres assises près du feu se levèrent à mon approche. J'hésitai un instant. Brusquement la compagnie des humains me rendait timide et je me demandai si je serais le bienvenu. Ils me regardèrent avec étonnement et nous nous mîmes à parler tous en même temps.

Pour eux il était évident que je ne pouvais être là. Ils se savaient seuls sur le plateau et étaient convaincus qu'il n'y avait personne dans la région, même en bas de montagne, à des kilomètres à la ronde; de plus la nuit était tombée depuis une heure. Mais d'où pouvait donc arriver cet Anglais qui sortait du brouillard?

Il était matériellement impossible que je fusse là. Néanmoins ils m'accueillirent chaleureusement et me mirent dans les mains un gobelet de chocolat chaud. Je leur dis alors d'où je venais et comment je les avais trouvés.

« Mais où sont vos compagnons? »

Il me fallut un certain temps pour les convaincre que j'étais seul et que je l'avais toujours été depuis le début de l'escalade. C'est ce qui les étonna le plus avec le fait que j'eusse passé la nuit tout seul dehors. Pour la plupart des Brésiliens, c'est en général quelque chose qu'il faut éviter à tout prix.

C'étaient de rudes gaillards à qui je serrais maintenant les mains. Pas rasés, ils étaient enveloppés dans des couvertures pour se protéger du froid. Byron, un homme d'aspect farouche, à la moustache tombante, portait des vêtements qui lui donnaient l'allure d'un bandit mexicain. Il était avocat à Boa Vista. Jaime, un *garimpeiro,* un prospecteur, avait passé la plus grande partie de ces vingt dernières années à chercher des diamants dans les affluents de l'Orénoque, de l'Essequibo et de l'Amazone. Il était obsédé par les diamants. Il m'entreprit presque immédiatement

172

pour me dire qu'il avait toutes les chances d'en trouver sur le Roraima. Il portait le haut d'une combinaison de plongée, ce qui, en cet endroit, ne manqua pas de surprendre. Il me dit alors qu'il passait beaucoup de temps au fond des eaux boueuses, relié à un équipement respiratoire de fortune, pour y ramasser des pierres. Le troisième membre de l'équipe s'appelait Raoul. Ce géologue attaché au gouvernement, bâti en athète, donnait l'impression qu'il allait s'endormir à tout moment.

A les voir tous et à l'idée de la nourriture qui m'attendait, j'étais de nouveau rempli d'énergie. J'enlevai mes habits trempés et couverts de boue, et m'essuyai avec une serviette sèche. Comme je n'avais pas de vêtements de rechange, je m'enfonçai comme j'étais dans mon sac de couchage et m'allongeai aussi près que possible du feu. Je bus et mangeai à satiété – ils avaient même du vin avec eux – puis m'étendis sur quelques dizaines de centimètres carrés de sol sec sous le rocher en surplomb qui était, en fait, la seule protection contre les intempéries. Tous les autres grimpèrent un peu plus haut où il y avait, me dirent-ils, un renfoncement plus profond. Mais j'étais tout à fait à mon aise ici, près du feu, avec les Indiens.

Je dormis peu, me tournant et me retournant dans mon sac de couchage, essayant de trouver sur ce sol particulièrement dur une position dans laquelle mon corps ne me ferait pas souffrir. Il faisait terriblement froid et, à plusieurs reprises, j'eus des crampes dans les jambes et aux pieds. Mais le bonheur et le soulagement d'être enfin en sécurité rejetaient ces petites misères au second plan. J'étais au sec et à l'abri. Dehors la pluie tombait avec violence et le vent, en hurlant, faisait tourbillonner des nappes de brouillard autour de nous. C'était une nuit affreuse et j'étais bien content d'être au sec.

Le froid m'éveilla avant l'aube. Curieusement, on avait l'impression qu'il gelait. La pluie avait cessé et les nuages, moins épais, laissaient passer quelques rayons de soleil matinal qui atteignaient la falaise au-dessus de la grotte. Une centaine de mètres plus bas, il y avait une nappe d'eau claire et profonde dont le fond était recouvert d'étincelants cristaux blancs.

Comme j'étais toujours couvert de boue, à la suite de mon équipée de la veille, je me dirigeai en titubant vers l'eau, me débarrassai de ma serviette et, rassemblant mon courage, je me jetai dans l'eau glacée. Ce n'était pas aussi terrible que je l'avais imaginé car la température de l'air était plus basse que celle de l'eau. J'avais emmené du savon avec moi et je commençai à me laver et à me frictionner à grande eau. En levant la tête j'aperçus mes amis brésiliens qui se dégageaient de leurs couvertures pour regarder dans ma direction. A leur air réprobateur, je compris qu'ils voyaient là une autre manifestation du dérangement mental de l'Anglais qu'ils avaient accueilli.

Après cette toilette et cette baignade, je me sentis de nouveau en pleine forme. Quand je découvris, en arrivant à la grotte, que mes compagnons avaient préparé du porridge pour le petit déjeuner, mon exaltation ne connut plus de borne.

Nous empruntâmes différentes directions pour explorer le sommet. Je me dirigeai vers l'ouest avec l'intention d'escalader un rocher qui surplombait le vide au-dessus du vert sombre de la forêt de la vallée. Je m'assis et regardai en direction du Kukenaam – le frère jumeau du Roraima – le cache-cache accéléré des nuages.

Pour la première fois depuis le début de mon escalade, je pouvais me détendre. Les impressions et les idées encore confuses que j'avais mémorisées au cours de ces trois derniers mois recommençaient à prendre forme. Quelque part au fond de mon cerveau, des constructions aux contours fragiles commençaient à se dessiner. Mais si je tentais de les synthétiser trop rapidement, tout redevenait confus. A ce stade, mettre par écrit en quelques mots les « problèmes des Indiens du Brésil » et tenter de formuler les solutions ne m'eût conduit qu'à rendre les choses encore plus obscures.

L'Indien ne désire pas accumuler des richesses ou un pouvoir plus grand que celui de son voisin. Il est satisfait s'il y a du gibier dans la forêt, des poissons dans la rivière et des récoltes abondantes dans ses jardins. Cultiver toujours plus de terres ou tuer toujours plus de gibier pour en faire commerce afin de s'enrichir ou d'enrichir la communauté à laquelle il appartient ne l'intéresse pas. Il ne désire pas non plus laisser un héritage matériel à ses enfants. Les ressources naturelles du territoire sur lequel il vit constituent une richesse collective immémoriale qui lui suffit. Tout ce qui touche la terre est donc fondamental pour résoudre le problème indien. Si nous lui laissons sa terre – c'est-à-dire des réserves territoriales dans lesquelles il se sente en sécurité – il n'y a aucune raison de précipiter les choses. Les soins médicaux sont ses seuls besoins immédiats. En revanche, si nous lui enlevons sa terre, nous devons en même temps changer de fond en comble son comportement et lui inculquer l'avidité matérialiste et les ambitions individualistes qui prévalent dans notre société. Pouvons-nous honnêtement penser dans ces conditions que ce que nous avons à lui offrir est mieux que ce qu'il a déjà?

Au cours de ce voyage par les Indiens du Brésil, j'ai découvert que des jugements inconsidérés à leur encontre sont aussi dangereux que l'indifférence. La vision de mendiants alcooliques, désespérés et hébétés, plongés dans une misère noire et ayant terriblement besoin d'aide, contraste avec l'image romantique d'êtres humains fiers et indépendants – nobles sauvages! Une seule chose est certaine, ce sont des hommes et les menaces qui pèsent sur eux, l'exploitation outrancière qu'ils subissent ne signifient pas leur condamnation inéluctable. Si on leur en laisse la plus élémentaire possibilité – s'ils ont des territoires et des vaccins – ils seront à même de résoudre leurs problèmes eux-mêmes.

7.

Pourquoi
ne pas venir vivre avec nous?

> *... il faut quand même espérer que... nous*
> *pourrons un jour donner comme exemple un*
> *peuple primitif qui n'aura pas été réduit*
> *au désespoir et, finalement, exterminé en*
> *entrant en contact avec la civilisation euro-*
> *péenne.*
>
> ALFRED RUSSEL WALLACE,
> « Archipel Malais », 1869.

Après la publication de mon rapport par Survival International et de nos livres, celui de Marika et le mien, une troisième
mission fut envoyée au Brésil. Ce fut celle de l'Aborigines
Protection Society avec John Hemming et Francis Huxley. Leurs
observations corroboraient les miennes. Et même si certaines
personnes appartenant au gouvernement brésilien tentèrent de
nous discréditer en proclamant au monde entier que tout ce qui
devait être fait l'avait été, je sais que nos critiques et suggestions
donnèrent du poids à ceux qui, à l'intérieur du Brésil, essayaient
de mettre sur pied une politique humaniste pour traiter la
question indienne. Aujourd'hui, douze ans après, il y a toujours
des Indiens au Brésil. On a même constaté une augmentation de la
population de nombreux groupes. Si force est de constater que les
sombres prévisions de la dernière décennie ne se sont pas réalisées,
c'est en grande partie grâce à nos efforts.

La situation globale continue cependant de se détériorer. Les
projets de développement, les constructions de routes et le
déboisement s'intensifient. Les ethnies amérindiennes sont en

permanence à la merci d'épidémies, d'attaques de la part des colons ou de déplacements forcés imposés par le gouvernement.

Il m'apparut alors qu'il fallait élargir notre vision du problème et placer le débat à l'échelon international si l'on voulait que les choses changent réellement pour ces populations. Si l'on parvenait à montrer que ces problèmes n'appartenaient pas seulement à l'Amérique du Sud, qu'ils existaient aussi dans beaucoup d'autres pays de par le monde, avec le même cortège de succès et d'échecs, il serait peut-être possible alors de changer à temps certaines attitudes négatives ct de progresser pour résoudre ce que j'ai bien trop souvent au Brésil entendu appeler « le problème indigène ». Je décidai par conséquent de parcourir l'Indonésie, un pays comparable au Brésil par sa taille et sa population, à ceci près que cette fois c'est un demi-million de personnes qui y sont officiellement classées comme « isolées », c'est-à-dire presque trois fois le nombre des Indiens du Brésil.

Le nom de notre organisme, devenu Survival International, n'était pas le seul problème de vocabulaire qui nous préoccupait. Depuis le début, nous nous sommes posé la question de savoir comment désigner de façon claire et concise les gens qu'essaye d'aider Survival International. Lorsqu'il s'agit de l'Amérique, les choses sont relativement faciles. Les autochtones ont toujours été appelés – à tort, je le reconnais – Indiens depuis l'époque de Christophe Colomb. Il est vrai que quelques nations indiennes parmi les plus combatives d'Amérique du Nord rejettent jusqu'à cette dénomination, ce qui est leur droit le plus absolu. Mais en général le public sait de qui il s'agit lorsqu'on parle d'Indiens.

Cependant, bien que tout ait commencé avec les Indiens du Brésil, Survival International n'a jamais pensé à confiner son action à la seule Amérique du Sud. Exactement comme Amnesty International s'inquiète des droits des prisonniers politiques partout dans le monde sans discrimination de croyance, de couleur, sans se préoccuper de l'appartenance politique des gouvernements qui violent ces droits, Survival International souhaiterait parvenir à représenter les intérêts de toutes les minorités indigènes opprimées quel que soit leur pays et quelles que soient les formes d'exploitation qu'elles subissent. Malheureusement, « minorité indigène » est une expression non seulement assez disgracieuse mais c'est aussi un terme trop général pour désigner les petits groupes ethniques menacés d'extinction culturelle ou physique qui font l'objet principal de l'action de Survival International. Ce sont pourtant eux qu'il faut aider en priorité. « Primitif » a une connotation péjorative. « Groupe tribal » ne recouvre pas du tout la même chose en Afrique et en Amérique du Sud. « Isolé » est un mot utile mais qui est loin d'être toujours juste, etc. Ces problèmes de vocabulaire sont assez inextricables. Nous avons généralement opté pour l'expression « ethnie minoritaire », mais c'est bien loin d'être tout à fait satisfaisant.

En dehors de la superficie et de l'importance de la population, il y a une autre similarité significative entre le Brésil et l'Indonésie. Dans ces deux pays, des régions côtières surpeuplées contrastent avec de vastes étendues presque désertes à l'intérieur des terres. Les gouvernements, dans les deux cas, font des efforts considérables pour inciter la population à coloniser ces terres lointaines. Avec l'amélioration des voies de communication et l'explosion démographique, cela signifie que les indigènes, naguère isolés et relativement à l'abri, se trouvent aujourd'hui brusquement soumis à des influences extérieures d'une intensité sans précédent.

Il y a pourtant entre les deux pays une différence cruciale dont je commençais à m'apercevoir. Alors qu'au Brésil on se préoccupe depuis longtemps, aussi bien à l'intérieur qu'à l'extérieur du pays, des dangers que ces changements représentent pour le mode de vie et, à vrai dire, pour la survie même des populations autochtones touchées, en Indonésie le problème semble totalement nouveau. On commence seulement à en découvrir la complexité et la plupart des gens paraissent n'en avoir aucune conscience. Bien sûr, il serait difficile de prétendre qu'au Brésil ces préoccupations ainsi que celles qui relèvent de la protection écologique (préservation de la vie sauvage et exploitation à court terme des ressources naturelles) ont influencé largement la politique nationale. J'ai presque toujours constaté cependant que ce n'était pas la première fois qu'on considérait le problème. Les gens, dans une certaine mesure, en avaient au moins conscience. En revanche, en Indonésie, sans doute parce que le pays a été pendant si longtemps coupé du reste du monde, c'était loin d'être le cas. Les idées concernant le développement et l'avenir du pays prennent en considération ses aspects politiques, militaires et financiers sans aucune considération d'ordre scientifique ou humanitaire.

Il existe une autre différence importante entre le Brésil et l'Indonésie, de mon point de vue en tout cas, étant donné l'intérêt particulier que je porte à ces pays; tandis qu'au Brésil les Indiens sont assez facilement identifiés par rapport à la communauté nationale, en Indonésie il est beaucoup plus difficile de tracer une ligne nette entre populations indigènes et populations qui, malgré leur culture matérielle sophistiquée, restent relativement isolées et sont généralement considérées comme culturellement « différentes ». Les Indiens du Brésil forment une petite communauté autochtone encerclée, menacée et gouvernée par une société d'immigrants plus puissants, originaires d'Europe, d'Afrique, du Japon et d'ailleurs, qui, après avoir colonisé le pays, le considèrent comme le leur. Si, depuis toujours, le métissage a été important – aussi bien entre colons d'origine différente qu'entre colons et Indiens – les ethnies indiennes subsistantes constituent une partie de la communauté nationale qui de toute évidence est différente des autres. Les efforts obstinés pour changer cet état de chose et assimiler les Indiens ont été une des causes principales des problèmes que j'avais constatés.

Le problème en Indonésie n'était pas aussi clairement défini. Il y avait de nombreux petits groupes de nomades, vivant dans la jungle à l'intérieur de quelques îles, dont la situation générale pouvait être comparée avec celle de certaines ethnies indiennes isolées d'Amérique du Sud; il y avait les nombreux et vigoureux peuples autochtones de la Nouvelle-Guinée indonésienne physiquement et culturellement fort différents des Indonésiens qui les gouvernent; il y avait aussi beaucoup d'autres ethnies nettement distinctes, partout dans l'archipel, qui avaient des origines biologiques semblables à celles des Javanais par exemple, mais dont la culture et les formes de société avaient évolué dans des directions extrêmement différentes. De plus, le gouvernement indonésien avait toujours été orgueilleusement nationaliste et, depuis le départ des Hollandais, les recherches s'appuyant sur les sciences sociales de l'Occident, considérées comme suspectes, avaient été réduites pratiquement à rien.

Une fois de plus, nous décidâmes, Marika et moi, de voyager ensemble. Nous avions l'un et l'autre reçu des commandes pour

180

écrire des livres sur nos expériences. Pendant un an, nous nous mîmes à la recherche de documentation (extrêmement pauvre) sur les ethnies isolées d'Indonésie. Je suivis ensuite un cours intensif d'indonésien bahasa et commençai à prendre des contacts avec des gens qui pouvaient être intéressés par notre projet ou nous aider à le mettre sur pied. Les résultats furent prometteurs : nous pûmes planifier un itinéraire parmi les îles qui nous donnerait une utile vue d'ensemble de la situation. Comme toujours, les gens d'expérience pensaient que nous étions téméraires. Ils nous avertirent que les voyages qui n'empruntaient pas les routes touristiques habituelles étaient presque impossibles en Indonésie. Ils nous conseillèrent vivement de nous confiner à Bali. Tout cela nous rappelait le Brésil et, une fois de plus, nous décidâmes de montrer qu'ils se trompaient.

Je ne suis jamais très heureux dans les villes. Aussi nous ne passâmes qu'un minimum de temps à Djakarta pour obtenir les quelques autorisations indispensables. Marika en fut désappointée car elle se réjouissait à l'avance de toutes les expériences culinaires qu'elle aurait pu avoir ici. Nous nous étions fait aussi de nombreux amis charmants qui essayaient de nous retenir afin que nous continuions à nous divertir. Mais j'ai une règle de base au cours de mes expéditions (la loi des voyages Tenison) : plus vous passez de temps dans une ville, plus vous trouvez de choses à y faire avant de partir. Je préfère donc travailler avec acharnement pour préparer mon voyage chez moi – de toute façon c'est là que je suis le mieux – afin de pouvoir ensuite me lancer dans l'action le plus vite possible en me fiant à mon instinct. C'est le meilleur moyen d'avoir le maximum de temps pour faire ce pour quoi je suis venu. Ni mon temps ni mon argent ne sont ainsi dilapidés dans les villes; ils peuvent être en revanche utilisés à tenter d'échapper aux ennuis qui surgissent parce qu'on n'a pas consacré suffisamment de temps à obtenir les autorisations indispensables.

Notre périple nous conduisit parmi une douzaine d'ethnies à Sumatra, à Kalimantan (la partie indonésienne de Bornéo), à Sulawesi (autrefois les Célèbes), à Céram dans les Moluques et enfin en Irian Barat (la partie indonésienne de la Nouvelle-Guinée). Ce voyage, bien plus dur que celui effectué au Brésil, éprouva Marika au point qu'elle tomba malade un peu avant la fin. Elle ne pesait plus que trente-deux kilos, ce qui était plus qu'inquiétant. En Indonésie les grandes distances à parcourir se trouvent entre les îles plutôt qu'à l'intérieur des terres; nous voyagions donc la plupart du temps en mourant de faim sur de dangereux petits caboteurs surchargés de passagers et de marchandises. Nous eûmes toutefois assez de chance pour ne pas faire naufrage; ce qui arrive bien souvent à ces sortes d'embarcations. Nous utilisâmes aussi, comme au Brésil, l'avion, des pirogues, des chevaux et nos jambes, pour atteindre les populations que nous souhaitions rencontrer. Elles avaient quelquefois d'étranges similitudes dans l'allure et dans le comportement avec les Indiens d'Amérique du Sud que nous avions rencontrés. D'autres étaient extrêmement différents, mais je n'ai jamais eu le moindre doute sur le fait qu'ils avaient tous de la même façon besoin d'être aidés et défendus.

C'étaient les Mentawai, sur l'île de Siberut, à une centaine de kilomètres de la côte ouest de Sumatra, qui ressemblaient le plus aux Indiens d'Amérique du Sud, et leurs problèmes étaient par bien des points similaires. Des missions rivales luttaient pour sauver leurs âmes. Les forces de police musulmanes, fanatiques, leur interdisaient d'élever des cochons, de se parer ou de se tatouer, de laisser pousser leurs cheveux et de vivre dans des maisons collectives. D'importantes compagnies forestières avaient loué des concessions sur la plus grande partie de l'île. Elles y apportaient, en dehors de leurs puissants tracteurs sur chenilles qui arrachaient les arbres, toutes sortes de maladies inconnues jusqu'ici. On entreprit alors de regrouper les Mentawai dans des villages « modèles » sur la côte. La vie traditionnelle disparut complètement et l'ennui et l'inutilité amenèrent une rapide déchéance.

C'est avec un ancien missionnaire allemand, tout à fait remarquable, Helmut Buchholz, que nous nous rendîmes là-bas. Après avoir travaillé une dizaine d'années à convertir les indigènes aux doctrines de sa secte fondamentaliste, les écailles lui tombèrent des yeux. Il se rendit compte que son enseignement leur faisait plus de mal que de bien. Sans perdre la foi, il renonça au prosélytisme et entreprit de se battre pour eux afin d'améliorer leurs conditions de vie. Cet homme connaissait bien les problèmes des insulaires qui d'ailleurs l'aimaient et lui accordaient leur confiance.

Grâce à lui nous pûmes nous enfoncer à l'intérieur de l'île tout en étant accueillis amicalement par la population. L'île était bien plus vaste, il nous sembla, que l'idée qu'on s'en faisait en regardant la carte : cent vingt kilomètres de long sur cinquante de large environ. Elle est constituée d'une suite de petites collines entrecoupées de marais et de rivières, et recouverte en totalité d'une épaisse forêt tropicale. On estimait à seize mille le nombre de ses habitants d'origine proto-malaise, probablement les descendants des premiers occupants de l'Indonésie. Ce sont des gens doux et attachants. Hommes, femmes, enfants portent des fleurs dans les cheveux ou piquées dans leur bandeau frontal : hibiscus d'un rouge éclatant, lis blancs éphémères à l'odeur entêtante, plumets d'herbe, feuilles veloutées d'un beau vert sombre. Tous les adultes étaient tatoués sur le visage et sur le corps de motifs très compliqués. La plupart des hommes portaient encore des pagnes en écorce; ils les trouvaient plus doux et plus confortables que ceux de toile. Leur peau était dorée et leurs cheveux raides, entièrement noirs. Lorsque nous passions devant eux, ils nous appelaient depuis les rives : « Où allez-vous? Restez donc ici avec nous! » Et puis, lorsque nous leur faisions un signe d'adieu en poursuivant notre chemin ou lorsque nous marchions ensemble dans la forêt, ils nous lançaient l'adorable expression mentawai : « Moile, moile » qui signifie littéralement : « Doucement, doucement », mais qui en réalité a plutôt le sens de « Tout doux, rien ne presse » ou de « Allez en paix ».

Leur nourriture de base, pour eux-mêmes et pour les cochons qu'ils élèvent, est le sagou qui est fourni en abondance et spontanément par la nature. Il s'agit de la fécule extraite de la moelle d'un palmier sauvage à qui il faut de huit à douze ans pour atteindre sa maturité. Les troncs sont alors coupés et fendus dans le sens de la longueur pour être mis à tremper, transformés en farine ou donnés tels quels aux cochons. Des palmiers abattus surgiront de nouveaux rejets si bien que le cycle est pratiquement éternel. Les Mentawai vivent dans des *umas,* sortes de vastes maisons fort belles, faites de bois dur et de palmes dans lesquelles peut vivre tout un clan. Sur le devant, il y a une grande véranda où hommes et femmes s'assoient pour travailler à la confection des flèches ou des paniers. Derrière, se trouve une grande pièce au plancher de bois, au centre de laquelle sont célébrées fêtes et cérémonies. Encore plus loin – on est alors dans l'obscurité – sont disposés les feux pour la cuisine et les emplacements réservés au repos familial. Les poteaux de soutien sont généralement sculptés de bas-reliefs représentant des crocodiles, des gibbons, des cigognes, des cervidés et d'autres animaux. Aux poutres sont suspendus des crânes, des gongs, des tam-tams, des plumes, des arcs, des flèches, des bouquets d'herbe séchée et de la viande mise à fumer au-dessus d'un feu central.

C'était là que nous nous asseyions le soir. Grâce à Helmut qui parlait couramment leur langue, nous pouvions avoir avec eux de longues conversations sur leurs principaux problèmes. Le plus grave, à long terme, était sans aucun doute l'arrivée sur l'île de plusieurs compagnies forestières qui projetaient d'exploiter les bois précieux. Nous avions vu, près de la côte, quelques exemples des ravages dont elles étaient responsables : la terre était si éventrée et dépourvue de végétation qu'on avait l'impression de traverser un paysage lunaire. En principe les forestiers n'avaient le droit d'exporter que des arbres ayant au moins soixante centimètres de circonférence. Malheureusement ces mesures restrictives n'empêcheraient en rien le saccage de la végétation dans son ensemble. Pour que les énormes tracteurs pussent atteindre les arbres requis, il fallait des routes. Une bonne partie de la végétation était déjà ainsi sacrifiée dans l'opération. Ensuite, comme les routes se transformaient rapidement en ruisseaux et en marigots, elles devenaient impraticables; il fallait donc en construire de nouvelles. Si bien que peu à peu il ne restait plus de la forêt que quelques arbres dénudés émergeant de la boue. Les sols, peu résistants, se dégradaient alors rapidement et définitivement à cause des chutes de pluies torrentielles.

La présence d'équipes de travailleurs venant des Philippines et de Corée posait de sérieux problèmes aux Mentawai qui n'avaient jusqu'alors jamais eu de contacts avec de telles gens. On en convainquit beaucoup de travailler la terre et ceux-là eurent par la suite bien du mal à partir. Les bouleversements sociaux et économiques entraînaient la disparition des tabous de chasse, de sorte qu'il fallait craindre l'élimination rapide de nombreuses espèces animales jusque-là protégées par le système traditionnel. Soixante-cinq pour cent des mammifères de Siberut n'existent nulle part ailleurs dans le monde. Cette situation inquiétait donc aussi, à juste raison, le World Wildlife Fund. C'était d'ailleurs grâce à Sir Peter Scott que j'avais fait la connaissance de Helmut.

Les menaces les plus immédiates pour les populations de

l'intérieur venaient de la police et des missionnaires. La police, dont la plupart des membres étaient musulmans et originaires de Sumatra, s'était beaucoup agitée dernièrement. De véritables purges avaient eu lieu afin d'amener les Mentawai à l'islam. On avait d'abord abattu leurs cochons, si bien qu'ils ne pouvaient plus continuer à vivre dans la jungle. Ceux qui refusaient, après que leur maison eut été brûlée, de s'installer dans les nouveaux villages « modèles » de la côte avaient été punis. Un jour, tous les hommes d'une région avaient été ainsi invités à une fête par la police. Lorsqu'ils étaient arrivés au poste de police qui se trouvait au nord de l'île, on leur avait demandé de laisser leurs arcs et leurs flèches à l'extérieur du village puis de se rassembler au centre. Des policiers armés les avaient alors encerclés et les avaient avertis que s'ils essayaient de fuir ils seraient abattus. On avait coupé leurs longs cheveux nattés qui parfois leur descendaient jusqu'à la taille. On a même dit que les tresses auraient été vendues à Singapour. Les autorités, à cette époque, considéraient les cheveux longs comme un signe de décadence, qu'ils fussent portés par de jeunes Européens ou par les hommes des peuples qu'on appelle « sauvages ». Les raisons qui se cachent derrière cette obsession absurde restent des plus mystérieuses. Il en résulta que le respect des coutumes et des usages traditionnels fut considéré comme un acte criminel, puni avec de plus en plus de sévérité. Seuls les habitants des régions suffisamment isolées de l'intérieur, hors d'atteinte de la police, purent éviter de subir des changements brutaux et forcés. Mais si les compagnies forestières décidaient d'exploiter le bois de ces régions retirées, la police ne tarderait pas à arriver pour en déplacer les habitants.

Les missionnaires, comme c'est bien souvent le cas, rivalisaient entre eux et passaient leur temps à raconter à leurs « fidèles » que toutes les autres religions n'étaient que des manifestations du mal. Quatre principales doctrines étaient activement prêchées sur l'île : le baha'isme, interdit mais encore très vivace dans la région, l'islam, le catholicisme et le protestantisme. Il est réellement tragique de voir à Siberut que l'énorme énergie dépensée par les missionnaires pour accomplir leur travail ne tende qu'à venir à bout de la culture d'un peuple unique et fascinant. Tous se battent avec acharnement pour essayer de changer la manière de penser et le mode de vie des Mentawai. Ces fanatiques querelles de doctrines ne créent que la confusion la

185

plus désastreuse dans l'esprit des gens qu'elles souhaitent convertir et, en même temps, minent définitivement leur culture et leur croyance propres. Une fois que celles-ci sont effectivement détruites, que les hommes déprimés et hébétés sont entassés dans leurs taudis près de la côte et que surgissent des problèmes sociaux insolubles, la plupart des missionnaires s'attaquent à une nouvelle région. Les enfants qui reçoivent l'enseignement d'écoles rivales se méfient les uns des autres et n'ont plus aucune chance de redécouvrir leurs propres traditions et leur réelle identité.

Dans un *uma* – nous étions les premiers étrangers à y être acceptés en dehors d'Helmut – je me vis questionné en détail sur les motifs de ma présence par les trente membres du clan qui se pressaient autour de nous dans l'ombre. Seule la lumière tremblotante de quelques mèches trempées dans l'huile éclairait l'endroit. Nous nous rendions parfaitement compte que nous étions en présence de gens extrêmement intelligents et vifs qui ne perdaient rien de ce qui se passait. Que ce fût en allemand avec Helmut, en anglais avec Marika ou en indonésien avec les quelques Mentawai qui le connaissaient, ceux qui m'entouraient, grâce à une attention soutenue, semblaient parvenir à déchiffrer mes pensées et conduisaient leur interrogatoire de telle sorte qu'il me fallait être attentif pour répondre de façon convaincante à leurs questions.

Ils me demandèrent si je pensais que leur *uma* était un meilleur endroit pour vivre que les terribles petites rangées de boîtes sur la côte que le gouvernement voulait leur faire prendre pour des villages modernes et qu'il les pressait d'habiter. Je leur répondis avec la plus profonde sincérité que l'endroit où nous nous trouvions était de loin supérieur. Ils me posèrent alors mille questions sur le lieu d'où je venais. Je fis de mon mieux pour leur donner une idée des distances qui nous séparaient de ma maison en Cornouailles et des différences qu'elle présentait par rapport à la leur. Ils me demandèrent alors si je pensais que ma manière de vivre était plus agréable que la leur. Ingénument je tombai dans le panneau. Je leur dis, en effet, qu'une vie communautaire avait de nombreux avantages par rapport à une vie strictement familiale, que leur pays était chaud tandis que le mien était froid, etc.

« Alors pourquoi ne pas venir vivre avec nous ? » me demandèrent-ils. Je me mis aussitôt à expliquer, comme on s'en doute, que j'avais aussi mon clan et une famille, que mon univers culturel était différent du leur. Ils éclatèrent alors de rire – peut-être d'ailleurs en reconnaissant la justesse de mes remarques – parce qu'ils m'avaient fait tomber dans un piège et poussé à avoir un discours ambigu et paternaliste. Il m'est arrivé bien souvent, partout dans le monde, avec des gens considérés par la population environnante comme « archaïques » ou « naïfs », de me laisser souvent prendre de cette façon pour avoir sous-estimé leur acuité d'esprit et leur humour. Suggérer un seul instant qu'ils avaient besoin d'aide ou de conseils pour savoir comment vivre était risible en effet. Tout ce dont ils ont besoin c'est de respect.

Un peu plus tard, il me fut possible de leur demander ce qu'ils aimeraient obtenir – s'ils avaient envie de quelque chose – du monde extérieur. Je leur avais bien expliqué auparavant que je me trouvais ici pour voir si l'on pouvait les aider de quelque manière. Ils discutèrent du problème ensemble. Avant de répondre à la question, ils m'expliquèrent que si quelqu'un d'autre qu'Helmut leur avait posé la question pour moi, ils auraient eu peur et auraient répondu qu'ils n'avaient besoin de rien. Mais puisque, à cause de lui, ils me faisaient confiance, ils allaient me répondre en toute franchise.

Tout d'abord des moustiquaires leur seraient utiles. Avec l'abattage des arbres, les insectes s'étaient mis à pulluler et certains transmettaient depuis peu le paludisme. Ils n'étaient pas équipés pour fabriquer des mailles aussi fines. Deuxièmement, à cause des harcèlement de la police, ils avaient perdu un grand nombre de leurs gongs en cuivre, symbole de richesse, et de grandes quantités de perles en porcelaine qui, traditionnellement achetées dans l'île de Sumatra, étaient un élément essentiel de leurs parures. « Finalement, me dirent-ils, nous souhaitons que la police et les missionnaires s'en aillent et cessent de vouloir mettre fin à notre monde. Notre propre religion et notre propre médecine retrouveraient alors toute leur vitalité. » J'ai reçu maintes fois une réponse similaire de gens qui me parlaient avec sincérité, qui n'essayaient pas de me plaire en me disant ce qu'ils pensaient que j'aurais aimé entendre. C'est une erreur de croire que les peuples à la technologie la plus simple ont pour seul désir d'acquérir le plus grand nombre de nos gadgets, de nos jouets et de nos objets dévoreurs d'énergie. Ce mythe, nous l'avons créé à notre propre intention afin de justifier nos propres obsessions des biens matériels. Ce serait une erreur de vouloir changer les Mentawai par la force ou en les accablant de nos critiques. Il serait de loin préférable de les laisser se rendre compte, en temps voulu, que certains changements sont inévitables, changements qui les aideraient à survivre et même à prospérer dans ce monde nouveau qui est en train de surgir. C'est particulièrement vrai en ce qui concerne le système écologique de l'île, problème qui a aussi attiré mon attention.

Sur toutes les autres îles – nettement plus petites – de l'archipel Mentawai, presque tout le monde s'est installé dans des villes côtières. A cause de la faim et de l'ignorance, la majorité de la faune a été exterminée. Tout au contraire, la population très éparpillée de Siberut, avec son mode de vie traditionnel basé sur l'agriculture, la pêche et des chasses saisonnières, représente un gage de sauvegarde plutôt qu'une menace pour les animaux. Les Mentawai n'utilisent que des arcs et des flèches : les fusils n'ont pas encore été introduits dans l'île. Mais ce qui est encore plus important, c'est qu'ils ne sont nullement des chasseurs acharnés et n'ont aucun goût pour le massacre des animaux sauvages. Chez eux, la chasse est entourée de nombreux tabous et ne joue qu'un rôle relativement minime dans les besoins alimentaires. Par contre, sa signification rituelle est extrêmement importante puisque certains animaux sont indispensables au déroulement de certaines fêtes.

Le fait d'abattre un animal constitue un événement d'une certaine gravité avant lequel des esprits appropriés doivent être conciliés selon qu'il s'agit d'une espèce sauvage à chasser ou d'une espèce domestique à sacrifier. Nous observâmes un *kerei* (chaman) faire le sacrifice d'un coq et d'un cochon avant une cérémonie rituelle de guérison. Lorsqu'ils entrèrent dans l'*uma* les animaux étaient inquiets et bruyants. Puis le vieillard aux yeux impénétrables se mit à chanter des incantations d'une voix aiguë. Il prit, chacun à son tour, les animaux dans ses mains et commença à les caresser. Ils se calmèrent tout de suite et se couchèrent tranquillement. Le chaman leur expliqua alors gentiment, sur un ton d'excuse, c'est ce que nous dit Helmut, qu'il était désolé de les tuer mais que, s'ils avaient eu jusqu'ici une bonne vie, on avait maintenant besoin d'eux pour la cérémonie et pour servir de nourriture. Leurs esprits ne devaient pas se mettre en colère mais se préparer à partir et faire en sorte de revenir dans un nouvel animal. Même lorsqu'il leur trancha la gorge d'un coup de couteau net et rapide, les bêtes ne bougèrent pas, comme si elles étaient plongées dans un état d'hypnose. Les entrailles furent enlevées et examinées avec attention car elles servent à prédire l'avenir.

Helmut et moi sentions parfaitement que le meilleur moyen de protéger les Mentawai et leur environnement à Siberut serait de développer leur apport en protéines animales : porc et poulet, ainsi que d'introduire des méthodes de pêche plus efficaces pour capturer les poissons qui abondent au bord des côtes et dans les rivières. Ainsi, peu à peu, les chasses se feraient moins fréquentes et les espèces rares et menacées de l'île se trouveraient protégées malgré les effets néfastes des opérations de l'industrie forestière. Vouloir imposer des restrictions et des interdits, impossibles d'ailleurs à appliquer, ne ferait que mécontenter les Mentawai, sans avoir d'effet positif. De plus, la faim occasionnée par le bouleversement d'un système économique sain et viable s'appuyant sur une connaissance fine de l'environnement conduirait la population à surexploiter tous les animaux comestibles, comme cela s'est passé bien souvent ailleurs.

Un projet tenant compte de ces points fut rédigé conjointement par le World Wildlife Fund et Survival International. En dépit de tous les problèmes à surmonter, il s'avéra être un de nos projets les plus intéressants et les plus efficaces.

L'attitude des gouvernements des pays ayant des ethnies minoritaires à l'intérieur de leurs frontières démontre une étonnante unanimité dans leur désir acharné de rendre ces peuples aussi proches que possible des normes culturelles majoritaires, tout en proclamant par ailleurs officiellement leur droit à la différence. Au Brésil, au cours de ces dernières années, on a fort bien décrit les tentatives faites – en dépit des dispositions constitutionnelles protégeant leurs droits et leurs terres – pour « intégrer les Indiens dans la communauté nationale » aussi rapidement que possible et pour transformer leur manière de vivre « retardée », considérée comme un obstacle au progrès. En Indonésie, l'attitude est pratiquement la même. Les publications officielles sur « les groupes ethniques isolés en Indonésie » proclament hautement la nécessité de s'attaquer au problème pour appliquer dans ce domaine « la justice sociale », tout en précisant qu'il est urgent d'agir car « le fait qu'il y ait encore en Indonésie des peuplades isolées dont le développement est trop lent peut mettre en péril le prestige de la Nation... ». Quelle aberration pour un pays d'avoir honte d'abriter à l'intérieur de ses frontières, imposées arbitrairement par les pays colonialistes, des peuples dont la manière de vivre diffère de celle de la majorité. S'ils représentaient une menace pour la sécurité nationale, s'ils pillaient ou razziaient leur voisins, s'ils polluaient les rivières ou l'atmosphère, alors je pourrais comprendre que le gouvernement puisse penser se trouver dans l'obligation d'agir. Mais lorsqu'ils sont si peu, qu'ils vivent manifestement en harmonie avec la nature et ne menacent personne, cela m'indigne et me met en colère de constater l'obstination avec laquelle on essaye de laminer leurs cultures pour de simples et absurdes questions de « prestige ».

Au Kalimantan, nous fîmes un voyage de plusieurs jours à l'intérieur des terres sur la rivière Melawi, nous arrêtant de plus en plus souvent, tout au long du chemin, dans les maisons pluri-familiales traditionnelles que nous rencontrions. La plupart des gens que nous visitâmes étaient Limbai et Ot Danum, deux des nombreux groupes qu'on désigne généralement sous le terme générique de Dayak.

Les administrations successives de l'Indonésie ont sans arrêt tenté d'éliminer leur mode d'habitat traditionnel où une centaine de familles pouvaient se répartir en une unique et vaste habitation collective. Il semble que l'administration hollandaise, tout comme le font aujourd'hui les autorités indonésiennes, pensait que ces maisons constituaient en elles-mêmes une entrave au progrès. On va jusqu'à les brûler et punir leurs habitants. Mais on « encourage » aussi, le plus souvent par des pressions incessantes, leurs occupants à s'installer dans de nouveaux villages. Les raisons de bannir ces « longues-maisons » obéissent à trois préjugés. En premier lieu, le puritanisme. On trouve immoral que des familles vivent dans une telle promiscuité; on fantasme alors sur toutes les sortes de conduites libidineuses et d'orgies abominables permises la nuit par l'absence de cloisons! Deuxièmement, on pense que la famille nucléaire est la cellule sociale fondatrice de la « civilisation » : l'hygiène, le sens des responsabilités sociales et le travail pâtiraient de la vie communautaire! Pour finir, il y a une dernière raison dont on ne cache d'ailleurs pas le cynisme : les habitations traditionnelles sont plus difficiles à administrer, à faire surveiller par la police, que les rangées de maisons numérotées qui se trouvent en bordure des côtes, des routes ou des rivières. Ici d'un coup d'œil, on peut estimer le nombre d'habitants et il est facile d'entrer en contact avec chacune des familles. Aucun des trois motifs que je viens de décrire ne me paraît évidemment justifier en quoi que ce soit les bouleversements sociaux qui découlent logiquement des programmes de déplacement de populations indigènes. Pourtant ce genre d'opération se poursuit avec une énergie inépuisable.

Le long du Melawi, la plupart des « longues-maisons » étaient encore intactes et leurs habitants menaient généralement une vie traditionnelle. Nous prîmes l'habitude de nous arrêter dans ce que je crois être le plus satisfaisant des systèmes d'habitation inventés par l'homme. Chaque famille a une porte sur le devant de la maison et, à l'arrière, a droit à un espace qui lui est propre, comprenant une resserre, une chambre et une cuisine souvent séparée du bâtiment principal par un petit pont pour des raisons de protection contre l'incendie. L'autre moitié de l'édifice, donnant dans toute sa longueur sur la rivière qui se trouve un peu plus bas, est réservée aux activités sociales et communautaires. Les femmes y travaillent en bavardant; les enfants y jouent en sécurité sous l'œil attentif des grands-parents; les hommes s'y rencontrent pour discuter des récoltes ou de la chasse. Ne parlons pas des danses, des agapes et des flirts qui y trouvent tout naturellement leur place. Chacune de ces « longues-maisons » abrite entre dix et cent familles, comprenant ainsi jusqu'à mille personnes.

Une fête était toujours organisée à l'occasion de notre visite. La qualité de la musique et des danses s'améliorait au fur et à mesure que nous remontions la rivière, c'est-à-dire lorsque nous nous éloignions de l'influence des missionnaires et de celle des fonctionnaires. Les Dayak sont des gens qui semblent avoir un sens inné de la musique. Ils jouent de très nombreux instruments qui vont de toutes sortes de gongs à des instruments à vent avec des « tuyaux d'orgue » de plus d'un mètre de long, fixés à une calebasse. Ils en tirent des mélodies extrêmement compliquées. Ils possèdent aussi des guitares de deux à six cordes et des tam-tams de toutes tailles. Au début de ces fêtes, les danses semblaient rudimentaires et maladroites. Elles étaient exécutées par des jeunes garçons en maillots de corps sales qui ricanaient en martelant le sol lourdement. Mais lorsqu'ils voyaient que nous étions sérieux et nullement désapprobateurs, d'autres danseurs se joignaient à eux et se donnaient à fond. La grande galerie se remplissait de gens de tous âges. Quelques lampes à huile éclairaient leurs visages et dessinaient des ombres sur les poutres où étaient accrochées des rames, des nasses et des poteries. Nus jusqu'à la taille, les corps des danseurs, luisants de transpiration, tourbillonnaient, plongeaient, se tordaient, sautaient sur le sol inégal pour obéir au rythme compliqué de la musique. La fougue et la concentration qui s'emparaient d'eux en dansant montraient clairement que, sous le vernis de la « civilisation » imposée, leurs anciennes passions brûlaient toujours de tous leurs feux.

Durant ce voyage, nous fûmes accompagnés par un policier intelligent et fort agréable. Il était attaché à nous pour des raisons de sécurité et sans doute aussi pour nous surveiller. Tout d'abord, nous ne vîmes évidemment pas sa présence d'un très bon œil, ayant eu quelques expériences malheureuses par le passé avec des espions gouvernementaux, en particulier en Amérique du Sud. Mais Amri Bachtiar, né dans le haut de la rivière d'un père dayak et d'une mère chinoise (un métissage très certainement assez rare) et élevé sur la côte, se révéla être un excellent compagnon de voyage. Il montrait non seulement beaucoup de compréhension et de sympathie pour ce qui nous intéressait, mais il s'efforçait de rendre notre voyage aussi confortable que possible. Il s'était converti à l'islam en s'engageant dans la police. J'en conclus, un peu rapidement, qu'avec son esprit de citadin, le prestige de son uniforme et son statut officiel, il aurait une attitude méprisante ou, dans le meilleur des cas, condescendante pour la vie traditionnelle. Je découvris tout au contraire qu'il avait un esprit extrêmement ouvert et que, malgré son désir évident de réussir comme fonctionnaire, il avait un véritable respect pour les Dayak et leurs traditions. C'était d'ailleurs un des traits caractéristiques – et pour moi encourageants – de beaucoup d'Indonésiens. Alors qu'en Amérique du Sud les petits fonctionnaires ne cachaient pas leur réprobation devant la manière de vivre des Indiens et devant ce qu'ils appelaient leurs « sales habitudes », en Indonésie beaucoup de ceux qui détenaient l'autorité ne jugeaient pas que les ethnies isolées aient un style de vie « inférieur ». Ils se posaient par contre rarement des questions sur le bénéfice que ces populations isolées pouvaient tirer d'une rencontre brutale avec la civilisation.

A notre retour à Nangapinoh, où se trouvait son poste de police sur la rivière, Amri, dès que nous eûmes posé le pied à terre, partit en s'excusant. Sa femme avait très probablement accouché quelques jours plus tôt. Il ne nous avait à aucun moment importuné avec ses soucis personnels tout au long du voyage. Il revint un peu plus tard pour nous dire qu'il avait un fils et qu'il voulait, si je n'y voyais pas d'inconvénient, l'appeler Tenison Amri Bachtiar. J'étais ravi d'avoir un filleul à Bornéo et j'espère bien aller là-bas de nouveau un jour pour le revoir!

Durant ces mois de voyage à travers l'Indonésie, nous rendîmes visite aux représentants d'un nombre impressionnant de groupes ethniques. C'était une fois de plus en parlant avec les personnes qui vivent auprès de ces peuples que je parvins à avoir une vision nette des problèmes qu'il fallait résoudre.

Un anthropologue avec qui je parlai avant de quitter le Kalimantan était très pessimiste. Bien qu'il ne vît pas de signes réels d'oppression directe dans les changements imposés, il était absolument sûr que la culture traditionnelle était en train de disparaître. De nombreux groupes dayak avaient été pendant des siècles réduits en esclavage par les Arabes, ce qui décima la population et l'obligea à se fragmenter et à fuir vers l'intérieur des terres. Plus tard, les Chinois eurent la mainmise sur toutes les opérations commerciales de la région. Lorsque récemment ils quittèrent le pays, ils laissèrent derrière eux un vide économique que ni les Dayak ni les Malais de la côte ne furent capables de combler. Il en résulta un début de famine. Dans le même temps, l'influence occidentale commençait à se répandre en créant des besoins impossibles à satisfaire. Le mécontentement et la misère s'installèrent.

Nous tombâmes d'accord, cet anthropologue et moi-même, sur le fait que la première des priorités était d'étudier très sérieusement ces populations pour bien comprendre leurs problèmes. Il fallait aussi s'attaquer énergiquement aux questions agronomiques que ce fût dans le domaine des techniques utilisées pour la culture du riz ou celui de développement de sources alimentaires alternatives pour la population indigène. Ce n'était que lorsque l'économie locale aurait été assainie, une certaine indépendance et une relative sécurité obtenues, qu'il serait possible de penser à construire des routes, à implanter des exploitations forestières et minières, sans que les effets sur la population locale ne soient absolument catastrophiques. L'ordre des priorités avait été apparemment inversé et les effets de ce processus sur les communautés indigènes risquaient d'être dramatiques. Une fois que les routes traverseraient leur territoire, que leurs forêts seraient défrichées, qu'ils auraient perdu la propriété de leurs terres qui de toute façon ne seraient plus cultivables, il ne leur resterait qu'à s'installer sur la côte dans les bidonvilles où ils se sentiraient insatisfaits et désorientés, constituant un problème social insoluble pour le gouvernement. Il serait alors devenu aussi impossible, étant donné la disparition de la végétation, d'exploiter toutes les richesses potentielles de l'intérieur des terres. La forêt tropicale ne repousse pas naturellement et les sociétés forestières n'ont en général nullement l'intention de reboiser après leurs dévastations. A moins que le gouvernement ne change radicalement sa politique de vente de concessions forestières aux sociétés multinationales, les perspectives d'avenir pour les Dayak du Kalimantan sont fort sombres.

Les deux îles suivantes, Sulawesi et Céram, très différentes l'une de l'autre, me laissèrent cependant une bien meilleure impression que le Kalimantan. Dans l'île de Sulawesi, nous rendîmes d'abord visite aux Toraja, un peuple solide ressemblant aux Batak de Sumatra avec qui nous avions passé également, un peu plus tôt, un certain temps. Leurs maisons sont parmi les plus belles et les plus impressionnantes habitations traditionnelles du monde. Ils sont aussi très fiers de leurs cultures; leur système de culture du riz en terrasses est très efficace.

La principale menace qui pèse sur eux est le tourisme. Une route carrossable en toute saison atteindra bientôt leur magnifique pays qui était naguère inaccessible. On parle maintenant d'hôtels et de voyages organisés. Quelques signes avant-coureurs de ce qui risque de se passer sont constatables déjà dans deux ou trois villages. On vous demande de l'argent pour prendre des photographies et l'hospitalité traditionnelle a presque disparu. Mais ce ne sont que des dangers mineurs que les Toraja seront, je crois, parfaitement capables de surmonter.

Le tourisme a la propriété de dégrader et même, à la longue, de détruire totalement toutes les choses qui, au départ, attiraient les visiteurs dans une région. Par ailleurs, les endroits aussi beaux que ceux que les Toraja ont aménagés dans un paysage idyllique appartiennent à l'humanité tout entière. Il faut donc les protéger si l'on veut qu'elle puisse continuer à en jouir.

Je m'intéressais également beaucoup aux rumeurs qui circulaient à propos d'un peuple isolé, habitant dans la péninsule rarement visitée de l'île de Sulawesi. Des hélicoptères appartenant à une compagnie minière de Malili avaient atterri à l'intérieur des terres et leurs occupants avaient rencontré des ethnies qui semblaient n'avoir pratiquement aucun contact avec le monde extérieur. Les vols d'hélicoptères ayant cessé, il n'était pas question, notre temps étant compté, de nous rendre là-bas. Le voyage par terre aurait été toute une expédition en lui-même. Mais je demeurais bien résolu à m'y rendre un jour ou l'autre. En revanche, j'ai rencontré le rajah d'une autre ethnie isolée du nord, qui se trouvait en ville. Alors qu'il me disait qu'un grand nombre de ses sujets se servaient encore d'arcs et de sarbacanes pour chasser et qu'ils continuaient à se tatouer, je lui montrai quelques photographies d'Indiens du Brésil. Sa curiosité fut piquée par la découverte de nombreux points de ressemblance; ces Indiens brésiliens portaient par exemple dans les oreilles les mêmes bâtonnets et sur la tête les mêmes coiffures en plumes que les hommes de sa tribu. Leurs flûtes étaient aussi très proches de celles qui se fabriquaient naguère.

Dans le sud, nous rencontrâmes d'autres peuples étranges et passionnants : des constructeurs de bateaux et des pêcheurs, mais aussi une extraordinaire secte mystique qui n'avait jamais permis jusqu'ici aux Européens de pénétrer dans son territoire pour rencontrer son chef sacré, l'Ama Towa. Mon entretien avec lui me confirma, comme d'autres entrevues que j'ai eues avec des mystiques, que la vie est plus complexe que ce que nous en apercevons en surface. Si nous en connaissions les secrets et avions la patience et l'énergie de les débrouiller, nous y découvririons des pouvoirs insoupçonnés au milieu de notre univers falot de plastique.

A Céram, de l'autre côté de la ligne de Wallace qui sépare faune asiatique et faune australienne, après avoir emprunté un minuscule caboteur et un canot à balancier, et à la suite d'une marche longue et difficile à l'intérieur des terres, nous atteignîmes une des dernières ethnies indonésiennes qui ne soit pas encore contaminée par des influences extérieures. Les Hua Ulu restent totalement fidèles à leur culture. Ils sont ainsi, à l'occasion, chasseurs de têtes. Ils ont juré de couper la tête de tous les missionnaires qui tenteraient d'entrer en contact avec eux. En revanche, ils ont permis à un anthropologue italien et à sa femme, une Suédoise (Valerio et Renée Valeri) de vivre toute une année avec eux. Nous étions, en dehors de ce couple, les premiers Européens à leur rendre visite.

Leur petit village paisible, fait de belles maisons aux toits de palmes construites sur pilotis, forme une suite d'habitations collectives dans lesquelles vivaient deux ou trois familles. Une fois de plus, nous étions frappés par le contraste existant entre les foules d'enfants criards et curieux qui, dans les villages de la côte et dans les grandes villes, ne nous lâchaient pas d'une semelle, et les manières aimables et tranquilles des adultes et des enfants de l'intérieur des terres. Les Hua Ulu étaient farouches mais amicaux. Les hommes portaient des pagnes en écorce et des turbans d'un rouge éclatant. Ils nous montrèrent comme ils étaient habiles à sculpter des bas-reliefs d'animaux sur les poteaux de leurs maisons. Les femmes en sarongs nous servirent de curieux ragoûts au porc rance, des écrevisses toutes fraîches, accompagnées de légumes sauvages cuits à l'intérieur de gros bambous. Le repas se termina par des noix de coco et des bananes.

C'est sans doute leur étonnante mémoire qui m'impressionna le plus. Cette caractéristique des hommes appartenant à des sociétés où l'information se transmet oralement est assez souvent méconnue. Valerio me dit qu'au cours de son travail, il demandait parfois à quelqu'un de lui chanter un des mythes traditionnels de l'ethnie. Il s'agissait de poèmes de plusieurs milliers de vers qui exigeaient des heures pour être récités en entier. Leur don des langues – indispensable car trente-cinq dialectes sont parlés sur l'île! – était encore plus frappant. Le même chanteur était capable de répéter, mot pour mot, six ou sept fois le même poème dans une langue différente. Ce don, nous Occidentaux, nous l'avons en grande partie perdu. Sans doute parce que depuis longtemps nous avons stocké l'information dans des livres et qu'aujourd'hui, grâce à l'informatique, nous avons des banques de données. Alors que notre technologie exige des mémoires électroniques complexes capables de garder d'immenses quantités d'informations, qui oserait prétendre que la qualité des connaissances mises aujourd'hui en mémoire par le cerveau humain est supérieure ou plus satisfaisante pour l'esprit que celles retenues il n'y a pas si longtemps par nos ancêtres qui pratiquaient la chasse et la cueillette?

Les Hua Ulu tenaient à rester où ils étaient, sur la terre de leurs ancêtres. Leur isolement n'était pas seulement dû à leur situation géographique, c'était aussi un état d'esprit. Ils voulaient de toutes leurs forces rester fidèles à leur culture, adorer leurs ancêtres, suivre leurs rites, rester Hua Ulu et animistes. Cette prise de position ne les faisait pas nécessairement rejeter les techniques nouvelles. Dans le domaine médical en particulier, contrairement à la plupart des autres Indonésiens, ils faisaient clairement la distinction entre les maladies physiques et psychosomatiques. Leur propre médecine faisait une nette différence entre l'utilisation des plantes médicinales pour soigner le corps, et les invocations aux esprits pour calmer les troubles psychologiques. Un médecin intelligent qui accepterait de les aider sans vouloir bouleverser leur système traditionnel leur rendrait les plus grands services même s'il ne venait les voir que deux ou trois fois par an. Un des principaux problèmes auxquels sont confrontés les Hua Ulu et qu'ils brûlent de résoudre sans savoir comment s'y prendre est la chute brutale des naissances dans leur société. La courbe descendante de la natalité est si forte que ce peuple risque de disparaître de la surface de la Terre. Il s'agit peut-être d'un problème génétique à moins que l'explication ne se trouve dans leur régime alimentaire ou dans leur comportement physique. Valerio, en tout cas, est convaincu que ce n'est pas un problème psychologique, comme c'est le cas pour certaines tribus indiennes au Brésil qui veulent disparaître parce que leur vie leur est devenue insupportable. Les Hua Ulu tout au contraire, regardent l'avenir avec fierté et confiance. Ils veulent plus d'enfants pour que leur ethnie soit plus forte. En ce moment, ils sont protégés de la plupart des menaces par leur isolement, c'est-à-dire à la fois par les barrières naturelles – jungles et collines – qui s'étendent entre eux et la côte et par la crainte qu'ils inspirent aux étrangers. Il est pourtant peu probable que ces défenses puissent encore tenir longtemps.

Un cas bien plus grave d'isolement et d'oppression nous attendait en Nouvelle-Guinée occidentale; cette île appartient pour moitié à l'Indonésie. L'importante population indigène de l'Irian Barat est sous la coupe des militaires et des fonctionnaires indonésiens qui ne montrent aucune sympathie ni aucun respect pour la culture ou les valeurs d'une race noire qu'ils considèrent comme inférieure. Il ne s'agit aucunement d'un groupe ethnique minoritaire, écrasé par une population nationale envahissante. Cela ressemble beaucoup plus au système d'apartheid existant en Afrique du Sud. Malheureusement, la minorité dominante n'étant pas « blanche », ce problème n'a pour ainsi dire jamais été soulevé aux Nations Unies, ni mis en question par aucun des ses membres. Abandonnée par la communauté internationale, la population de la Nouvelle-Guinée occidentale a recours par intermittence à la guérilla. Mais ces explosions de violence sont toujours écrasées par l'armée indonésienne et se révèlent pratiquement inutiles. Les quelques Papous ayant un bon niveau d'instruction restés après le départ des Hollandais en 1962 ont été tués ou emprisonnés. La plupart de la population vit à l'intérieur des terres de cette île au relief très accidenté. Elle appartient à des centaines d'ethnies différentes ne parlant pas la même langue et ayant un minimum de contact avec leurs colonisateurs.

Nous avons passé un certain temps avec les Dani de la vallée du Baliem et les Asmat de la côte sud. Les Dani ont pour tout vêtement les calebasses que les hommes portent pour protéger leur pénis et les minuscules jupes de filet que les femmes se mettent autour des reins. Ce sont d'excellents horticulteurs. Ils parviennent, en travaillant les terres noires et riches de la vallée avec des outils de pierre, à obtenir de magnifiques récoltes de patates douces, de choux, de bananes, etc. Leurs jardins possèdent pour l'irrigation ou le drainage tout un réseau complexe de sillons. Avec leurs troupeaux de cochons bien portants, ils sont relativement prospères. Malheureusement, comme le seul moyen de communication avec l'extérieur est l'avion, les marchandises occidentales coûtent extrêmement cher. Ils ne savent comment trouver l'argent pour acheter ces objets de plastique ou de métal qui les fascinent et qui, dans le cas des pelles et des pioches, leur seraient très utiles. Aussi ne cachent-ils pas un certain mécontentement. Par ailleurs l'augmentation importante des effectifs militaires indonésiens provoque la dévastation, des deux côtés de la vallée, du reste des forêts existantes. Les arbres sont abattus pour le commerce du bois et les problèmes d'environnement deviennent ainsi très inquiétants.

Néanmoins les Dani sont amicaux et accueillants. Traditionnellement, les travaux des jardins sont réservés aux femmes. Les hommes sont là pour les protéger et engager des combats périodiques et rituels avec leurs voisins. Depuis que ces combats ont été interdits par les missionnaires et par les autorités militaires, les hommes Dani ont énormément de temps libre, ce qui explique peut-être la chaleur de leurs salutations! Lorsqu'on se promène dans leur village, composé de maisons basses, circulaires, aux toits de chaume qui rappellent les *kraals* africains, on les rencontre sur les chemins de terre battue, déambulant les mains derrière le dos et toujours prêts à bavarder pendant des heures. On échange d'abord un sec « narak » suivi d'une chaleureuse poignée de main de la main gauche et le salut culmine en une vigoureuse accolade. Leurs corps sont généralement barbouillés de graisse de porc rance et colorés sur les bras et sur la poitrine avec de l'ocre rouge. On ne tarde pas ainsi soi-même, par l'odeur et la couleur, à ressembler à un véritable Dani. La chaleur et la véritable affection qui se dégagent de ces salutations sont très émouvantes. Nous avions l'impression qu'on attendait notre arrivée depuis des mois. Lorsque nous nous aperçûmes que les Dani manifestaient la même joie lorsqu'ils se rencontraient entre eux, que ce soit entre hommes et femmes ou entre personnes de même sexe, il fallut nous rendre à l'évidence que ces « êtres possédés par le démon » que les missionnaires essayaient avec acharnement d'exorciser ne pouvaient être que de bons diables. Nous eûmes le plaisir de découvrir en Irian Barat que quelques missionnaires catholiques – ce qui n'était malheureusement pas de nouveau le cas des missionnaires protestants – envisageaient la situation avec réalisme et bonté. Le Père Camps, qui avait vécu plus de vingt ans avec les Dani, avait une vision très saine des choses; c'était un véritable soulagement après avoir été si souvent obligés de naviguer parmi des fanatiques du progrès à tout prix ou des utopistes incurables.

— Les gens de la vallée du Baliem sont en danger, nous dit-il; des étrangers viendront leur voler leurs terres s'ils n'y prennent garde. Ils n'ont aucune idée de l'argent; il est donc facile de les tromper. Récemment, un de leurs chefs, près d'ici, a vendu un de ses grands jardins contre deux bêches. Sa famille furieuse est venue me trouver pour me demander d'arranger les choses; j'y suis parvenu mais ça devient de plus en plus difficile. Et par ailleurs, ils sont extrêmement réalistes. Puisqu'ils ont envie des choses qu'ils voient sur le marché, ils se rendent compte qu'ils doivent changer pour les acquérir. L'éducation, voilà l'important.

– Bien sûr. Mais quelle sorte d'éducation? demandai-je.

– Trop souvent, les jeunes dans les régions les plus reculées finissent par croire que s'ils font des études et ont des diplômes, le monde sera à leurs pieds et qu'ils pourront trouver du travail dans les grandes villes. On ne leur apprend pas les choses qu'ils devraient savoir sur leur propre culture, leur propre histoire et le milieu naturel qu'ils exploitaient traditionnellement. Ils en arrivent à ne plus aimer leur propre pays sans avoir aucun autre endroit où aller.

– Je suis d'accord. De plus, il y a peu de choses qu'on puisse leur apprendre sur l'agriculture de leur région. Ils savent tout. En revanche, ils doivent apprendre à se servir de l'argent et à prendre en charge leur situation sanitaire. Si on leur en laisse le temps, ils feront même d'excellents commerçants. Je ne sais pas quel sera leur avenir, mais de toute façon ils ne peuvent plus maintenant revenir en arrière. Nous ne pouvons qu'essayer de les aider dans la voie qu'ils choisiront.

Nous fûmes impressionnés par l'humilité du Père Camps quant à ce qu'il pouvait réaliser lui-même, et par sa lucidité sur les difficultés qu'on rencontrait pour aider les Dani. Il reconnaissait volontiers qu'en dehors d'une aide médicale, la plupart des initiatives qu'on pourrait entreprendre feraient plus de mal que de bien. Les Dani, selon le critère traditionnel, formaient un peuple riche, composé d'habiles horticulteurs. Leurs châtiments, leurs vengeances, leurs méthodes d'avortement et quelques-unes de leurs pratiques traditionnelles, telles que de couper des doigts lorsque quelqu'un meurt, nous paraissent inutilement brutales et cruelles. Mais une certaine forme de compassion ne pourra leur être enseignée que par l'exemple. Les Dani ne sont pas des gens qu'on peut aisément obliger à faire ou à ne pas faire quelque chose. Leur plus grande force réside dans leur indépendance et leur réalisme. Ils sont passés maîtres dans l'art de dresser les uns contre les autres les missionnaires des religions rivales, ainsi d'ailleurs que les fonctionnaires. Si on leur en laisse le temps, ils seront capables d'assimiler toutes les influences extérieures qui ont fait irruption dans leur monde ces dernières années. Ils sauront maintenir leur passion de la vie et réussiront à affronter le monde moderne. Cette vallée avec ses soixante mille habitants n'a été découverte, après tout, que par hasard, lorsqu'un avion s'est écrasé dans les parages lors de la Deuxième Guerre mondiale. Et il n'y a que dix-sept ans que l'administration s'y est installée.

Le changement d'attitude des missions catholiques et leur désir d'abandonner leurs préjugés afin de mieux servir les gens auprès de qui elles travaillent peut être parfaitement illustré par une citation de l'évêque d'Asmat reprenant les conclusions d'une des réunions qu'il organise de temps à autre avec des anthropologues et des fonctionnaires sur la situation des peuples autochtones : « Il est important de savoir qu'obliger un peuple qui ignore tout du christianisme à suivre cette doctrine, c'est nier sa liberté et porter atteinte à la dignité humaine qui sont les bases mêmes de ce que nous voulons défendre. » Malheureusement, les représentants des Églises américaines fondamentalistes qui travaillent aussi dans la région ont un point de vue très différent. Ils sont bien trop souvent obsédés par le désir de sauver des âmes à tout prix, sans prendre en considération le destin des corps. Curieusement, cette attitude évoque irrésistiblement celle des conquistadors en Amérique du Sud qui exterminèrent tant et tant d'Indiens en prétendant les tirer des griffes du démon.

A Asmat, que nous atteignîmes par avion, l'évêque, qui venait juste d'avoir quarante ans, nous invita à demeurer là un certain temps. Nous parlâmes longuement de ses espoirs et de ses craintes à propos du futur des Asmat – estimés à quarante mille – qui vivent dans les immenses étendues marécageuses de cette région. Les marées pénètrent jusqu'à cent cinquante kilomètres à l'intérieur des terres. Certains groupes qui pratiquent encore le cannibalisme n'ont pas encore été approchés, mais la plupart sont maintenant installés dans des villages le long des rivières proches de la côte.

L'évêque redoute que les compagnies forestières qui, apparemment, ont l'intention de s'établir dans la région sur une grande échelle, n'apportent que des préjudices aux populations locales; les entreprises préfèrent en effet importer leur propre main-d'œuvre. La seule richesse commerciale des Asmat – les bois durs de la forêt tropicale – sera réduite à néant. Ils n'auront plus rien sur quoi bâtir une économie en relation avec le monde extérieur. Comme c'est le cas pour les Dani, ils ont pourtant maintenant le droit d'acquérir des marchandises importées. Il faut donc leur donner la possibilité de gagner de l'argent pour les acquérir sans passer par les organisations charitables et sans être scandaleusement exploités par les colons circonvoisins. La mission a mis sur pied, dans ce but, une chaîne de petites scieries coopératives que les Asmat font fonctionner eux-mêmes. Ce système commence à satisfaire leurs besoins. Néanmoins il faut que leurs activités se diversifient s'ils veulent prospérer. Mais il n'est pas si facile de trouver d'autres ressources dans les marécages salés où ils vivent. Le sagou est leur aliment de base; le sagoutier pousse à l'état sauvage. Mais avec l'augmentation de la population qui se concentre de plus en plus dans certains endroits, les Asmat se voient déjà obligés d'aller collecter le sagou de plus en plus loin. Ils ne sont pas toujours réellement conscients des difficultés qui les assaillent. Ils pensent ainsi qu'ils pourront « toujours revenir en arrière » si les choses se gâtent. Je me demandai alors si ce ne serait pas d'une certaine manière préférable pour eux. Je dus cependant admettre qu'après avoir goûté à notre « civilisation » – ils se sont tout récemment par exemple adonnés avec passion au tabac – il leur serait difficile de l'oublier. D'ailleurs où pourraient-ils aller une fois que leurs forêts auront disparu et que leurs terres seront entre des mains étrangères?

Les maisons communautaires, dans lesquelles les Asmat avaient toujours vécu, furent mises à l'index en 1954 par les Hollandais. Ils voulaient installer ces gens – comme on le veut partout – dans des maisons « modernes ». Mais quel spectacle déprimant que ces rangées de baraques, toutes construites sur le même modèle, qui constituent aujourd'hui la plupart de leurs villages! Contrairement aux Dani, les Asmat ont une assez longue histoire de contacts intermittents avec le monde extérieur. Il y eut, entre autres, énormément d'activité dans cette région lors de la Deuxième Guerre mondiale. Mais même auparavant, ils avaient fait du commerce le long de la côte. Leur territoire était cependant évité par les étrangers qui craignaient à juste titre de remonter les rivières. La plus grande partie des Asmat qui avaient eu des contacts avec les représentants de notre monde portaient des vêtements qu'ils gardaient sur eux jusqu'à ce qu'ils pourrissent. Leur état sanitaire était beaucoup plus médiocre que celui des Dani. Il est probable qu'il y a un lien entre la maladie et les vêtements. Sous les tropiques, s'ils ne sont pas régulièrement lavés, les vêtements favorisent le développement de nombreuses infections. Les Dani, qui continuaient à enduire leurs corps de graisse de porc au lieu de tissus humides et en décomposition, étaient beaucoup moins atteints par les maladies. Une récente épidémie de coqueluche avait ainsi tué vingt personnes dans le premier village asmat que nous avons visité.

Je demandai à un autre prêtre comment il envisageait l'avenir des Asmat : « Je ne sais vraiment pas ce que les quinze ou vingt prochaines années apporteront. Leur population augmente, leur mode de vie change et ils acquièrent de nouveaux besoins. Mais ce sont les étrangers qui tirent profit des boutiques et du commerce du bois. Ce n'est que grâce à la mission que ces gens peuvent continuer à vivre. Là est le danger. Il faudrait qu'ils cessent de dépendre de nous. Les administrations successives les ont obligés à modifier considérablement leur mode de vie. On leur a dit d'abord de brûler leurs maisons communautaires et de détruire leurs sculptures. Maintenant on leur demande de refaire de l'artisanat afin d'encourager le tourisme! On a créé des « centres sociaux »; mais la plupart des anciennes activités pratiquées dans les maisons communautaires y sont interdites parce qu'elles rappellent le passé et surtout les chasses aux têtes. C'est un peu comme si on obligeait les gens à brûler leur temple, à construire une église et ensuite qu'on leur interdît d'y prier! »

Ces considérations sur l'avenir des Asmat, exprimées en de tels termes, me semblent toucher le problème à la racine. Les implications philosophiques d'un tel raisonnement, renvoyant à la nature même de l'homme, nous font approcher d'hypothèses de travail efficace. Si l'on accepte que tous les membres de l'espèce humaine sont égaux et qu'ils sont potentiellement capables d'accomplir bien plus que ce que chacun de nous parvient à réaliser, il est évident que le stimulus de la créativité dépend largement de l'environnement culturel dans lequel chacun a été plongé depuis son enfance. Si l'homme est parfois capable de sortir de sa propre culture, de s'adapter à de nouveaux milieux naturels et de réaliser de nouvelles conquêtes intellectuelles – c'est d'ailleurs ce qui le différencie de l'animal – il doit, pour pouvoir le faire, appartenir à une riche et forte culture.

Le missionnaire qui ne peut considérer sa religion comme

faisant d'abord partie de sa vie intérieure, qui a besoin de la justifier en essayant d'en imposer le modèle aux autres, s'éloigne de sa vraie mission. Exactement comme le sage peut parvenir à la sérénité par simple recherche de la concentration, les ethnies isolées peuvent se développer elles-mêmes en s'appuyant sur leur propre culture. Même si les influences extérieures sont inévitables, nous n'avons aucun droit de leur imposer des changements radicaux dans leur manière de vivre. Le missionnaire qui consacre sa vie à aider les autres, sans préjugés et sans condamner les croyances et les coutumes qui ne ressemblent pas aux siennes, remplit une fonction essentielle et admirable. De plus, s'il a fait vœu de célibat et de pauvreté, il se trouve dégagé des obligations familiales et de toute compétition sociale. Cela lui permet de supporter plus facilement la solitude et de se donner tout entier à sa tâche. Mais des hommes d'une telle force sont rares.

Grâce à la présence de cette mission à Asmat, j'ai senti que ce peuple avait des chances raisonnables de réussir dans l'avenir quel que soit le sens qu'on donne au mot réussir dans un tel contexte. Essayer de répondre à cette question à propos des ethnies minoritaires touche au cœur même, je crois, du travail qu'essaye d'accomplir Survival International. En trois mois, nous n'avons pu prendre conscience que d'une partie du « problème indigène » en Indonésie. Nous n'en avons qu'effleuré la surface pour tenter de discerner quelques solutions possibles. Toutefois une chose est certaine : un nombre considérable d'ethnies ont un besoin urgent d'aide et de soutien si l'on veut qu'elles survivent.

En Indonésie, le changement économique et social se produit si vite, le désir de « développement » est si grand que le danger qui menace les minorités indigènes réside plutôt dans un manque d'intérêt généralisé à leur égard que dans l'absence réelle de solutions. Alors que, dans certains cas, préservation et protection s'imposent dans un premier temps, à long terme il est possible de penser que ces cultures différentes puissent trouver leur place dans la communauté nationale malgré l'acharnement de ce pays à vouloir imiter le rêve matérialiste déchu de l'Occident. Évidemment, cette adoration aveugle du « progrès » a déjà fait des ravages aussi bien sur le plan écologique que sur le plan social. Aussi est-il à craindre qu'il soit trop tard pour éviter une catastrophe. Des manières de vivre qui avaient évolué lentement au cours de centaines, on pourrait dire de milliers d'années, ont été brutalement transformées sans que personne n'ait pris en considération les conséquences possibles de ces changements. Ce qui reste de forêts vierges et de mers poissonneuses dans ce pays a été surexploité à un tel point qu'il menace d'être anéanti à jamais.

Quelques projets visant à enrayer ces processus furent le résultat direct de notre voyage en Indonésie, par exemple dans l'île de Siberut. Mais il est difficile de secouer l'inertie de la bureaucratie dans les pays d'Asie du Sud-Est. J'avais conscience de ne savoir finalement que peu de chose sur le sujet et ce n'était peut-être pas le bon moment pour publier un rapport sur le sort des ethnies minoritaires en Indonésie. Les officiels à qui je m'adressai se désintéressaient totalement de la question, improvisant surtout des solutions à court terme pour un problème qu'ils considéraient insoluble à long terme.

Dispersées sur près d'un million de kilomètres carrés, les îles d'Indonésie comprennent plus de trois cents groupes ethniques qui sont administrés à partir de la petite île surpeuplée de Java. L'Indonésie possède la plus grande diversité de cultures du monde. Nous osons espérer que son gouvernement – dont la devise est : « Unité dans la diversité » – puisse un jour s'apercevoir de la valeur unique de chacun des peuples qui dépendent de son administration.

8.

Les prochains sur la liste

Ne nous y trompons pas : l'éveil de la sensi-
bilité publique au destin lamentable des
peuples dits archaïques, la sympathie, la
révolte même qu'inspire la fin des dernières
tribus de l'Amérique tropicale, proviennent
moins d'un sursaut de clairvoyance ou de
générosité que d'un réflexe profondément
égoïste : nous nous identifions à ces peuples
que nous avons condamnés au moment où
nous découvrons que nous sommes les pro-
chains à figurer sur la liste.

CLAUDE LÉVI-STRAUSS,
« Le Journal de Genève », 28 juillet 1973.

Les voyages que nous fîmes, Marika et moi, au Brésil et en Indonésie furent de formidables expériences. De plus nous tirâmes un grand plaisir à voyager ensemble et beaucoup de satisfaction à publier les résultats de nos enquêtes. Bien qu'extrêmement éprouvants, ils n'avaient pas exigé d'efforts physiques considérables. Curieusement, dans les quelques mois qui suivirent l'un et l'autre de ces voyages, il me fut possible de satisfaire mon désir obsessionnel de dépense physique au cours de nouvelles expéditions dans les deux continents que nous avions visités.

En 1972, je voyageai de nouveau pratiquement seul en Amérique du Sud, tout en étant vaguement rattaché à une importante expédition militaire britannique, conduite par le dynamique colonel John Blashford-Snell. J'avais toujours eu beaucoup d'amitié et la plus grande considération pour cet officier. Pourtant nous étions presque toujours en désaccord lorsqu'il s'agissait d'exploration et des buts que nous souhaitions atteindre. Dès le départ, il savait que j'étais contre les objectifs avoués de l'expédition en question. Je lui suis d'autant plus reconnaissant de m'avoir invité à y prendre part et permis d'y défendre mon point de vue.

Il y a une grosse ligne rouge sur la carte du continent américain qui, descendant de l'Alaska, atteint le cap Horn. Mais au beau milieu, ce parcours est interrompu par un vide de quelque trois cents kilomètres à la hauteur de l'isthme de Darién. Comment le monde civilisé pouvait-il tolérer cette interruption d'une route à grande circulation de trente-deux mille kilomètres de long, la route paraméricaine? Le but de l'expédition était de prouver qu'on pouvait parvenir à rendre la ligne continue. Deux Range Rover suivraient la route tout au long en se frayant un chemin, durant trois mois, à travers l'isthme de Darién. Les bulldozers suivaient. Des chercheurs scientifiques faisaient partie de l'expédition pour étudier la flore et la faune avant qu'elles ne fussent détruites. Car elles le seraient inévitablement, sinon par la route elle-même, du moins par les colonies qui ne manqueraient pas de s'établir dans la région par la suite. Mon travail consistait à évaluer les conséquences que cette route aurait sur la vie des Indiens de la région.

John Blashford-Snell me décrit avec beaucoup de gentillesse dans son livre *Quand les pistes s'arrêtent* [1] : « Robin, le champion des peuples primitifs, en savait bien plus que nous sur les jungles d'Amérique du Sud. Son charme et son éloquence, alliés à un caractère facile et décidé, parvenaient à calmer les nerfs souvent tendus de certains de nos collègues. Sans faire d'histoires, il rassembla quelques provisions et s'enfonça dans la forêt pour entrer en contact avec ses chers Indiens. De temps en temps – si rarement d'ailleurs qu'elle en devenait presque mythique, puisque de nombreux membres de l'expédition ne l'ont jamais vue – sa silhouette apparaissait. Il remplissait alors rapidement son sac à dos avec de la pellicule et quelques objets destinés à servir de cadeaux. Ceux qui l'apercevaient au cours de ses brèves visites parmi les civilisés l'entendaient s'attaquer avec habileté au projet

---

1. John Blashford-Snell, *Where the trails run out,* Hutchinson, 1974.

de route et découvraient alors l'autre côté de la question. Mais pour la plupart d'entre nous, la jungle était un ennemi cruel qu'il fallait vaincre à chaque pas... »

Harmodio était un Indien Choco de la forêt tropicale du Panama. Il n'avait jamais vu la mer bien que le Pacifique ne se trouvât qu'à une soixantaine de kilomètres de chez lui, à l'ouest, et l'Atlantique à une centaine de kilomètres, au nord-est. Il eut un mouvement de recul devant les grandes vagues qui déferlaient sur le sable doré. Ce tourbillonnement blanc et ce fracas étaient bien plus impressionnants que les rapides des rivières peu profondes dans lesquelles il nageait et sur lesquelles il faisait avancer à la perche son étroite pirogue. Lorsque j'y plongeai, il me cria de faire attention car il avait entendu dire qu'il y avait dans la mer des poissons rassemblant à des jaguars qui risquaient de me mettre en pièces. Je parvins cependant à le convaincre de venir me rejoindre. Mais lorsqu'une vague le recouvrit, il regagna le rivage aussi vite qu'il put et demeura sur le sable tout tremblant. Sa peau claire était peinte en noir avec du *genipapo* jusqu'à la hauteur de sa lèvre inférieure. Son visage était couvert de dessins étonnamment fins.

Pour regagner la plage, je me laissai porter par une vague et atterris presque à ses pieds. Je le pris alors par la main et l'entraînai vers la mer tout en le rassurant et en lui expliquant que c'était très amusant. Il y prit rapidement un énorme plaisir. Je lui dis alors que d'où je venais, certains hommes entraient dans l'eau avec des planches plates, y montaient debout et se laissaient ramener vers le rivage par les vagues. Au bout d'un petit moment, Harmodio retourna sur la plage où se trouvaient nos affaires. Il revint quelques minutes plus tard avec sa machette et un grand morceau plat de bois flotté. Je lui donnai quelques indications tandis qu'il le taillait et le polissait. La planche était un peu lourde et n'avait pas de dérive, mais il devait être possible de tenter de faire du surf avec! En moins d'une heure, Harmodio se tenait debout dans les vagues, les bras tendus et le visage rayonnant de bonheur.

L'ethnie à laquelle appartenait Harmodio, les Embera Choco, vivait le plus loin possible de la côte, près des petits affluents, des sources, des rivières, là où les colons ne s'aventurent pas. Là les Indiens pouvaient chasser, pêcher, cultiver la terre sans être harcelés par des étrangers, noirs ou blancs. Les Choco sont extrêmement pacifiques. Ils sont parvenus à survivre en refusant toujours le combat, en s'évanouissant dans une forêt inextricable, amicale pour eux mais féroce envers tous ceux qui ne la comprennent pas. Ce sont très probablement eux que les voyageurs venant du vieux monde ont vus les premiers. Christophe Colomb repéra l'isthme de Darién lors de son dernier voyage. Ces Indiens ont résisté au changement en esquivant le monde blanc de cette manière, depuis près de cinq cents ans. Arrivèrent tout d'abord les conquistadores qui transportaient l'or pillé au Pérou, d'une côte à l'autre en franchissant marécages et montagnes. Puis les pirates qui les harcelaient sans cesse, leur tendant des pièges sur la terre ferme et sur la mer près des côtes. On utilisa ensuite des esclaves noirs venant d'Afrique dans les mines d'or des collines et dans les plantations de canne à sucre et de café des plaines. Lorsque ces esclaves s'échappaient ou, plus tard, lorsqu'on leur permit de s'établir près des estuaires, les Choco s'enfoncèrent un peu plus dans l'intérieur des terres. Des hommes arrivèrent enfin pour creuser le canal de Panama. De grands navires se mirent alors à passer d'un océan à l'autre, des villes se bâtirent et des flottes de bateaux de pêche commencèrent à capturer les bancs de poissons qui abondaient dans la région. Tout au long des siècles, alors que les chasseurs d'esclaves en voulaient à leurs corps et les missionnaires à leurs âmes, les Choco fuirent de plus en plus loin, protégés par une forêt inhospitalière et des marécages où régnait en maître le paludisme. Jamais personne ne leur a reconnu le moindre droit sur leurs terres et aucune réserve territoriale n'a jamais été créée pour eux. Pourtant personne n'a jamais non plus réussi à les déplacer dans des villes ni à les faire tomber dans les autres pièges de la civilisation. En fait, ils ne constituaient nullement une menace pour les colonisateurs, et ils faisaient de piètres esclaves, mourant en captivité ou s'enfuyant dans des endroits où aucun homme sain d'esprit n'aurait voulu aller.

En plus d'Harmodio, deux autres Indiens m'accompagnaient; Manuelito, un homme jeune qui avait une femme et un enfant, et Guillermo, déjà fort âgé et que je surnommais pour moi-même le « père Guillaume » [1] parce que, bien qu'il ne se tînt pas sur la tête, sa force et son énergie étaient telles que j'avais sans arrêt envie de

_____

1. Allusion à *Alice au pays des merveilles*. (N.d.T.)

lui demander s'il pensait qu'à son âge un tel déploiement d'activité était bien raisonnable. J'arrivai à leur village de Manene, sur le fleuve Balsas, le seul établissement choco de quelque importance, dans le petit avion de l'expédition, un Beaver, qui semblait capable d'atterrir dans un mouchoir de poche. Je m'installai dans la hutte du vieux chef, un sage du nom de Loro, et passai la plus grande partie de la nuit à parler avec lui des problèmes qu'avaient à résoudre les Choco. Loro était fermement opposé à la route comme tous les Choco à qui je parlai ensuite, au Panama et en Colombie.

« Si la route passe à travers ou près de notre territoire, on nous le prendra. Nous avons remonté les cours d'eau le plus loin possible. Il est déjà bien plus difficile pour nous d'attraper du poisson dans des eaux peu profondes et de trouver du gibier en haute montagne. Maintenant, il n'y a plus de place où nous puissions nous réfugier. Si on nous prend notre terre, nous serons obligés d'aller à Panama et nous deviendrons des mendiants. » Plusieurs Choco avaient été sur la côte pour travailler, durant un certain temps, sur les bateaux ou en ville; aucun n'était resté et aucun ne voulait y retourner.

« C'est agréable d'avoir de l'argent, de voir le monde et d'acheter quelques petites choses pour impressionner ses amis. Pourtant quand l'argent est dépensé, que les piles dans nos postes de radio sont déchargées et que nos chemises sont déchirées, nous n'avons aucune envie de retourner là-bas. Le prix à payer est trop lourd. Nous préférons de loin vivre ici. »

Une de nos grandes illusions, qui a conditionné habituellement nos relations avec les ethnies dites primitives, a été de croire qu'une fois que les Indiens ont goûté aux fruits de la civilisation, ils ne pourront plus jamais être satisfaits avant d'avoir gravi les degrés de l'échelle économique du grand rêve américain. Cette croyance, qui fait partie de l'éthique de la mythologie judéo-chrétienne, est imprimée dans nos cerveaux dès qu'on nous parle de l'expulsion d'Adam et d'Eve du paradis terrestre. Pratiquement, aucun des membres des sociétés traditionnelles n'a jamais – étant donné la nature du monde dans lequel nous vivons – réussi à atteindre les hauteurs douteuses de ce nirvâna matérialiste. Généralement, ils ne parviennent même pas à ce qu'on leur fasse une place sur le plus bas des échelons. J'ai maintes fois rencontré des gens qui avaient goûté ces fruits de la « civilisation », les avaient examinés avec sagesse et, après avoir modifié légèrement leur comportement, avaient décidé de ne pas aller plus avant dans leur collecte. Une société qui utilise des haches de pierre, lorsqu'elle rencontre le métal, ne recommence jamais à fabriquer des haches de pierre. Elle fera du commerce avec le monde extérieur pour satisfaire ses nouveaux besoins. En revanche, elle peut renoncer à surdévelopper son commerce pour éviter d'anéantir ses coutumes et les formes de sa culture, et cela malgré les pressions constantes inlassables de l'extérieur. Comme les Choco, tous les Indiens demandent à ceux qui prennent la peine de les consulter sur leurs besoins afin d'améliorer leur existence, qu'on veuille bien reconnaître leurs droits sur la terre qu'ils ont toujours habitée et qu'on renonce aux pressions qu'on exerce sur eux pour les faire changer, que ce soient celles des gouvernements, des missionnaires, des sociétés d'exploitations minières ou forestières ou des entrepreneurs de travaux publics.

Les Choco ont eu, comme n'importe quelle autre société dans le monde, suffisamment de temps pour considérer ces problèmes et avoir quelque chose à en dire. Il fut dans ce cas une nouvelle fois triste de constater l'hypocrisie et l'arrogance de notre monde : avant que je ne parle à Loro, personne jamais n'avait consulté les Choco sur les décisions qui engageaient leur avenir.

J'avais apporté avec moi un sac plein de cadeaux provenant du magasin de l'expédition. J'avais l'intention de passer la plus grande partie de mon temps avec divers groupes d'Indiens et aussi peu que possible avec l'expédition elle-même; on m'avait donc permis de puiser dans la grotte d'Ali Baba, gardée par l'intendant, tout ce qu'il me semblerait utile d'emporter dans mes pérégrinations. C'est ainsi que je pouvais offrir à Loro nombre de boîtes de conserve, d'instruments de cuisine, d'hameçons, de fils de nylon, de lames de rasoir, d'aiguilles, de cartouches, de cordes et de sacs ainsi que deux couteaux et deux machettes. Je gardai pour moi-même la carabine – que d'ailleurs je devais rendre – quelques cartouches, une lampe électrique, une couverture, une moustiquaire et un hamac. Les membres de l'expédition – qui était étonnamment bien organisée et ravitaillée – avaient reçu aussi des perles de verre colorées de très bonne qualité qui furent, comme je pus le constater, fort appréciées des Choco.

Loro accepta mes largesses avec dignité et les redistribua

presque aussitôt. Il me demanda ce qu'il pouvait faire pour moi. Je lui expliquai mon intention de remonter le fleuve Balsas jusqu'à sa source puis de traverser la ligne de partage des eaux afin de redescendre vers la côte du Pacifique en suivant le cours du fleuve Jurado. Mon intention était de visiter tous les villages choco le long de cet itinéraire. Après, j'espérais pouvoir faire le même genre de voyage en Colombie, en remontant le Nauca pour atteindre ses sources. Je savais que les Indiens eux-mêmes, à l'occasion, n'hésitaient pas à entreprendre ces deux voyages. Je me demandais si un jeune homme du village accepterait de m'accompagner. Des discussions prolongées suivirent ma demande et les trois hommes dont j'ai parlé décidèrent de partir avec moi à l'aube : le « père Guillaume » parce qu'il voulait rendre visite à une branche de sa famille qu'il n'avait pas vue depuis plusieurs années, Manuelito parce qu'il avait envie de voir le monde, et Harmodio parce qu'il pensait à prendre femme.

Les Choco se servent merveilleusement de leurs pirogues. Je m'assis au milieu de l'embarcation; pour le moment je ne pouvais servir à rien. Les trois Indiens, debout, faisaient avancer à la perche, avec une vitesse surprenante, ce canot de dix mètres de long sur cinquante centimètres de large. Pendant deux jours, nous voyageâmes de cette façon, ne mettant les pieds à l'eau que lorsque la barque touchait le fond à cause des rapides ou des bancs de sable. Ensuite – bien trop vite à mon gré –, l'eau ne fut plus assez profonde et nous fûmes obligés de marcher. Nous coupions en ligne droite lorsque la rivière faisait une boucle, tandis que Manuelito continuait tout seul dans l'embarcation qu'il faisait passer dans d'étroits chenaux ayant à peine quinze centimètres de profondeur et soixante centimètres de large. Bien qu'il prît le plus long chemin, il arrivait souvent avant nous. Une fois, alors que je marchais le long d'un arbre tombé, je me trouvai nez à nez avec un serpent de deux mètres de long, de la grosseur de mon poignet. Avec intelligence, le reptile se glissa en direction de l'eau. Faisant moins preuve de maîtrise que lui, car j'étais un peu énervé, je perdis l'équilibre et tombai sur lui. Nous nous débattîmes un instant pour nous désemmêler. Lorsque finalement j'atteignis la rive, les rires des Indiens m'apparurent inévitablement de très mauvais goût. Contrairement à moi, ils avaient en effet, depuis le début, le privilège de savoir que ce serpent était inoffensif. Mais dans l'ensemble nos journées dans ce paysage idyllique étaient paisibles. Nous dormions sur les rives sablonneuses. J'accrochais mon hamac aux branches des arbres qui nous surplombaient ou aux racines d'un des géants de la forêt renversé lors d'une inondation. Les Choco, qui n'utilisent pas de hamac, dormaient par terre.

Notre alimentation de base était la banane-légume que nous récoltions en chemin et faisions bouillir. C'est un aliment assez insipide et terriblement bourratif. Alors que les Indiens pouvaient en manger une douzaine à la suite, je n'arrivais que rarement à en avaler plus d'une ou deux. La monotonie de ce plat, notre principale source de calories, était cependant largement compensée par la grande variété de nos aliments riches en protéines. Tout en faisant avancer la pirogue, Manuelito prolongeait son mouvement pour s'emparer d'un harpon métallique, sans barbes mais à la pointe acérée, qui se trouvait au fond de l'embarcation. Sans changer le rythme de ses gestes, il transperçait l'eau sur le côté du canot et ramenait avec une incroyable habileté un poisson frétillant alors que seule la force de son élan empêchait sa victime de glisser le long de la tige de métal pour retomber dans la rivière. Le soir, nous installions toujours notre campement près de quelque étang, de sorte que Manuelito et Harmodio ne manquaient jamais d'ajouter quelques suppléments à notre menu. Ils s'enfonçaient sous l'eau avec des lunettes de plongée de fabrication artisanale. Ils attrapaient de délicieuses écrevisses qui devenaient d'un rouge éclatant à la cuisson. Une fois, nous nous régalâmes avec des œufs d'iguane, jaunes et croquants. Leur goût fait penser à un mélange d'omelette et d'œufs de harengs. A plusieurs reprises j'abattis de gros dindons sauvages avec la carabine. La première fois, j'étais assis dans le fond du canot en mouvement et l'animal se trouvait sur une haute branche au-dessus de la rivière. Ce fut un tir acrobatique, peut-être pas très élégant, mais que je ne suis pas sûr de pouvoir réussir une nouvelle fois. Nous avions envie de viande fraîche et j'étais heureux de faire quelque chose d'utile.

Nous voyagions la plupart du temps en silence. Les Indiens, de temps en temps, émettaient un petit sifflement mélodieux pour exprimer une fatigue passagère. La vie de la forêt était à peine dérangée par notre passage : des perruches, des martin-pêcheurs et toutes sortes de gibiers d'eau nous accompagnaient; un écureuil orange et noir avec une grande queue touffue se redressa pour nous regarder passer; un félin long et noir glissa rapidement sur un tronc et disparut; de petits singes jaunes (« pas bons à manger » selon mes compagnons) nous regardaient du haut des arbres en jacassant; d'autres, braillards (« bons à manger »), hurlaient le matin et le soir. Je suis au regret de dire que l'un d'entre eux fut abattu avec le 22 long rifle par Harmodio et que nous le mangeâmes avec plaisir.

Je trouvai ma vocation dans le remorquage de la pirogue. Les Indiens, bien qu'ils fussent très forts, étaient très petits et légers. Mon mètre soixante-quinze et mes soixante-quatre kilos en étaient presque impressionnants! Ils m'attelèrent à l'avant de l'embarcation avec des lianes à l'odeur douceâtre. Durant une longue et chaude journée, nous peinâmes à l'unisson pour transporter le canot sur une rive escarpée et boueuse. Sur un terrain plat et pas trop difficile, nous pouvions le porter d'un trait durant une cinquantaine de mètres, mais dans les collines cela n'était possible que sur deux ou trois mètres seulement. Les petits sifflements de fatigue des Indiens se transformèrent en gémissements qui ressemblaient à ceux d'une portée de chiots. Ils s'arrêtaient, se baissaient et frottaient mes lianes pour en renifler l'odeur subtile avec un plaisir évident, comme si elle leur donnait des forces.

Cette nuit-là, nous dormîmes entassés les uns sur les autres sur le sol, épuisés. Je n'eus ni le courage d'accrocher mon hamac ni de préparer un repas chaud. Mon dos n'a jamais plus été le même depuis, mais nous avons réussi à atteindre le Jurado et, incidemment, à traverser la frontière entre le Panama et la Colombie.

Harmodio commençait maintenant à s'intéresser d'une manière excessive à sa personne. Il utilisait l'intérieur des piles usagées de ma lampe électrique pour se peindre avec application des dessins sur le corps. Il signifiait ainsi qu'il était encore célibataire et se préparait à rencontrer des cousines à marier.

A l'aube, au bord de la rivière, il n'y a rien de plus beau qu'une simple hutte de Choco, blottie entre deux collines, au-dessus d'une petite crique sablonneuse. La fumée sort du toit de palmes de forme conique, qui s'avance de quelques dizaines de centimètres au-dessus de la terrasse circulaire sur pilotis où la famille est assise pour regarder la rivière. Nous arrivâmes dans le plus grand silence et, sans un mot, nous escaladâmes le poteau entaillé qui sert d'échelle, afin de nous installer près du feu. Durant un certain temps, aucune parole ne fut échangée. Puis peu à peu, on se mit à parler; avec animation lorsqu'on découvrit des liens de parenté, avec gravité après qu'on m'eut présenté et que je commençai à poser des questions, avec chaleur lorsque nous partageâmes un grand bol de soupe de poissons. Notre départ s'effectua également dans le plus grand silence, sans un regard en arrière, sans une poignée de main, sans cris et sans signes d'adieu. C'est la coutume.

Le « père Guillaume » dénicha un oncle plus jeune que lui, Tombini, qui avait trois filles. L'aînée, déjà mariée, avait des enfants. La benjamine n'était qu'une petite fille, mais la troisième, nous le devinâmes tout de suite, une jolie et timide adolescente, était destinée à Harmodio. Il était particulièrement beau ce jour-là, soigné et astiqué, peint de beaux motifs rouges sur le visage, portant un pagne également rouge, tout neuf et immaculé, autour des reins. Il avait passé plus d'une heure avant de partir, à se baigner dans la rivière, à peigner et à huiler ses longs cheveux noirs, à se peindre le visage et le corps en s'aidant d'un petit miroir. Pour finir – et c'était la première fois – il s'était accroché un collier d'argent et de perles de verre autour du cou.

La jeune fille, Maria, qui ne pouvait avoir deviné que nous allions venir, sut immédiatement à quoi s'en tenir en voyant les peintures corporelles d'Harmodio. Elle portait en tout et pour tout un pagne très court, coupé dans un tissu fleuri. Elle était belle et réservée avec de jolis seins ronds. Malgré son air retenu, elle semblait savoir aussi pertinemment ce qu'elle voulait. Alors que j'amusais les enfants en jouant à gonfler des ballons et que je parlais très sérieusement avec Tombini, les deux jeunes gens commençaient à flirter dans les limites de la plus extrême bienséance. Lorsque nous partîmes, j'étais convaincu qu'ils étaient parvenus à un accord.

Le petit avion Beaver survolait la côte à ma recherche. Le pilote devait passer au-dessus de cette région à une date que nous avions fixée. Si j'y étais, je devais lancer une fusée de signalisation pour attirer son attention. S'il jugeait le terrain convenable, il atterrirait pour me ramener au camp de base de l'expédition. Ce plan m'avait semblé parfait lorsque le pilote m'avait laissé à

Manene mais, tandis que je parcourais la plage à marée basse, après avoir fait un peu de surf, il m'apparut que beaucoup d'imprévus pourraient surgir. J'avais dessiné sur le sable une piste d'atterrissage qui aurait pu être utilisée sans crainte par un Boeing 707. Au fur et à mesure que la journée s'avançait et que la mer remontait, la piste disparut et le bout de plage qui restait immergé n'avait guère plus de cinq mètres de large! Enfin apparut un point au-dessus des eaux : c'était le monomoteur. Je tirai ma fusée et l'avion atterrit comme il put. Le pilote n'arrêta pas son moteur pour me hisser à bord, de sorte que je pus à peine faire mes adieux. Alors que les vagues léchaient déjà les roues, nous parvînmes cependant à décoller. Je passai la nuit au camp de base avant d'être conduit le lendemain dans une autre région.

La famille de Tombini nous avait offert trois délicieux ananas juteux à la chair blanche que nous dévorâmes avec plaisir lors de notre dernier jour sur la rivière. Quant à Tombini, il m'avait fait cadeau d'un cuissot fumé d'agouti que j'avais enveloppé dans mon hamac pour le garder à l'abri des insectes. Au début de l'expédition, les soixante-cinq membres qui la composaient avaient reçu des instructions formelles quant à la nourriture et à l'hygiène. « Interdiction absolue de manger la nourriture locale. Vous aurez bien assez des boîtes de conserve et des aliments déshydratés que vous emportez avec vous. Il est absolument indispensable de faire bouillir l'eau et d'y ajouter un produit stérilisant. » Sentant que ce régime commençait à perdre de son charme, je sortis mon morceau de viande à la cantine ce soir-là, et en offris un morceau à la ronde en faisant remarquer que la chair était tendre et rose comme celle du saumon fumé.

– Qu'est-ce que c'est? me demanda-t-on.

– De l'agouti, un grand rongeur à la viande exquise.

– Du rat! s'exclama-t-on.

Personne ne voulut y toucher. On me jeta des coups d'œil malveillants tandis que je rongeais l'os au dîner. Et lorsque je choisis de boire l'eau de la rivière à ma gourde plutôt que leur eau stérile et sans goût, je me rendis compte que si je passais plus d'une nuit au camp de base, je risquais fort de saper définitivement le moral des expéditionnaires. La conversation ne portait que sur « ce satané pays et sur cette foutue jungle dans lesquels les Range Rover ne pouvaient s'enfoncer que centimètre par centimètre ». La moitié des membres de l'équipe avaient dû être évacués en raison de piqûres d'insectes ou de troubles intestinaux. Comment pouvais-je dire que j'avais trouvé chez les Indiens un des paysages et un mode de vie les plus idylliques dont on puisse rêver; et aussi que j'étais à fond contre la route et tout ce qu'elle représentait?

Il serait difficile de trouver deux ethnies amérindiennes plus différentes que les Choco et les Cuna, un autre peuple indigène de la région du Darién. Alors que les Choco sont farouches, ne portent pratiquement pas de vêtements et se tiennent le plus loin possible des ennuis, les Cuna sont fiers et durs. Hommes et femmes portent de magnifiques vêtements qu'ils font eux-mêmes. Depuis des siècles, ils combattent avec détermination pour préserver leurs droits et leur bonheur. La plus grande partie du groupe s'est installée au XIXᵉ siècle dans les îles de San Blas, peu éloignées de la côte atlantique du Panama. Ils y font pousser des cocotiers, acceptent quelques touristes et gardent une certaine indépendance. Ils sont depuis longtemps entrés en contact avec la culture occidentale et sont harcelés par des missionnaires appartenant à quatre sectes rivales. Leur nature indépendante et agressive leur a toutefois permis de garder leur identité et donc, jusqu'à maintenant, de préserver leur dignité.

Le reste de l'ethnie, douze cents personnes environ, est resté sur le sol de ses ancêtres à l'intérieur, dans la vallée de la Bayano. Pour tous les Cuna, ce sont eux les gardiens de la tradition et des coutumes ancestrales. Les gouvernements successifs du pays leur ont garanti légalement la jouissance de leurs terres à perpétuité et ils y résistent avec vigueur à toutes tentatives d'invasion. Maintenant, leur avenir était menacé, non seulement par la route dont le tracé passait sur leur territoire, mais aussi par la construction d'un grand barrage dont les eaux submergeraient les trois quarts de leurs terres. A Panama, l'entreprise chargée des travaux m'avait montré les plans qui donnaient une image de la région avant et après la construction. On y lisait clairement les problèmes que le barrage allait poser.

Sept villages cuna seraient inondés. Ce qui représentait les deux tiers de la population de cette ethnie située sur le continent. Tous ces gens devraient être réinstallés ailleurs.

En raison de la conformation du fond de la vallée, le lac

artificiel serait, pour sa plus grande partie, fort peu profond. Les arbres ne seraient pas tous abattus avant la mise en eau; une bonne part de la végétation continuerait donc à émerger du lac. Tout cela aboutirait à réduire cette zone à n'être qu'un marécage fétide. En raison de la crue et de la décrue périodiques des eaux, une partie de ce territoire deviendrait aussi une mer de boue. Une vaste région se trouverait ainsi non seulement rendue inutilisable pour l'homme, mais encore transformée en un incroyable foyer d'insalubrité.

Sans compter que le fleuve Bayano est celui qui, dans cette région, déverse la plus grande quantité d'eau dans le Pacifique où les flottes de bateaux de pêche capturent le gros du produit de base de l'économie panaméenne. Interrompre son cours risque d'avoir des effets graves sur l'écologie côtière et sur la pêche.

Le barrage doit fournir l'électricité de la région du canal de Panama. Mais, comme toute cette zone a été louée aux États-Unis, on peut dire que cette électricité sera destinée à l'exportation. De plus, il y a, dit-on, d'autres rivières qui auraient pu servir à ce projet sans qu'il fût nécessaire de déplacer des populations indigènes.

J'ai demandé au directeur de ce projet ce qu'il pensait du barrage. Il m'a dit que les considérations écologiques n'étaient pas de son domaine : il était payé pour construire le barrage. Toutefois, si je voulais vraiment son opinion, il ajouta que tout cela était un peu inquiétant car un mouvement de crue et de décrue d'une amplitude de vingt-cinq mètres rendrait d'immenses étendues de terre inutilisables et la boue et les maladies poseraient certainement un jour des problèmes insolubles dans cette région.

On m'avait prévenu que les Cuna ne se montreraient pas particulièrement amicaux avec les étrangers que nous étions. Durant les premiers jours, Jerry Pass, le jeune cameraman de l'expédition qui m'avait accompagné, et moi-même fûmes accueillis avec réticence. On nous interdit de filmer quoi que ce fût alors que les Bayano Cuna, particulièrement les femmes, étaient extrêmement photogéniques. Habillées de couleurs vives, avec beaucoup de rouge et d'or dans les châles qu'elles portaient sur la tête, elles me rappelaient curieusement les femmes Berbères de l'Atlas. Elles portaient de longues jupes descendant jusqu'aux chevilles, ornées de dessins vert, bleu, noir et or, et aussi des corsages brodés appelés *molas,* dont les motifs stylisés viendraient, selon certains historiens, des Maya. Beaucoup portent de petits anneaux d'or fixés dans le septum nasal – comme les Berbères – et des bracelets rouge et jaune au-dessus et en dessous du mollet.

Les hommes en chemise, en pantalon et en chapeau, semblaient en comparaison beaucoup moins élégants. Cependant leurs chemises étaient assez intéressantes. Elles étaient coupées sur le modèle des tuniques du xvie siècle, portées par les Espagnols et les pirates anglais qui rôdaient dans les parages. Elles avaient des manches trois-quarts et le pan de devant s'arrêtait au-dessus du nombril, laissant le ventre à découvert. On aurait dit qu'elles venaient en ligne directe d'un des films d'Errol Flynn.

Les rites jouaient un rôle important dans la vie des Cuna. Si deux ou trois d'entre eux possédaient des moteurs hors-bord et si, dans l'ensemble, ils paraissaient plus acculturés que les Choco, il n'en restait pas moins que chacun de leurs actes était dicté par la tradition plutôt que par des considérations purement économiques. Cette attitude leur donnait une force et une cohésion exceptionnelles qui leur avaient permis de conserver leur indépendance et leur fierté. Presque chaque soir, à la tombée de la nuit, des messagers traversaient les villages demandant aux gens de se rendre au « Congrès ». Deux ou trois adolescents, en pantalon et en chemise, mais portant des bâtons rituels dont l'extrémité sculptée figurait une tête d'oiseau, ainsi que c'était la coutume sous l'empire romain, jouaient ce rôle. Ils portaient d'ordinaires chapeaux de feutre dont le bord était couvert de plumes, en souvenir sans doute des couvre-chefs que ce peuple portait autrefois. De leurs poches sortaient des mouchoirs colorés. Ils s'arrêtaient de temps à autre sur leur chemin pour convier les passants à l'assemblée nocturne des anciens, exactement comme des crieurs publics. On m'avait dit qu'on évoquerait au Congrès mon autorisation à prendre des photographies et qu'il me fallait être là.

De l'extérieur, la maison du Congrès, avec son toit de palmes et ses murs en bois, ressemblait beaucoup aux huttes carrées du village. A l'intérieur cependant, des bancs montaient en gradins contre les murs et dégageaient un espace central. Je me plaçai près du chef, le *sahila,* qui était étendu dans un hamac. Il observait les habitants du village qui s'installaient par petits groupes, au fur et à mesure de leur arrivée. Les femmes s'assirent ensemble pour coudre des *molas* à la faible lueur de quelques lampes à huile. Au fond, les jeunes discutaient bruyamment. Les enfants faisaient un grand tapage en jouant, sans pour autant rompre la dignité parlementaire du lieu. Les anciens conversaient avec sérieux de l'ordre du jour, sur le banc qui leur était réservé au premier rang. L'atmosphère était très semblable à celle d'un parlement occidental. Pourtant, ce n'étaient pas là des lois démocratiques imposées de l'extérieur, c'était tout simplement la manière dont les Cuna, tout au long de leur histoire, même bien avant l'arrivée des Espagnols, avaient toujours pris les décisions d'intérêt collectif.

Les débats étaient toujours conduits en langue cuna, même si une grande partie des assistants comprenaient l'espagnol. En face du *sahila* se trouvait son secrétaire qui faisait régner l'ordre. C'était à lui qu'étaient adressés tous les commentaires. Quelques discours passionnés en provenance des bancs du fond se firent entendre. Le chef ou l'un des anciens répondait sur un ton laconique. A un moment donné, j'eus nettement l'impression que quelqu'un s'élevait contre la présence « d'un étranger dans la maison ». Un groupe de personnes me lancèrent même des regards hostiles. Mais apparemment l'objection fut rejetée et personne ne s'adressa à moi directement.

Les messagers conduisirent à leurs places de nouveaux arrivants. Il me sembla qu'un autre de leurs rôles était, dans l'assemblée, d'organiser des groupes de soutien ou d'opposition concernant certaines questions. Mais peut-être suis-je en train d'extrapoler. Quand un ancien arriva en retard, tout le monde s'agita pour lui trouver la place qui convenait à son rang. Plusieurs hommes se levèrent pour lui offrir leur siège avec beaucoup de courtoisie. Finalement, le problème fut résolu à la satisfaction de chacun.

Puis je fus invité à parler. Le secrétaire me dit que le *sahila* voulait savoir exactement pourquoi j'étais venu sur leur territoire et quelles étaient mes intentions. Je pris alors la parole et, dans un espagnol bien loin d'être parfait, je commençai à expliquer comment l'organisation à laquelle j'appartiens, Survival International, essayait d'aider les Indiens qui se voyaient confrontés à certains problèmes. Je leur précisai aussi que j'avais une certaine expérience, ayant déjà fait ce travail au Brésil et ailleurs. Ce que je disais était traduit phrase par phrase en cuna par le secrétaire.

Heureusement, j'avais passé quelque temps avec lui la veille, de sorte qu'il pouvait donner libre cours à son éloquence et développer à loisir mes simples remarques. Je leur dis que je comprenais que les Bayano Cuna se trouvaient confrontés à deux menaces qui, incontestablement, allaient bouleverser leur vie : le barrage qui, à la fin des deux prochaines années, inonderait leurs terres et la route qui devait passer sur leur territoire. L'expédition à laquelle je participais se trouvait dans la région sur l'invitation du gouvernement de Panama. Je ne voulais nullement provoquer des troubles mais tout simplement rassembler des informations sur ce qu'ils pensaient eux-mêmes de ces questions afin que l'on puisse tenir compte de leur point de vue. Cependant, je n'étais aucunement lié avec le gouvernement et me sentais donc parfaitement libre de m'opposer à sa politique si je pensais qu'elle ne protégeait pas suffisamment leurs intérêts.

« Notre terre, me dirent-ils, est une bonne terre et personne ne nous la prendra. Des hommes, envoyés par le gouvernement, nous ont montré d'autres terres en amont et nous ont dit que nous devrions nous installer là-bas. Mais ce n'est pas de la bonne terre. Il n'y a pas d'emplacement de jardins satisfaisants là-bas et il n'y a pas de poissons dans la rivière. Nous avons dit que nous voulions rester. Lorsque l'inondation arrivera, nous serons peut-être obligés d'éloigner nos villages des rives, mais nous ne partirons pas. Ce n'est sûrement pas cette inondation qui nous fera bouger. Même les pires inondations dont se souviennent les anciens ne sont jamais montées plus haut que le village. »

Je leur demandai alors si certains d'entre eux avaient rendu visite à leurs cousins dans les îles de San Blas, au large de la côte atlantique. Plusieurs y avaient été.

« Vous avez vu qu'il y a des montagnes ici et là-bas, n'est-ce pas ? Quand le barrage sera fini, l'eau s'étendra jusque-là. Ce sera comme la mer que vous avez vue autour des îles de San Blas, seulement il n'y aura presque pas de poissons et les cocotiers ne pousseront pas. »

Visiblement, ce que je leur disais les préoccupait. Ils me montrèrent des documents signés par les présidents successifs de la République panaméenne leur garantissant leurs droits territoriaux à perpétuité et assurèrent qu'on ne les leur prendrait jamais.

« Personne ne nous a jamais parlé de ça. Que pouvons-nous faire ? »

222

Je leur répondis qu'il était peut-être trop tard pour empêcher la construction du barrage, mais que pourtant de nombreuses personnes jugeaient ce projet inepte et dangereux, et étaient prêtes à se battre contre; parmi ceux-là, les membres de Survival International, malgré la création récente de cet organisme et son manque de pouvoir.

« Vous devriez envoyer des représentants au Président de la République et lui demander de sauver votre territoire. Mais vous devriez aussi commencer à ouvrir des jardins sur les nouvelles terres qui vous ont été données. Car si, en dernière limite, vous êtes obligés d'aller là-bas, vous pourrez au moins vous nourrir, sinon vous risquerez de connaître la famine en attendant que vos plantations produisent. »

« Mais nos jardins ici existent depuis longtemps. Il faut de longues années avant que les arbres donnent des fruits et pour savoir quelles sont les meilleures terres. Nous ne quitterons pas notre territoire. Nous nous battrons pour lui comme nous l'avons toujours fait. Il y a bien des années, quand les colons commencèrent à remonter la rivière, nous avons perdu beaucoup de nos terres et un grand nombre d'entre nous sont partis s'installer à San Blas. Nous, nous sommes restés et finalement le gouvernement a demandé aux colons de ne pas remonter plus loin. Maintenant il n'y a plus de place sur les îles et de toute façon nous n'avons nullement l'intention de partir. »

Je leur demandai ensuite ce qu'ils pensaient du projet de route. Sur ce problème, l'opinion était partagée. Certains croyaient que ce serait un avantage d'avoir une voie de transport rapide en direction de Panama. Cela faciliterait le commerce et pourrait les enrichir. D'autres craignaient que les bulldozers, déjà au travail à la limite de la réserve, détruisent la forêt pour permettre la vente des arbres les plus précieux.

« Ils emportent nos meilleurs arbres et ne nous les paient pas. Lorsque nous avons protesté, ils nous ont dit que la terre allait être inondée et que les arbres ne valaient rien puisque de toute façon la forêt serait détruite. Jusque-là nous avions cru qu'ils disaient cela parce qu'ils pensaient que nous étions des Indiens stupides qu'on pouvait escroquer avec des balivernes. Maintenant, nous comprenons que c'est bien pire. »

Il me sembla alors que c'était le moment de soulever la question des photographies dont j'avais besoin pour mon rapport.

« Beaucoup de gens croient que les Indiens sont ignorants, que ce sont des sauvages nus incapables de s'occuper de leurs propres affaires. Si je peux montrer comme vos vies sont riches, comme vous êtes forts et sages, cela peut m'aider à apprendre aux gens que les Indiens ne sont pas inférieurs aux autres et méritent notre respect. Cela peut donner du poids à vos revendications sur la question du barrage et de la route. »

La clarté des lampes avait baissé et les femmes s'étaient arrêtées de coudre pour écouter en fumant de courtes pipes en bois. Elles participaient à la discussion et argumentaient contre les hommes, sur un pied d'égalité. Parfois elles les interrompaient pour leur crier qu'ils étaient stupides et incapables de gouverner, qu'ils feraient mieux d'aller se battre plutôt que de se conduire comme des lâches. Quelques enfants s'étaient endormis maintenant, en boule sur le sol ou blottis contre les genoux de leur mère. Le jeune fils du *sahila* était couché dans le hamac de son père, les yeux à demi fermés.

En conclusion, le Congrès ne voyait pas d'objection à ce que nous prenions des photos, mais ne pouvait nous donner une autorisation définitive. Nous devions obtenir celle-ci du *sahila* de Icanti, à quelques kilomètres de là, sur la rivière Bayano. C'était lui le chef suprême de toute la réserve. Il me fallait aller là-bas le lendemain pour le rencontrer. S'il était d'accord, je pourrais faire ce dont j'avais envie.

Le lendemain matin, lorsque Jerry et moi arrivâmes à Icanti, le *sahila* était en train de préparer des plantes médicinales qu'il avait collectées dans la jungle. Notre problème de photographies ne l'intéressait nullement; il trancha la question avec irritation en nous disant : « Oui, oui, oui, vous pouvez faire ce que vous voulez! » Puis plus aimablement, il nous demanda de revenir le soir pour parler avec lui et assister à son Congrès. Nous retournâmes précipitamment vers la rivière pour sauter juste à temps dans une des pirogues qui partaient à la pêche avec une trentaine d'hommes à bord. Ils emportaient un immense filet noir qui appartenait à toute la communauté d'Icanti et qu'ils n'utilisaient qu'à de rares occasions durant l'année.

« Autrement, nous dirent-ils, comme si c'était la chose la plus évidente du monde, nous attraperions rapidement tous les poissons de la rivière et ensuite nous aurions faim. En temps normal, nous pêchons avec des hameçons et des lignes. Nous attrapons les poissons un par un. C'est moins rapide, mais habituellement nous en prenons suffisamment pour nourrir nos familles. Si l'un d'entre nous n'a pas de chance, nous répartissons nos prises. »

Se servir d'un filet de pêche était une chose tout à fait nouvelle pour les Cuna. Leur attitude intelligente face à la pêche – attitude que les flottes de chalutiers de nos grandes nations pourraient copier avec profit – est un autre exemple de la faculté des Indiens à utiliser de nouvelles techniques sans pour autant mettre en danger leur comportement traditionnel. L'introduction de nouvelles méthodes de travail ne les rend pas avides ni dangereusement dépendants de ceux qui, à l'extérieur, leur fournissent un matériel qu'ils ne sont pas encore capables de fabriquer par eux-mêmes.

Alors que la rivière s'élargissait jusqu'à des rives de graviers en pente douce, nous aperçûmes deux autres pirogues. Leurs occupants avaient jeté du maïs et des bananes-légumes cuites comme appâts. Une grande zone fut encerclée et nous nous mîmes tous à l'eau pour tirer le filet vers la rive. Nous frappions des mains sur l'eau pour empêcher le poisson de s'échapper et plongions au fond pour nous assurer que le filet n'était pas accroché.

Ce fut de très loin la plus grande quantité de poissons que j'aie vue en un seul coup de filet. Lorsque le filet fermement tenu arriva au bord et que les hommes commencèrent à le haler sur la terre ferme, une énorme masse de poissons se mit à frétiller en tous sens. Ils semblaient tous de la même espèce et leur poids variait entre cinq cents grammes et trois kilos. J'évaluai la prise à plus de quatre cents poissons. Si l'on prend un poids moyen d'un kilo deux cents, ils avaient réussi à prendre en un seul coup de filet presque une demi-tonne de poissons. Ils continuèrent de pêcher toute la matinée. Après que les pirogues lourdement chargées furent rentrées au village, la pêche fut partagée équitablement entre tous. Le poisson serait ensuite séché et salé puis suspendu aux poutres des maisons constituant une réserve de protéines pour tous pendant plusieurs mois. Le filet lui aussi fut rangé, il ne serait utilisé de nouveau que lorsque le Congrès aurait décidé que l'on pouvait de nouveau pêcher de cette manière sans mettre en péril la réserve de poissons. Il était assez triste de penser qu'une rivière si intelligemment exploitée devait être précisément celle sur laquelle on projetait de construire un barrage. Une fois que les terres auront été inondées, les Cuna ne pourront jamais plus pêcher de cette manière. Et en admettant même que les espèces de poissons s'adaptent à une eau peu profonde et stagnante, il serait alors bien plus difficile de les pêcher.

Au Congrès d'Icanti, ce soir-là, je fus de nouveau mis à l'épreuve. Et une fois de plus je fus atterré de voir à quel point les Cuna étaient peu préparés pour faire face aux changements que le barrage allait provoquer. Ce n'était pas très agréable d'être un porteur de mauvaises nouvelles. J'étais furieux de voir à quel point les services officiels avaient négligé de les avertir sur les conséquences apparemment inévitables de ce projet gouvernemental, coûteux et d'une portée considérable. Comme c'est très souvent le cas partout dans le monde, lorsqu'il s'agit de projets de développement à grande échelle, il semble que personne n'avait même pensé à évaluer son coût réel sur le plan social et écologique. On n'avait pensé qu'aux bénéfices économiques à court terme.

Alors que la soirée était déjà bien avancée, on s'agita près de la porte. Un vieillard, un panier sur l'épaule, fut accompagné par les messagers jusqu'au centre de la pièce. Tandis que les débats continuaient, il enleva ses vêtements humides pour les remplacer par une chemise et un pantalon secs qu'il prit dans son panier. C'était, je l'ai appris par la suite, le chef de Piria, un village nettement en amont, qui venait d'arriver en pirogue. Ce vieil homme tout ridé, à la peau sombre, ne tint aucun compte de l'assemblée jusqu'à ce qu'il fût correctement habillé. Il salua alors avec beaucoup de politesse les anciens assis sur le premier banc et parla un instant avec le *sahila*. Les messagers le firent alors sortir avec une demi-douzaine d'hommes et on m'invita à les suivre. Il est de tradition chez les Cuna, lorsqu'un étranger arrive au village, qu'il doive manger dans chaque maison. Nous avançâmes péniblement en file indienne au clair de lune pour escalader une petite colline, en traversant les plantations, afin d'atteindre la première maison du village. Un des messagers portant son bâton officiel nous ouvrait la route. A l'intérieur de la maison, nous nous assîmes en cercle. Des bols de riz, de bananes-légumes, de soupe, de ragoût nous furent offerts et nous nous mîmes à manger. Une gourde d'eau fut passée à la ronde pour nous permettre de nous désaltérer, puis une grande calebasse dans laquelle nous nous lavâmes les mains. A peine avions-nous terminé le repas que toute la petite troupe se dirigea vers une autre maison où de nouveau nous mangeâmes et bûmes et ainsi de suite jusqu'à la dernière maison. Même quand j'ai faim mon appétit reste modeste et j'avais déjà mangé ce soir-là! Mais il n'était pas question de laisser quoi que ce fût dans les bols qui m'étaient offerts. Si j'essayais de faire une pause, j'étais immédiatement pressé de manger aussi rapidement que possible par tous mes compagnons afin de nous rendre à la maison suivante. Mon abdomen commençait à ressembler à une chambre à air trop gonflée. J'étais véritablement ivre d'eau et de nourriture, quelque chose dont j'avais entendu parler mais qui, jusqu'ici, m'avait toujours semblé impossible. Finalement, l'esprit quelque peu embué, j'avalai même l'eau du rince-doigts dans laquelle tout le monde s'était lavé les mains. Au milieu de l'hilarité générale, on m'autorisa à retourner dans la maison où se tenait le Congrès. Mais à peine étais-je assis que quelqu'un me demanda de sortir de nouveau. Pensant que les débats portaient maintenant sur quelque point d'éthique, je suivis docilement le messager. Je découvris alors qu'un autre festin avait été préparé à mon intention. Et ce repas, il était clair que je devais l'avaler seul. Ce que je fis.

Dès cet instant, je fus traité avec un mélange – que je commençais à bien connaître – de réserve respectueuse pour mon savoir concernant le monde extérieur, et d'indulgent mépris pour mon ignorance des coutumes de l'ethnie. C'est un bon compromis qui est, je crois, ce qu'on peut attendre de mieux lors de contacts brefs avec des cultures totalement différentes de la sienne. Dans une telle situation, tant qu'on est capable de se garder d'une attitude hautaine ou d'une démagogie ridicule, des rapports amicaux peuvent s'établir assez facilement, fondés sur des échanges authentiques et un respect mutuel.

On me demanda où j'avais l'intention de dormir. Je me proposais de rentrer dans l'autre village qui se trouvait à environ une heure de marche et où Jerry, souffrant de troubles intestinaux, avait décidé de retourner tôt dans la soirée. C'était d'ailleurs là que se trouvait mon hamac. Il était maintenant passé minuit et l'on me pria gentiment de rester à Icanti où l'on mettrait un hamac à ma disposition. On m'assura avec emphase que la forêt était dangereuse et que je serais sûrement mangé par un jaguar. Plus prêt à affronter un jaguar qu'un nouveau repas, j'affirmai avec un air plutôt fanfaron que les jaguars ne dévoraient jamais les Anglais. Je me mis en route avec ma petite lampe de

227

poche pour suivre l'étroit sentier qui s'enfonçait dans la jungle. A mi-chemin, je commençai à regretter ma décision. Il me semblait qu'on me suivait dans les ténèbres. Je perdis la piste et j'étais au bord de la panique. Épouvanté, je sentis que quelque chose d'assez gros escaladait lentement ma jambe, juste au-dessus du genou, sous mon pantalon. Durant une fraction de seconde j'éclairai cette masse qui remuait faiblement. Puis, prenant une profonde aspiration et fermant les yeux, je frappai de toutes mes forces la chose avec la paume de ma main. La bête me mordit avant de mourir mais je parvins à la transformer en bouillie contre ma jambe. Je me hâtai en boitillant vers le village sans demander mon reste. J'y arrivai sans encombre et lavai dans la rivière la bouillie noirâtre et gluante qui collait à ma jambe. Je dormis assez bien et fut heureux de constater le lendemain matin qu'il n'y avait qu'une légère enflure à l'endroit de la morsure.

Le chantier du barrage – nous passâmes devant quelques jours plus tard en redescendant la rivière – offrait un spectacle affligeant. Une échancrure entre deux rangées de petites collines était inexorablement envahie par une armada de bulldozers et de camions à bennes basculantes. Les dégâts occasionnés par ces engins s'étendaient très loin de chaque côté. Mais quelque chose de peut-être encore plus choquant nous attendait au moment où nous passâmes la limite de la réserve cuna. Une ligne droite marquait la frontière reconnue légalement entre le territoire indien et celui des colons. D'un côté la forêt vierge, pleine de vie avec de grands arbres et des sous-bois luxuriants; une terre brune qu'on laissait en jachère plusieurs années de suite produisait des récoltes appréciables. De l'autre, une région « développée » : une terre rouge à perte de vue. Le ruissellement avait laissé des cicatrices aussi larges que les rivières et provoqué une complète latéritisation du sol. Quelques arbres morts et des bovins faméliques à la recherche de maigres brins d'herbe desséchés accentuaient l'aspect lugubre du paysage. Nous avions devant nous deux exemples de la manière dont on peut utiliser les ressources fragiles de notre planète. Deux attitudes diamétralement opposées envers la vie et la survie de notre espèce. D'une part, la croyance qu'un profit rapide basé sur la conquête de la nature est la seule chose qui importe puisqu'il y aura toujours de nouvelles terres à ravager; de l'autre, la crainte religieuse d'offenser les esprits de la forêt si l'on exploite la terre au-delà de ce que le permet la tradition. Autrement dit, une philosophie qui favorise une utilisation raisonnable de l'environnement et des ressources limitées qu'il contient, et reconnaît l'interdépendance fondamentale de toute forme de vie. Ne voit-on pas immédiatement où se trouve la sagesse?

Ceux qui ont eu la chance de vivre un certain temps au sein de sociétés dites « primitives » ne sont plus jamais les mêmes ensuite. Ceux qui ont passé des années à étudier leurs savoirs et leurs vies, ceux qui ont appris leurs langues, ceux qui ont analysé leurs coutumes ou leurs relations sociales, ceux qui se sont trouvés là par hasard ou délibérément pour partager leur vie, finissent toujours par percevoir les principes fondamentaux de notre monde dit « civilisé » sous un jour différent. Des idées reçues sur la vie – jamais mises en question auparavant – apparaîtront soudain suspectes ou saugrenues. Bien entendu, de retour dans notre culture, nous nous y réinsérons malgré nous dans les luttes de pouvoir ou d'argent avec l'espoir d'y trouver la sécurité. Mais nous ne croyons plus dorénavant que c'est la seule manière de vivre, notre seul destin, le seul bonheur. Car nous avons goûté parfois à ce qu'aurait été l'existence de l'homme s'il s'était engagé dans une autre direction : celle d'une vie en accord avec son environnement, celle de la reconnaissance de l'unité harmonieuse de la vie et où aurait cessé le combat permanent pour dominer et écraser toutes les autres espèces; ce qui ne peut à la longue qu'amener à l'autodestruction. Il est trop tard maintenant pour ressusciter ce qui a été détruit, mais, en regardant et en respectant ce qui subsiste encore autour de nous, nous pouvons et devons apprendre la modestie qui seule pourra nous permettre de durer un peu plus longtemps à la surface de la planète.

Et la route du Darién? Les Indiens et moi n'étions pas les seuls à nous y opposer. Trois ans plus tard, en 1975, un procès, qui sans doute fera jurisprudence, se déroula devant la cour fédérale à Washington. Les plaignants, qui attaquaient le ministre des Transports et l'administration fédérale des ponts et chaussées des États-Unis, étaient le Sierra Club, l'Audobon Society, les Amis de la Terre et l'Association Internationale pour la Conservation des Lieux de Pêche. Ces associations soutenaient que le gouvernement des États-Unis, qui avançait la plus grande partie des fonds nécessaires à la construction de cette route, contrevenait à ses propres lois concernant l'environnement. A la suite de cette expédition, j'avais écrit un rapport et plusieurs articles (l'un fut publié par le *Times* de Londres) sur les effets que la route aurait sur les Indiens. On s'en servit comme preuve. Le juge décida que les autorités américaines devraient « renoncer à signer des contrats, à fournir des fonds ou à entreprendre quelque action que ce fût qui favoriserait la construction de la route du Darién ». Elle n'a toujours pas été construite.

En revanche, le barrage fut mis en place et les Cuna furent obligés de partir. Des films ont montré les efforts des écologistes tentant de sauver de la noyade des multitudes d'animaux sauvages bloqués sur des îles qui rétrécissaient de plus en plus au fur et à mesure que montaient les eaux de cet énorme lac. Mais je n'ai jamais entendu parler des effets de ce bouleversement sur les Cuna. Et je n'ai jamais pu, jusqu'ici, retourner là-bas. Survival International n'a pas malheureusement assez d'argent pour financer de très nombreuses enquêtes de terrain. Nous devons nous fier aux rapports occasionnels des anthropologues et des voyageurs. Pour l'instant je n'en ai eu aucun.

Dans ce genre de lutte inégale, nous avons peu de succès et beaucoup d'échecs. Mais tant que des gens croiront qu'une ligne sur une carte est plus importante que la dévastation écologique et sociale d'une région – et ils sont nombreux, même s'ils prennent des précautions réthoriques pour l'exprimer – l'isthme de Darién, un des environnements les plus fragiles du monde, et tous ceux qui l'habitent seront en danger de mort.

Avant de publier mon livre sur l'Indonésie, dont certaines critiques risquaient d'attirer l'attention des autorités sur moi, je décidai d'y retourner pour enquêter sur un peuple qu'on disait pratiquement inconnu, dans l'île de Sulawesi.

Mon intention était d'y aller seul. En effet, les voyages solitaires aiguisent non seulement vos perceptions mais facilitent aussi les contacts avec des personnes de cultures différentes. Il est certes bien plus réconfortant d'avoir un compagnon de voyage. Alors que je séjournais, en 1974, chez mon frère Patrick, dans sa ferme à la Jamaïque, je rencontrai Hugh Dunphy avec qui j'avais parcouru très agréablement le Japon en auto-stop, dix-sept ans plus tôt. Après une dizaine d'années passées à la Jamaïque, je pensais qu'il manquerait d'énergie et d'entraînement pour supporter les tensions et les difficultés de la vie en forêt. Néanmoins il insista et me promit de s'entraîner au cours des deux ou trois mois précédant la date de notre voyage.

Notre point de départ se trouvait à l'est de l'île de Sulawesi, près d'une côte où une suite de petits villages de pêcheurs, habités par les Bûgis, bordent la mer. De là nous avions l'intention de traverser à pied la péninsule, large de quelque trois cents kilomètres, où aucun Européen, ni probablement aucun autre étranger, ne s'était aventuré jusqu'alors. Nous avions eu quelques petites difficultés à persuader les différentes administrations que nous étions des touristes, des alpinistes ou des naturalistes selon les circonstances. Il fallait que notre désir d'atteindre une région aussi inhospitalière eût quelques motifs plausibles et un semblant d'explication.

« N'allez pas dans cette région dangereuse, nous dirent les Bûgis de la côte. Les gens de là-bas sont sauvages et dangereux. Ils ne portent pas de vêtements et n'ont aucune religion. Nous aurions peur d'y aller. »

Personne ne peut mettre en doute le courage des Bûgis sur la mer. C'est un grand peuple de marins qui depuis des siècles sillonnent à la voile les mers de l'est dans de petites et magnifiques embarcations, n'ayant généralement pour tout instrument de navigation qu'un jeune coq blanc à la proue qui leur indique les récifs. Mais ils ont, ainsi que les Arabes et les Malais qui se sont installés près des côtes, toujours craint l'intérieur « sauvage » des îles. Musulmans, ils ne peuvent manger ni porc ni sanglier, viandes qui constituent l'alimentation de base lorsqu'on s'éloigne des côtes. Marins, ils se sentent prisonniers dans la jungle et dans la montagne. En de nombreux endroits, les insulaires se sont enfoncés à l'intérieur des terres et cachés dans les collines pour échapper aux vagues successives de colons parvenus sur les côtes. Il s'ensuit qu'ils n'ont pratiquement eu aucun contact avec l'extérieur et ne sont devenus ni musulmans ni chrétiens.

Les To Wana, de la région qui s'étendait devant nous, étaient encore, paraît-il, essentiellement nomades. En fin de soirée, deux jours après avoir quitté la côte, nous avions un premier contact avec eux. Nous avions remonté à pied la rivière Sinkoyo, large et boueuse à son embouchure. N'étant pas navigable, nous l'avions suivie en traversant d'abord les plaines cultivées qui bordent les côtes. Ensuite, nous avons rencontré des bancs de sable et des hauts-fonds et, lorsque le paysage devint plus escarpé, une forêt vierge, verte, épaisse, impénétrable au pied des collines. Nous ne pouvions avancer que le long de la rivière, le seul chemin ouvert à travers la forêt. Nous suivions une rive le plus longtemps possible jusqu'à ce que nous fussions obligés, à cause de grandes avancées rocheuses tombant dans l'eau, de traverser la rivière elle-même en pataugeant pour gagner l'autre rive. Nous avancions lentement, luttant contre le courant, avec de l'eau jusqu'à la taille, essayant de ne pas glisser sur le fond inégal afin de garder au moins nos appareils de photos au sec.

Lorsqu'il se mettait à pleuvoir, les sangsues étaient féroces. Toutes les demi-heures environ, nous devions nous arrêter pour les arracher de nos jambes. Si nous en oubliions quelques-unes, elles s'accrochaient plus fermement avant le prochain arrêt. S'il était encore relativement facile de les détacher, elles laissaient alors des blessures d'où, à cause du produit anticoagulant qu'elles nous avaient injecté, s'écoulait un sang épais et sombre comme de la gelée de cassis.

D'une manière assez désagréable, je le reconnais, j'étais agacé de voir que Hugh, grâce à son entraînement intensif, était plus résistant que moi. Il marchait aussi plus vite, en partie à cause de ses longues jambes et aussi parce que mes pieds me faisaient souffrir. Depuis des années, ils avaient tendance à m'abandonner lorsque je leur en demandais trop. A cause de la courbure de mes orteils, j'avais d'énormes ampoules, et mes ongles tombaient généralement pendant ou après une longue marche. Parfois, un orteil brisé laissait apparaître, au milieu d'une blessure suppurante, une écharde d'os. Durant l'été, j'avais décidé d'en finir avec tout cela. Je mis donc mon destin entre les mains du meilleur spécialiste de la question, à Londres. On raccourcit les deux orteils les plus abîmés et on les redressa en plaçant des broches d'acier qui me firent souffrir durant six longues semaines. Ces opérations auraient dû, en ce moment, montrer leur efficacité. Ce n'était pas le cas. Les premiers jours de marche, le long de la côte et des rives du fleuve, m'avaient causé d'impressionnantes ampoules ouvertes. Je traînais les pieds sur le gravier et sur le sable. Il y en avait aussi bien à l'intérieur qu'à l'extérieur de mes chaussures. Je pestais sans cesse et alternativement contre ces

« foutus docteurs », « ces foutus pieds » et « ces foutues personnes qui marchent trop vite ».

Au fur et à mesure que nous montions, la vallée devenait plus rocheuse et la rivière plus étroite. Nous pouvions maintenant aller de rocher en rocher et nous dispenser de patauger dans l'eau. Alors que nous finissions de remonter un méandre, regardant autour de nous pour tenter de trouver un endroit où installer notre campement, nous nous arrêtâmes sur place. Devant nous, deux garçons plongeaient pour trouver du poisson dans un trou d'eau. Ils ne nous avaient pas entendus arriver. Ils nous regardèrent d'un air effrayé mais comprirent vite qu'il était trop tard pour s'enfuir. Ils restèrent immobiles tandis que nous approchions (ils devaient nous dire plus tard que nous étions les premiers Blancs qu'ils voyaient). Leur attirail de pêche paraissait étonnamment moderne pour les membres d'une ethnie qui passait pour être sans contact avec le monde extérieur. Ils avaient des lunettes de plongée en bois, munies de verres, et des fusils de pêche grossiers équipés de harpons métalliques actionnés par de gros caoutchoucs. Difficile à confondre avec un équipement de l'âge de pierre. De plus, au lieu de pagnes en écorce, ils portaient des maillots de bain en lambeaux. C'était cependant les premiers représentants des gens que nous cherchions à rencontrer, ces To Wana (ou tout simplement Wana) « sauvages », nomades et farouches. Ils avaient attrapé quelques bonnes prises qu'ils nous montrèrent. Leur campement se trouvait sur une clairière de graviers. En attendant que nos guides nous rattrapent – des jeunes Wana islamisés de la côte – nous nous baignâmes dans les eaux fraîches et claires du trou d'eau dans lequel ils avaient pêché. Plus tard, d'autres To Wana arrivèrent et ils furent bientôt une quinzaine parmi lesquels se trouvaient trois ou quatre enfants et un nouveau-né tout blanc. En un éclair, ils se construisirent un abri avec des branches de palmiers. Quant à nous, nous décidâmes de bivouaquer au risque de nous faire mouiller par la pluie.

Les deux femmes du groupe étaient jeunes et vives, pleines d'énergie et d'humour, prêtes à rire ou à crier à la moindre occasion. Nous découvrîmes par la suite que c'était un trait commun aux femmes to wana qui, plus autoritaires, se montrèrent toujours par la suite moins gênées que les hommes par notre présence. Elles aimaient beaucoup se faire photographier en train de travailler ou d'allaiter, et elles n'arrêtaient pas de nous apporter de petites choses à manger. Lors de cette étonnante première rencontre, on nous accueillit spécialement bien. On nous offrit des mets comparables avec les plats les plus raffinés et les plus coûteux. Un poisson entier, cuit dans sa peau, à la chair blanche et succulente; de grosses écrevisses toutes roses, cuites à la vapeur, enveloppées dans de grandes feuilles vertes et cassantes; et pour finir, le plus grand morceau de cœur de palmier que j'ai vu de ma vie. Quelqu'un, arrivé un peu après les autres, l'apporta sur son épaule comme une grande bûche destinée au feu. On le coupa en morceaux et tous les assistants eurent leur part.

Les nomades donnent toujours l'impression trompeuse de prendre la vie à la légère; d'avoir tout le temps devant eux, de faire les choses uniquement parce qu'ils ont envie de les faire. Les sédentaires, quel que soit leur amour pour la vie sauvage et même si, à de rares moments, ils y trouvent une véritable paix, passent la plupart de leur temps à vouloir contrôler leur environnement et à augmenter leur confort. Que nous les aimions ou non, ces terres lointaines nous sont étrangères et nous font peur. Nous ne pouvons nous empêcher de vouloir les changer et les maîtriser.

Au matin, les To Wana restèrent couchés et nous observèrent tandis que nous nous levions. Nous allâmes nous laver à la rivière, laissant coupablement des traces de savon et de pâte dentifrice sur les eaux limpides. Nous fîmes nos sacs à dos, pour les redéfaire un instant plus tard parce que nous avions oublié de sortir les pellicules qui se trouvaient dans une enveloppe en plastique étanche tout au fond. Nous accrochâmes nos vêtements trempés de rosée pour les faire sécher aux premiers rayons du soleil. Nous fîmes du thé et retournâmes à la rivière pour laver les tasses. Enfin nous fûmes prêts à partir. En quelques secondes, deux To Wana qui avaient décidé de nous accompagner étaient prêts à passer devant nous pour nous indiquer le chemin. Sans eux nous risquions de nous perdre, de plus ils pouvaient nous aider à porter nos affaires. Il ne fut pas question d'argent. Tandis que nous ajustions les courroies de nos sacs et regardions autour de nous pour voir si nous n'avions rien oublié, un des deux hommes se fit un sac à l'aide d'une feuille de palmier et de quelques bouts de liane. Ce fut de loin le sac le plus étanche et, lorsqu'il se mit à pleuvoir, c'est là-dedans que je fourrai mon appareil de photos.

Les deux To Wana marchaient vite et nous devions nous

presser pour rester à leur hauteur. Nos jeunes garçons de la côte restaient loin derrière. Nous fûmes récompensés de nos efforts. Nous débouchâmes sur un endroit où la rivière s'élargissait considérablement sur des plages de graviers bordées de fourrés broussailleux. Brusquement, nous pouvions voir plusieurs centaines de mètres devant nous. La rivière semblait former maintenant une sorte de canyon ouvert entre les arbres. Le To Wana qui se trouvait en tête s'arrêta et nous montra quelque chose du doigt près de l'eau; pas très loin de nous se trouvait un anoa, tête dressée, effrayé d'avoir été dérangé en train de s'abreuver. Il tendit le cou de sorte que ses cornes semblaient posées sur ses épaules et se jeta à l'eau afin de traverser la rivière pour gagner l'autre rive. J'avais vu un couple d'anoas au zoo de Djakarta. Ils étaient plus petits et le mâle, au moment où je m'approchai, se jeta contre la clôture. Ils appartiennent à la plus petite espèce de buffle du monde. On ne les trouve que sur l'île de Sulawesi et beaucoup de gens pensaient qu'ils étaient en voie d'extinction. Celui que nous avions devant nous était bien plus gros et sa robe plus foncée que celle des spécimens que nous avions vus au zoo. Les To Wana, certes contents de l'avoir vu, nous affirmèrent cependant que cet animal était très commun dans la région. Le World Wildlife Fund venait de les inscrire dans son livre blanc parce qu'il craignait leur disparition. Je fis remarquer à ses dirigeants, avec à peine un peu d'exagération, que lorsque nous remontions la rivière à pied, nous avions passé pas mal de temps à éviter les bouses d'anoas qui se trouvaient sur les rives. Plus tard, nous rencontrâmes une famille qui mangeait de l'anoa au moins une fois par mois. Il n'en fut pas servi tandis que nous étions là. Partout où nous allâmes, les To Wana nous dirent que cet animal était très commun, en particulier la variété des hautes terres qui est assez petite et de robe rousse. Celui que nous avions vu, plus gros et plus foncé, était celui des basses terres. Le mot indonésien de la région pour les désigner est *sapi hutan* signifiant « vache de la jungle ». Une appellation peu élégante pour un animal de toute beauté que peu de voyageurs ont eu la chance d'apercevoir.

Nous passâmes une nuit près du col qui traversait la montagne. A plus de mille mètres d'altitude, il faisait froid et la pluie qui nous mouillait le dos était glacée. Tassés les uns contre les autres sur le sol, vaguement protégés par un abri abandonné à moitié en ruine, nous étions trop fatigués et trop mouillés pour nous déshabiller afin de nous débarrasser de nos sangsues. C'est alors que Hugh sortit sa trousse d'urgence de luxe : de petites barres de bonbons à la menthe. Cette friandise doit avoir été inventée pour de tels moments. Nous nous endormîmes aussitôt après.

De l'autre côté de la montagne, la fièvre ou le soulagement d'être encore vivants nous firent trouver le paysage plus sauvage et plus romantique. Cascades, retenues d'eau profondes et sombres; fleurs rouges se détachant brusquement sur des nuances infinies de vert; gorges encaissées et affleurements rocheux semblables à ceux qu'on trouve dans les tableaux de la Renaissance. Cette forêt nous parut accueillante : les épines moins piquantes qu'ailleurs, les fourmis moins agressives, les mouches et les moustiques plus discrets. Nous passâmes un certain temps avec un vieux chaman, un guérisseur mais aussi un homme de savoir. Il soigna nos maux de tête en aspirant le mal de nos fronts et en jetant au loin les dards que les esprits y avaient enfoncés au cours de notre voyage dans la montagne. Il tua un poulet pour lire dans ses entrailles et nous fit savoir que nous étions « bons » et que nous resterions en vie. Il dit à sa famille de ne pas avoir peur de nous et, lorsqu'il apprit que nous avions quelques petits *obats* nous aussi – c'est-à-dire quelques pilules et pommades dans notre trousse –, il alla chercher ses petits enfants qui étaient malades. Sans aucune honte il avoua qu'il ne pouvait soigner cette « nouvelle maladie ». De gentils gosses, heureux et confiants, avec des grands yeux ronds qui se plièrent brusquement en deux pour se mettre à tousser jusqu'à émettre du sang. Ensuite, épuisés, ils s'allongèrent. Ils étaient apparemment presque tous atteints de tuberculose.

Leurs cousins de la côte, avec qui ils font commerce de riz, de rotin, de résines afin d'obtenir des pointes métalliques pour leurs harpons, des verres pour leurs lunettes de pêche, du sel et des colifichets, se moquent d'eux parce qu'ils ne portent pas de vêtements ou uniquement un pagne ou un sarong en écorce. Aussi loin qu'on puisse remonter, leurs ancêtres et ceux de leurs cousins n'avaient jamais porté d'autres vêtements. Cela ne les a pas empêchés de prospérer et même de peupler toute la région! Maintenant, on leur apprenait que seuls les sauvages allaient nus, que les gens ayant une véritable religion n'oseraient jamais se promener de cette manière. On leur donna alors de vieux vêtements, des hardes pour se couvrir. Ces guenilles restaient humides la plupart du temps à cause de la pluie et des bains en rivière. Les To Wana continuaient cependant à les porter à cause d'une impression de chaleur et d'une honte soudaine de la nudité. Ils attrapèrent des rhumes et, quand leurs enfants eux aussi se mirent à tembler, ils les habillèrent avec des loques, favorisant ainsi le développement de pneumonies. A cause des expéditions de troc lointaines, la tuberculose, très répandue sur la côte, gagna l'intérieur du pays. Il était difficile de dire au vieil homme qu'on ne pouvait rien pour lui, qu'il faudrait pour guérir ses petits enfants des mois de traitement sous la surveillance d'un spécialiste.

Le vieil homme s'appelait Daye. Il était triste de nous voir partir. Il nous bénit longuement afin que notre voyage se déroulât sans encombre. Il habitait au confluent de deux rivières, dans un endroit qui s'appelait Bulang, une clairière dans une vallée remplie de chants d'oiseaux. Un lieu isolé, secret, au pied de la montagne où se rendaient pourtant, par des sentiers cachés, des To Wana venant de toutes les directions. Il y en a moins maintenant dans la forêt. Beaucoup se sont laissé convaincre de vivre sur la côte, de devenir « civilisés ». Ceux qui sont restés à l'intérieur de l'île ont de bonnes terres, en quantité suffisante quoique généralement dans des régions escarpées. Leurs clairières sont perdues au milieu de la forêt vierge et personne ne vient les déranger. Mais tout cela peut changer du jour au lendemain. Les essences de bois dur sont extrêmement précieuses. Et certains n'hésiteraient pas à tout détruire pour exploiter la forêt. Des prospecteurs sont certainement impatients d'extraire les minéraux qui se trouvent dans la montagne; pour ce faire, ils construiront des routes le moment venu. D'autres colons arriveront et arracheront leurs terres aux To Wana au nom du progrès. Alors ceux-ci s'installeront sur la côte. Les anoas seront exterminés comme ils l'ont été sur la plus grande partie de l'île de Sulawesi. Les rivières seront polluées et les Batui deviendront comme beaucoup d'autres montagnes – apparemment inchangées vues d'avion – totalement mortes parce que les hommes, les animaux et les grands arbres de la forêt auront complètement disparu.

J'ai vu ce que les bulldozers peuvent laisser d'une forêt tropicale : rien. Ils font le vide total devant eux à la recherche des arbres précieux. La mince couche d'humus, en place depuis des millions d'années, est tellement éventrée qu'elle se mélange au sol plus profond en une boue rouge qui disparaît lors des premières pluies pour former des plaques de latérite. J'ai vu du pétrole s'échapper de puits mal surveillés pour s'écouler à la surface des cours d'eau de la forêt. J'ai vu des endroits où l'homme, dans sa folie de conquête, a effacé des montagnes et détourné des rivières. Mais serons-nous assez puissants pour remettre en place ce que nous avons détruit pour créer un nouveau système écologique, une fois que nous aurons détruit l'ancien? Ce n'est pas certain. N'oublions pas que les intérêts particuliers et les calculs à court terme ne manqueront pas de nous barrer la route. A plusieurs centaines de kilomètres de Bulang, parmi les récifs de la mer des Moluques, une centaine de chalutiers japonais pêchent la crevette, uniquement la crevette. Chaque bateau remonte environ trois chaluts par jour. Chaque chalut sort avec quelques centaines de kilos de crevettes, et deux ou trois tonnes de poissons. Les poissons inutiles sont jetés morts par-dessus bord et coulent vers les profondeurs. Deux mille tonnes de poissons anéanties et jetées par-dessus bord chaque jour parce qu'il est plus rapide, donc plus économique, de pratiquer de cette façon absurde. Lorsqu'il s'agit d'attraper du poisson, on juge plus facile de se servir de dynamite, bien que l'on sache que quatre-vingt-dix pour cent des poissons tués ne peuvent être récupérés. Un plongeur qui est descendu après le passage des bateaux de pêche a décrit les hectares et les hectares de poissons morts qui recouvraient le fond de la mer.

A six cents kilomètres au sud, à Ujungpandang (autrefois Makasar, la capitale de Sulawesi), on vient d'ouvrir récemment une usine de sulfate de baryum. Sans systèmes anti-pollution – auxquels on n'a même pas pensé dans ce cas précis – ce type d'usine est une des inventions les plus destructrices de l'homme. L'eau de refroidissement tue toute la faune marine et la fumée empoisonnée se dirige là où la pousse le vent. Aucun autre pays d'Extrême-Orient n'aurait permis qu'une telle usine fût construite sur son territoire. Les ingénieurs américains, envoyés sur les lieux pour donner leur avis sur le choix du site, ont déclaré qu'il était difficile d'en trouver un moins approprié. Tout à côté de l'usine, se trouvent une boulangerie et un port de pêche dont les petits bateaux sortent tous les jours en mer. Le gouvernement, quant à lui, a déclaré qu'il était satisfait de cette entreprise de progrès ainsi, bien sûr, que des revenus qu'il en tire. Bien entendu, il n'a pas parlé des pertes en vies humaines et de la destruction de la faune marine.

L'existence des To Wana et de leurs semblables est étrangement rassurante. Leur vie certes n'est pas toujours idyllique, mais elle est infiniment plus agréable que celle que mènent beaucoup de « civilisés » dans les villes de la côte. De toute façon ils ont choisi et continuent à souhaiter de vivre ainsi. Personnellement j'ai besoin de savoir que de tels gens existent encore. Je suis ému par leur situation désespérée, impressionné par leurs connaissances spécialisées, émerveillé par leur art et leur artisanat, rendu fou de colère par les injustices qu'on commet à leur égard et attristé de les voir malades et mourants. Et l'aide que j'essaie d'obtenir pour eux est destinée tout autant à affirmer leur droit à choisir leur mode de vie – donc à me sentir rassuré de les savoir encore là – qu'à alléger leurs souffrances.

Grâce à l'énergie et à la détermination de Hugh, nous avançâmes rapidement, ce qui nous permit de visiter plusieurs groupes de To Wana. Nous constatâmes avec tristesse que beaucoup de leurs membres étaient en train de mourir de tuberculose. Alors que nous avions pratiquement franchi la dernière chaîne des montagnes du centre et que nous n'étions plus qu'à quelques jours de marche de la côte nord, relativement « civilisée », nous entendîmes parler d'une autre ethnie, les Kahumamahon, ennemis traditionnels des To Wana. Ils parlent le saluan et sont, dit-on, apparentés aux To Loinang qui se trouvent tout à l'est. A la frontière entre les deux tribus nous apprîmes que des échauffourées avaient eu lieu récemment dans lesquelles les Kahumamahon s'étaient servis de flèches empoisonnées extrêmement meurtrières.

J'étais fatigué et mes pieds me faisaient souffrir. S'il n'avait tenu qu'à moi, j'aurais probablement renoncé à aller plus loin et aurais regagné la côte le plus rapidement possible. Mais Hugh fut inflexible : puisque nous étions venus si loin, il n'était pas question de renoncer. Donc nous traversâmes la région pour atteindre le cours supérieur de la rivière Balingara. Depuis des jours, nous étions dans la jungle, une jungle assez accueillante il est vrai. Seules les sangsues nous importunaient. Nous avancions assez facilement le long des cours d'eau entrecoupés de cascades et de grands plans d'eau calme et limpide. Des fougères poussaient sur les rives. Nous suivîmes aussi quelques corniches escarpées où la végétation était nettement moins dense. Mais il s'agissait malgré tout d'une forêt tropicale avec l'impression de confinement que donne la profusion de sa végétation. Rares étaient ainsi les moments où, comme à travers une lucarne, on pouvait apercevoir le sommet des collines qui se trouvaient pourtant devant nous.

Nous entrions maintenant dans une région complètement différente dont la configuration nous surprit. La rivière Balingara était large, peu profonde, mais impétueuse. Elle serpentait entre des rochers abrupts ou coulait sur de larges plages de galets. On apercevait alors en amont, dans le lointain, des montagnes recouvertes de bosquets de pins casuarina. Nous vîmes un cerf avec de magnifiques bois – un véritable tableau de Landseer – en train de brouter tranquillement sur la rive sans se douter de notre présence. Grand et puissamment bâti, il convenait parfaitement à ce romantique paysage; dans la jungle, il aurait paru démesuré. Lorsque nous bougeâmes, il bondit de rocher en rocher pour s'enfuir. Nous trouvâmes aussi en abondance des empreintes d'anoas et de cochons sauvages. C'était un endroit parfait pour un site d'habitation, mais nous ne vîmes personne avant de trouver les Kahumamahon à Koloko.

En haut de la falaise, près des sources de la rivière dont les eaux tourbillonnaient au pied d'un affleurement rocheux, se trouvaient deux maisons. Leur position stratégique leur permettait d'avoir une vue dégagée de la rivière dans les deux directions. Pour les atteindre il fallait franchir une corniche en escaladant une paroi pratiquement verticale. Notre ascension fut observée en silence mais nous fûmes accueillis amicalement par le chef du petit groupe. Nous ne parlions aucun langage commun; il ne parlait même presque pas l'indonésien. Nous parvînmes cependant, malgré sa réserve, à avoir une sympathique et amicale communication faite de sourires et d'expressions de gratitude mutuelle. Puisque notre voyage tirait à sa fin, nous pouvions nous permettre d'être généreux avec ce qui nous restait de cadeaux. Nous plaçâmes devant lui de nombreux hameçons, des lignes, des aiguilles, des paquets de tabac dont il fut ravi. Nous nous enthousiasmâmes à notre tour du riz complet et des petits poissons de vase que lui et sa famille nous offrirent. Je lui demandai quelle autre viande il mangeait. La plupart de sa nourriture venait de la

240

chasse qu'il pratiquait en compagnie de la bande de chiens qui partageaient la maison avec nous. Couchés dans la cendre du foyer central, ils guettaient tous nos mouvements pour saisir l'os ou le petit bout de nourriture qui tomberait par terre. Il chassait avec des javelots et ses chiens, les cerfs, les cochons sauvages, le babiroussa (une étrange créature, sorte de porc aux longues pattes, doté de défenses recourbées comme des cornes, ce qui lui vaut, en malais, le curieux nom de cochon-cerf) et aussi les anoas de la montagne et de la plaine. On me dit qu'on tuait presque un anoa tous les mois. On voulait me faire comprendre par là qu'ils étaient très communs. Quand j'essayai de découvrir quelle était la viande qu'ils préféraient, ils ne parvinrent pas à comprendre ce que j'entendais par là. Pour eux, toutes les viandes étaient également bonnes.

Les Kahumamahon, à Koloko, étaient petits avec des traits aigus. Fougueux, ils étaient néanmoins amicaux et s'intéressaient beaucoup à nous. Ils paraissaient, ainsi que leurs enfants, en parfaite santé. Ils étaient plus silencieux et plus farouches encore que les To Wana. Tous les hommes portaient des pagnes – je n'ai vu ni chemise ni pantalon – et les femmes des sarongs tout simples qui laissaient la poitrine découverte. Quand je leur demandai s'ils préféraient vivre où ils se trouvaient ou s'installer près de la côte en bénéficiant des avantages de la « civilisation », ils me répondirent sans hésiter que seule la force pourrait les obliger à quitter leur pays. Il faut dire qu'il est presque impossible d'imaginer un endroit plus idyllique.

Nous veillâmes longtemps près de la flamme qui dégageait une douce odeur de résine de copal. Contrairement aux To Wana qui conservent cette résine aromatique en morceaux durs comme de la pierre afin de les brûler, les Kahumamahon préparent de longues torches, faites de résine et de feuilles qu'ils plantent dans les murs comme on le faisait avec les flambeaux dans les châteaux du Moyen Age. Ils arrivent ainsi à s'éclairer parfaitement. Aux poutres étaient accrochées des mâchoires de cochons sauvages qui rappelaient le temps des chasses aux têtes. C'étaient alors des crânes humains qui étaient exposés ainsi. Sur une claie, au-dessus du feu, on fumait de la viande pour la conserver et la protéger des blattes. Il y avait aussi des paniers de graines et d'herbes, et des feuilles de tabac cultivé sur place. L'une des femmes jouait de temps en temps quelques notes cristallines sur une petite flûte qu'elle taillait au couteau dans un morceau de bambou. Les plus âgés des enfants allaient chercher de l'eau à la rivière en contrebas dans des morceaux de bambou creux de plus d'un mètre de long. Un perroquet miniature apprivoisé, avec des plumes très colorées sur le cou, voletait d'une épaule à l'autre pour nous regarder sous tous les angles avec curiosité. On fit un peu de place pour nous et nous nous couchâmes par terre dans cette forteresse imprenable, au bord de la falaise, avec un sentiment de sécurité. Nous sombrâmes immédiatement, malgré la dureté du sol, dans un profond sommeil.

Seul le froid, durant la nuit, nous réveilla de temps à autre. Nous entendions alors la polyphonie incroyable des nuits en forêt tropicale. Le silence n'y est d'ailleurs dense que quelquefois, le jour, quand tout est écrasé de chaleur et que seul le bruit des grillons domine le bourdonnement des insectes. Pendant la nuit, les sons portent plus loin, si bien qu'on entendait distinctement chaque cri, chaque ululement, malgré le grondement de la rivière toute proche. Un coq chantait à la lune sans aucune raison et les chiens glapissaient lorsqu'ils touchaient par erreur une braise dans la cendre.

Je restai éveillé, me demandant ce que je faisais là et quelle aide je pouvais apporter à ces gens tranquilles et gentils qui nous offraient l'hospitalité. Ils ne demandaient rien et, comme ils étaient en bonne santé, ils n'avaient besoin de rien. Cependant ils sont si vulnérables qu'il serait extrêmement facile de détruire ce fragile équilibre. Si des colons s'emparent de leurs terres et bouleversent toutes leurs valeurs, ils ne pourront pas résister et deviendront, comme beaucoup, dépendants et misérables. Savoir qu'il faudrait les laisser tranquilles est une chose, les aider à résister aux changements et aux maux apportés par le monde extérieur en est une autre. J'entends déjà l'habituelle protestation : « Vous voulez créer des zoos humains ! » Mais est-ce vraiment créer un zoo que de défendre le droit des gens à vivre comme ils l'entendent, que de protéger leurs terres et leurs vies de ceux qui veulent les leur prendre, que de renforcer leur confiance dans leur propre culture pour qu'ils résistent aux changements proposés par des ignorants pleins de préjugés ou des missionnaires trop zélés ? Les Kahumamahon ne pensent pas qu'ils vivent en ce moment dans un zoo. Ils sont libres de partir et de s'intégrer dans la société dominante quand ils le veulent ; ils sont d'ailleurs

242

fortement encouragés à le faire comme le sont pratiquement toutes les sociétés traditionnelles. Mais après avoir soigneusement pesé le pour et le contre, ils préfèrent rester comme ils sont. La plupart de ces sociétés ont besoin d'aide si on veut qu'elles survivent. Il faut leur apporter des soins médicaux pour soigner les maladies nouvellement introduites, une assistance technique pour qu'elles puissent s'adapter à un monde différent, une aide matérielle pour les aider à surmonter une période de bouleversements culturels. Les Kahumamahon n'ont nullement besoin de tout cela. En revanche, ils ont besoin d'un monde autour d'eux qui reconnaisse leur droit à exister : ils vivent en harmonie avec leur environnement, ne dérangent personne, ne détruisent rien, et détiennent un savoir et une sagesse irremplaçables. Nous, hommes du monde industriel, sommes certainement capables de tirer un enseignement de l'avenir déjà menacé de notre société de consommation. Je veux croire que nous apprendrons à temps qu'il ne faut à aucun prix détruire les Kahumamahon.

Tandis que je restais couché, plongé dans mes pensées, j'entendis un léger bruissement, presque imperceptible, comme si les poulets perchés en dessous de la maison lissaient leurs plumes pour se protéger du brouillard matinal qui montait de la rivière. J'ouvris les yeux et me rendis compte qu'il faisait presque jour. Hugh et moi étions seuls. Sans un bruit, hommes, femmes et enfants s'étaient glissés dehors, en prenant garde de ne pas nous réveiller, pour aller se baigner dans la rivière, puiser de l'eau et collecter du bois de chauffage. Quelques minutes plus tard, je sortis mon nez de la chaleur de mon sac de couchage. Toute la famille était groupée autour d'un grand feu clair pour se chauffer tandis qu'un peu de riz cuisait dans un bambou creux. J'eus envie de me lever.

On nous construisit un radeau pour descendre la rivière. Cela nous évita trois journées de marche difficile. Nous voyageâmes donc royalement assis sur une plate-forme de bambou qui tenait nos bagages au sec tandis que nos pieds reposaient sur les troncs du radeau partiellement immergés. Il n'y a pas de plus agréable manière de descendre une rivière. Yali Udi, le vieux sage qui vint avec nous, propulsait rapidement son embarcation à l'aide d'une perche et la faisait passer sans encombre au-dessus des rapides et le long d'étroits chenaux. Il nous laissait dériver quelquefois sur de longues distances. Lorsque les eaux étaient trop profondes et le courant trop faible, nous nous mettions à l'eau pour pousser. En revanche, lorsque le courant était rapide, nous nous mettions sur le dos et nous nous laissions emporter par la rivière exactement à la même vitesse que le radeau. Nous aperçûmes un boa constrictor qui nagea à toute vitesse pour regagner la rive avant de disparaître dans les broussailles. Peu après, nous entendîmes au loin un cochon pousser une sorte de cri de terreur. Yali Udi nous dit que la pauvre bête venait d'être attrapée par un serpent qui tentait de l'étouffer.

Nous nous arrêtâmes sur une rive afin de creuser le sable pour trouver des œufs de *maleo*. Cet oiseau dissimule ses œufs dans le sable à environ un mètre de profondeur et laisse le soin aux poussins de trouver leur chemin pour remonter à la surface. Des tas de sable et les oiseaux eux-mêmes qui voltigent en colonies dans les buissons et les arbres aux alentours trahissent la présence des nids. Cet oiseau glousse comme les poules dont il a approximativement la taille. Son dos est noir, son ventre rose pâle, ses longues pattes et la caroncule de sa tête bleues. Mais sa caractéristique la plus étonnante est la taille de ses œufs. Ils sont sept fois plus gros que les œufs de poule. Il semble impossible qu'un aussi petit oiseau puisse pondre un œuf d'une telle grosseur. Dans la région, ils sont considérés comme un mets de choix; ils sont effectivement délicieux. Les nids sont recherchés avec beaucoup de soin. Nous avons même vu un endroit sur la côte où un enclos avait été créé dans lequel vivaient à demi domestiqués deux cents *maleos*.

Notre radeau nous permit de descendre rapidement la très belle et presque déserte rivière Balingara, avant d'atteindre la mer. Nous nous retrouvâmes, une fois de plus, en compagnie d'un peuple marin qui pouvait voir à l'horizon des villes d'où décollaient d'immenses avions reliant entre eux les continents. Un plaisant voyage d'une seule journée était tout ce qui séparait deux mondes qui semblaient se trouver à des milliers d'années d'écart.

9.

Les forêts tropicales

*Dans la jungle, très doucement, passent une
ombre et un soupir...*
RUDYARD KIPLING,
« Le chant du petit chasseur ».

Tant de mes voyages ont pris place dans la forêt tropicale et
tant de gens dont je me préoccupe y vivent, qu'il est bien naturel
que mon goût se porte d'abord vers ce type d'environnement. Un
intérêt à l'échelle mondiale, bien plus spectaculaire que celui que
nous parvînmes à éveiller lors de la fondation de Survival
International – lorsque le destin des peuples indigènes, pendant un
certain temps, préoccupa la presse internationale –, surgit à la fin
des années soixante-dix à propos de la destruction des forêts
tropicales. Ce souci persiste et grandit, peut-être parce que les
conséquences sont visibles à l'œil nu depuis un avion et que les
prévisions pour l'avenir sont menaçantes. Beaucoup de gens se
sentent en fait directement concernés.

Les deux milieux naturels que j'ai aimés le plus sont le désert
et la forêt tropicale. On m'a souvent demandé lequel des deux je
préférais. C'est une question assez sotte car les différences
sont énormes. Pourtant, s'il me fallait répondre, je dirais que, bien
que les déserts soient spirituellement plus satisfaisants car leur
lumière implacable permet d'éclairer l'âme tout en durcissant le
corps, tout compte fait je trouve les forêts tropicales plus
intéressantes et je m'y sens vraiment très à l'aise. Plus j'apprends
de choses sur elles, plus elles me fascinent. Ce qui m'a donné envie

de formuler une autre de mes lois de voyage : « C'est en essayant de comprendre un milieu naturel, de ne pas se battre avec lui, qu'on parvient à découvrir combien il peut être accueillant. » Cette manière de voir, bien sûr, est précisément celle des peuples indigènes. Mais même ceux qui ne vivent pas dans les forêts tropicales ou à leur lisière devraient comprendre la véritable signification de cette maxime.

Au Brésil, nous avons survolé des forêts apparemment infinies et indestructibles où le vert de la végétation s'étend d'un point de l'horizon à l'autre, dans toutes les directions. Je me suis un jour perdu dans cette forêt et cela m'a appris à toujours la traiter avec respect. Je m'étais écarté seulement de quelques mètres de la piste pour suivre un dindon sauvage et brusquement j'avais perdu tout point de repère. Sous un ciel couvert de nuages filtré par la voûte serrée des arbres, il était impossible de savoir où se trouvait le soleil. Tout paraissait familier et, en même temps, légèrement différent quelle que fût la direction dans laquelle je regardais. De plus, le bourdonnement incessant des insectes m'empêchait de me concentrer comme je l'aurais voulu. Est-ce que cet arbre, avec ce gros tronc et ces élégants supports naturels, était bien celui devant lequel je venais de passer ou au contraire était-ce un autre, le bon se trouvant maintenant derrière moi et hors de vue? Étais-je déjà passé à travers ce rideau de lianes ou avais-je simplement eu l'intention de le faire? Si je prenais précipitamment la mauvaise décision, je risquais d'avoir devant moi des milliers de kilomètres de forêt sans aucune piste. La mort serait rapide et inévitable. Pour m'en tirer, il me fallait absolument prendre une unique direction : la bonne! Je m'arrêtai heureusement avant que la panique ne s'empare de moi. Je m'assis et attendis un moment avant de retrouver mes propres empreintes et de les suivre en sens inverse tout en tirant un coup de feu, jusqu'à ce que j'entendisse la voix de mon compagnon. Depuis, j'ai toujours pris soin de marquer ma route régulièrement en cassant de petites branches et en déchirant des feuilles sur mon passage.

Mais nous avons aussi survolé des déserts, dans le nord-est du pays, dont l'homme était responsable. Sur une des plus riches terres du Brésil ne poussent plus maintenant que des cactus, à cause de la stupidité et de l'avidité des hommes. Dans l'ouest de Kalimantan, nous avons été surpris de voir à quel point il restait peu de forêts vierges. Alors que Bornéo est généralement décrite comme une île recouverte, dans sa plus grande partie, par une végétation dense et impénétrable, nous avons survolé sur la côte ouest d'immenses étendues déboisées, apparemment abandonnées et couvertes de broussailles. Seules de toutes petites zones éparpillées çà et là étaient cultivées. Un abattage commercial de bois intensif, suivi d'un système de culture aberrant y avaient eu un résultat prévisible et inévitable : la désertification de vastes étendues qui n'avaient rapporté que quelques récoltes. Pendant ce temps, d'autres facteurs provoquaient une importante poussée démographique qui, elle-même, accélérait la dégradation de la forêt en créant une situation irréversible.

En Indonésie, déjà, j'avais pris conscience que la destruction des forêts était quelque chose de très dangereux qui non seulement bouleversait l'équilibre écologique et peut-être même le climat, mais qui, en plus, condamnait les populations à la misère. Le chef d'un village riverain l'avait parfaitement analysé :

« Depuis deux ans, les récoltes de riz n'ont pas été bonnes à cause de la sécheresse. Nous sommes près de la famine. Autrefois, lorsque nous avions faim, nous pouvions récolter le sagou ou chasser dans la forêt. Maintenant il n'y a plus de forêt et le gibier a disparu. Il est même difficile de pêcher dans les rivières qui débordent sans arrêt et sont pleines de troncs d'arbres qui abîment nos filets. »

Les gains à court terme des compagnies forestières et ceux du gouvernement, grâce aux taxes et aux pots-de-vin (la corruption dans le marché du bois est aussi grande que dans l'industrie de l'armement), sont pourtant ridicules comparés aux dommages incalculables causés à l'environnement. De plus, lorsque ces sociétés sont étrangères comme c'est généralement le cas, elles importent leur propre main-d'œuvre. Le gouvernement devrait alors examiner avec soin les effets à long terme de ce genre d'opération. Les planificateurs du développement voient la question des entreprises forestières d'une manière totalement divergente de celle des spécialistes en sciences humaines et des écologistes. Lorsque l'on tient compte du coût social de leurs projets, c'est-à-dire de leur effet économique sur les populations locales, on découvre en fin de compte que le commerce du bois ne fait qu'appauvrir leur niveau de vie tout en leur supprimant tout moyen de subvenir à leurs propres besoins.

En constatant personnellement l'étendue de ces dévastations, j'ai compris que sans une base économique adaptée et solide les peuples indigènes, quels que soient au départ leurs moyens d'existence : culture sur brûlis, cueillette et chasse, finiront par mourir de faim. Pourtant les forêts sont en elles-mêmes sources de richesses : faune et végétation y sont extrêmement variées. A la fin de notre voyage en Indonésie, je mc disais que l'humanité ferait mieux de dépenser tous ses efforts à trouver une manière d'exploiter intelligemment ces richesses plutôt qu'à s'acharner à les dévaster sauvagement. Je ne pensais pas alors que viendrait un temps où je serais invité à jouer un rôle dans le développement d'études écologiques de la forêt tropicale.

Marika et moi avions projeté de faire un voyage en Malaysia, semblable à ceux que nous avions effectués au Brésil et en Indonésie. Peu de temps avant notre départ, en 1976, John Hemming m'informa que la Royal Geographical Society (R.G.S.) envisageait d'organiser une expédition à Bornéo mais que l'endroit précis n'avait pas encore été déterminé. Nous partîmes alors pour définir cet emplacement. Après des recherches effectuées dans les États de Sabah et de Brunei, j'appris que, dans l'État de Sarawak, un Parc National avait été récemment créé dans une des plus belles et des plus sauvages régions de l'île. C'était l'endroit rêvé. Le gouvernement de Sarawak invita la R.G.S. à élaborer un plan d'utilisation rationnelle de ce Parc National. C'est alors que le comité des expéditions de la R.G.S. me demanda de diriger l'expédition.

C'était une entreprise nouvelle pour la R.G.S., et c'était aussi l'expédition britannique scientifique la plus grande qui ait jamais été organisée. Afin de fournir un programme d'utilisation cohérent – le premier de cette sorte pour un Parc National dans une forêt tropicale –, il était nécessaire de comprendre le milieu naturel aussi bien que possible. Pour ce faire, il fallait avoir avec nous des chercheurs spécialisés en différents domaines : botanique, zoologie, géomorphologie notamment. Mais le plus important de tout serait l'étude d'écologie forestière proprement dite, susceptible de fournir des informations sur la manière dont fonctionnait l'ensemble du système.

Ce fut une des périodes les plus passionnantes et les plus

stimulantes de ma vie. Tout d'abord, je me rendais compte que c'était un grand honneur pour moi de conduire une expédition de la R.G.S. dans la tradition des explorateurs les plus célèbres. Je ne savais pas du tout alors si j'en serais capable ou non. Deuxièmement, c'était une entreprise extrêmement complexe et un véritable défi sur le plan logistique, car cent quarante chercheurs devaient se rendre sur le terrain et y travailler durant quinze mois.

Grâce à une équipe compétente et enthousiaste pour me seconder et à un comité intelligent et avisé pour me guider, je trouvais finalement extraordinairement léger le poids de mes responsabilités. Évidemment j'étais accoutumé, bien plus que je ne l'avais cru au départ, à prendre des décisions : lorsque je m'occupais seul de ma ferme, lors de mes premiers voyages, et aussi tout particulièrement lors des débuts de Survival International, au moment où cet organisme faisait sa crise de croissance. Dans l'expédition Mulu, ce fut Nigel Winser, mon bras droit qui me rendit la vie extrêmement facile. Avec une énergie inlassable, il affrontait tous les problèmes sans jamais saper mon autorité. Ce n'est pas un équilibre facile à trouver.

Au cours des années 1977 et 1978, il y eut un grand va-et-vient de chercheurs. Ils passaient entre trois semaines et trois mois avec nous sur le terrain. Nous n'étions que six pour accueillir, à tous moments, les nouveaux arrivants, pour s'occuper d'eux durant leur séjour et pour leur dire adieu au moment du départ. Nous leur procurions leur nourriture, leur matériel de camping et les moyens de se déplacer. En effet, la plupart du travail s'effectuait dans de petits campements forestiers qui se trouvaient à un ou deux jours du camp de base. Ce dernier, plus confortable, fut édifié sur le modèle d'une « longue-maison » traditionnelle. C'est là que, après deux ou trois semaines en forêt, les chercheurs pouvaient venir se détendre, reprendre des forces, avant de repartir à la tâche. Grâce à ce système, une immense quantité de travail fut accomplie dans des conditions généralement difficiles à réunir pour un chercheur isolé. Nous rencontrâmes toutes sortes de gens avec des intérêts totalement différents. Nous apprîmes en travaillant et vivant avec certains chercheurs une multitude de choses dont nous ne soupçonnions même pas l'existence. Les botanistes et les entomologistes, par exemple, découvraient généralement, durant le dîner, que les plantes et les insectes qu'ils étudiaient chacun de leur côté dépendaient l'un de l'autre pour se nourrir et se reproduire. De durables relations scientifiques s'établirent ainsi. Dans le même temps des liens d'amitié qui ne se délièrent pas à la fin de l'expédition se formèrent entre des chercheurs de disciplines et de pays différents. Nous nous amusâmes beaucoup. En fin de compte, cette opération fut considérée comme une réussite sur le plan scientifique et logistique, comme un modèle de travail pluridisciplinaire et de coopération internationale. Des milliers de nouvelles espèces furent identifiées; on parvint à comprendre beaucoup mieux tout un système écologique complexe; et notre programme d'utilisation servit de modèle à ceux d'autres Parcs Nationaux créés dans des forêts tropicales.

La collecte de matériel était importante afin d'établir les bases de futures recherches. Échantillons et spécimens étaient séchés, empaquetés et envoyés, en un flot ininterrompu, au Musée National de Sarawak à Kuching. Les premiers exemplaires y étaient d'abord déposés, d'autres étaient ensuite acheminés au Musée d'Histoire Naturelle du British Museum, puis dans une douzaine d'autres musées et universités du monde entier, institutions auxquelles appartenaient les chercheurs qui travaillaient avec nous. Mais l'objectif de l'opération était bien plus complexe qu'un simple voyage destiné à la collecte de spécimens. Les études pluridisciplinaires avaient pour but – elles y parvinrent d'ailleurs d'une façon exemplaire – d'étudier le mode de recyclage des éléments nutritifs, le poids et le pourcentage des feuilles mortes, les effets des divers insectes et des microbes sur leur décomposition et les nombreux exemples illustrant la fascinante symbiose entre plantes et animaux. Toutes ces recherches contribuèrent à faire de cette expédition une expérience particulièrement intéressante.

Je n'y perdais cependant pas de vue les objectifs de Survival International. L'aspect le plus important pour moi restait que nous étions constamment, dans notre tâche, aidés par une population locale qui connaissait son environnement bien mieux que nous ne pouvions l'espérer. La majeure partie de ceux qui nous secondaient étaient des Berawan, habitants d'une « longue-maison » traditionnelle à quelque cinquante kilomètres en aval.

La région du Mulu était considérée comme faisant partie de leur territoire de chasse traditionnel. Certains d'entre eux avaient de petites fermes à la lisière du Parc National. Ils étaient sympathiques, conscients de leur valeur et relativement riches, dans la mesure où leurs terres leur permettaient de récolter un surplus disponible pour la vente. Ils étaient néanmoins heureux d'avoir l'occasion de gagner de bons salaires en apportant leur concours à l'expédition. Gais et travailleurs, ils mettaient tout en œuvre pour nous procurer confort et bien-être. Mais indépendants et fiers, ils nous firent comprendre qu'ils travaillaient avec nous plutôt que pour nous. C'était une chose que j'appréciais beaucoup. La plupart des jeunes parlaient anglais puisqu'ils l'avaient appris à l'école. Cette langue était encore la deuxième langue officielle du Sarawak. Ils étaient donc de parfaits compagnons pour ceux de nos chercheurs qui n'avaient pas appris le malais. Les plus âgés étaient des chasseurs renommés qui s'étaient souvent enfoncés très loin à l'intérieur du Parc à la poursuite de gibier.

Le Parc National du Mulu n'avait été créé officiellement que depuis un an. Il n'avait guère été exploré. Son intérêt scientifique résidait dans le fait qu'on pouvait y trouver presque tous les types de forêt tropicale poussant sur une gamme extrêmement variée de sols. Il en résultait une incroyable richesse et une étonnante diversité d'espèces animales et végétales vivant ensemble dans un équilibre harmonieux. D'autres plaisirs nous attendaient aussi. Les grandes falaises calcaires et les avancées rocheuses étaient d'une surprenante beauté. Elles abritaient tout un réseau d'immenses grottes. Nous parvînmes à prouver que l'une d'elles était la plus grande du monde. Une partie de notre équipe qui revint l'année d'après en découvrit une autre, quatre fois plus grande, qui lui ravit le titre aussitôt. Un stade olympique tiendrait facilement à l'une de ses extrémités.

Marika et nos enfants, Lucy qui avait dix-sept ans et venait tout juste de quitter l'école et Rupert qui fêta son septième anniversaire au camp de base, vinrent me rejoindre pour deux mois au tout début de l'expédition. Lucy, qui avait pensé qu'elle s'ennuierait à mourir sans musique rock et sans garçon de son âge, se trouva dans la jungle comme un poisson dans l'eau. Elle n'était pas mordue par les insectes, ayant sans doute hérité de mon immunité. La compagnie de quelques jeunes chercheurs barbus, lorsqu'ils venaient au camp de base se reposer de leurs durs travaux effectués en solitaire dans de petits campements forestiers, lui parut agréable. Finalement elle s'amusa beaucoup durant son séjour. Elle escalada même le Mulu, une montagne de deux mille quatre cents mètres qui donne son nom au Parc, devenant ainsi la première femme à le faire. Je ne l'avais pourtant jamais vue auparavant faire de son plein gré de l'exercice physique. Rupert, en revanche, souffrait horriblement des piqûres d'insectes. Il était de plus vraiment trop jeune pour profiter pleinement d'une telle expédition. Il se montra cependant très courageux et eut de très bons moments en jouant avec des garçons berawan de son âge autour de la maison. Marika et moi, nous nous vîmes à peine. Les autres membres de l'expédition dévoraient la totalité de mon temps en me soumettant sans arrêt des problèmes relatifs à leur travail et à leurs activités. Marika s'occupa d'organiser la cuisine du camp de base. Elle imagina des quantités de menus intelligents pour aider les cuisiniers qui la remplaceraient à tirer le meilleur parti des produits dont nous disposions. Ceux-ci allaient du serpent frais au soja lyophilisé destiné à remplacer la viande. Mais il fut pour chacun de nous très dur de ne pas pouvoir passer plus de temps en tête à tête. Il fut en définitive relativement plus facile d'être séparés – en dehors de deux brefs voyages que j'effectuai en Angleterre – le reste de l'année.

Nous entendîmes dire qu'il y avait encore quelques membres d'une ethnie isolée et farouche, les Penan, habitant le Parc. Pourtant, avant mon départ, on m'avait affirmé que plus aucun d'entre eux ne vivait leur vie traditionnelle au Sarawak. Mon informateur était Tom Harrisson qui avait été parachuté dans la jungle de Bornéo durant la Deuxième Guerre mondiale pour organiser – avec grand succès d'ailleurs – une force locale de résistance aux Japonais. Il avait été ensuite conservateur du musée du Sarawak pendant plusieurs années. Il fut malheureusement tué dans un accident de voiture, juste avant le départ de l'expédition.

Au cours des deux premiers mois, nous ne rencontrâmes aucun Penan. Nous vîmes pourtant à plusieurs reprises des *sulaps* abandonnés – ce sont des abris forestiers en forme d'appentis. Les Berawan, qui les considéraient comme inférieurs, pensaient qu'ils nous observaient depuis la forêt. Puis un jour, un homme athlétique portant une sarbacane ainsi qu'un carquois de bambou fixé à son pagne d'écorce – son seul vêtement – pénétra d'un pas décidé dans la clairière située entre la rivière et notre « longue-maison » et vint me serrer la main. Il ne ressemblait pas du tout aux Berawan qui, pour moi, sont bien plus proches des Européens que des Chinois ou que des Malais de la côte. Cet homme avait les yeux bridés et les oreilles largement percées. Je sentis immédiatement qu'il y avait entre nous un courant de sympathie spontané. C'est une sensation que j'ai rarement ressentie aussi fort lors d'une première rencontre.

Pendant l'année qui suivit, nous passâmes la plus grande partie de notre temps ensemble. Le respect et la confiance que nous éprouvions l'un pour l'autre ne se démentirent jamais.

Il s'appelait Nyanpun et était le chef d'un petit groupe de Penan. Ne disant à personne où j'allais – en dehors de Nigel Winser et Marika – je sortis furtivement du camp le lendemain matin avec Nyapun. Nous partions retrouver sa famille. Je ne voulais pas l'effrayer en y allant avec un groupe de gens ni froisser qui que ce fût parmi les membres de l'expédition en refusant de l'emmener. Je n'avais aucune idée non plus de la distance que nous aurions à parcourir. Nous marchâmes rapidement et silencieusement pendant cinq heures avec uniquement un petit arrêt de dix minutes. Tout d'abord, je trouvai difficile de régler mon pas sur celui de Nyapun. Alors que je me concentrais de toutes mes forces sur la piste afin de ne pas trébucher, Nyapun prêtait attention au moindre bruit, au moindre mouvement de la forêt. Il s'arrêtait, se retournait, regardait, écoutait. Il semblait glisser sur le sol, invisible et silencieux. Bien que je fusse à l'époque assez fier de pouvoir me déplacer rapidement et sans bruit, à côté de lui j'avais l'impression d'être maladroit et lourd.

De mes nombreuses rencontres avec les gens de la forêt, ce premier contact avec la famille de Nyapun fut certainement le plus parfait, en quelque sorte le plus surnaturel. Ni les femmes ni les enfants n'avaient vus d'Européens avant. Tout était immobile, la nature semblait retenir son souffle. Nous parcourûmes les quelques dernières centaines de mètres en remontant le lit d'une large rivière peu profonde. Trois *sulaps* recouverts de palmes se dressaient devant nous en surplomb sur la rive. Je n'avais remarqué aucun signe de vie, ni sentier ni clairière, alors que nous marchions. Et brusquement, nous trouvions des êtres humains chez eux. Nyapun avait deux femmes et dix enfants. L'aîné avait seize ans environ. Presque adulte, il pouvait aider son père à chasser et à collecter les produits de la forêt. On m'accueillit avec calme et l'on accepta avec beaucoup de dignité le sucre, le sel et le tabac que j'apportais. Les plus petits des enfants vinrent me prendre la main, la tinrent dans les leurs et me regardèrent avec de grands yeux noirs. Puis, tandis que les femmes préparaient le repas, nous allâmes nous laver et jouer dans la rivière. Les enfants criaient et faisaient mille éclaboussures lorsqu'ils attrapaient de petits poissons à mains nues.

Je disposai mon hamac entre deux arbres près du feu, tout en observant la famille s'installer pour la soirée. Les femmes et les petites filles portaient de simples sarongs, assez vieux, aux couleurs passées, les garçons des shorts ou des pagnes déchirés. Comme objets métalliques, ils ne possédaient que deux casseroles, deux *parangs* (l'équivalent en Extrême-Orient de la machette) et des lames en forme de pique attachées au bout des sarbacanes. Tout ce dont ils avaient besoin était tissé ou taillé dans des matériaux bruts appartenant à leur environnement. Leur alimentation de base était composée de sagou qu'ils allaient chercher dans un nouvel endroit toutes les trois semaines environ, et de la viande des cochons sauvages. C'était le gibier le plus couramment chassé dans la région. Cette famille de Penan ne restait jamais très longtemps à la même place, de sorte que leur campement ne se détériorait pas et ne dégageait aucune mauvaise odeur, comme c'est souvent le cas près des « longues-maisons » traditionnelles des Berawan. En effet, dans ces dernières, si les cochons domestiques font disparaître une grande quantité d'ordures, ils créent aussi leurs propres saletés.

On m'offrit du chevrotain fumé, des crevettes de rivière et des cœurs de palmier. Le repas se termina par un mélange de sagou brun et de sucre que j'avais apporté et qui, de toute évidence, fit la joie des enfants. Il aurait été difficile de trouver un meilleur repas dans un grand restaurant. Ensuite, à la lueur du feu, les femmes firent un peu de musique en se servant d'une guitare en bambou, peut-être le plus vieil instrument du monde. Elles dansèrent aussi sur la terre nue. Nyapun et les plus âgés des garçons exécutèrent quelques danses guerrières, bras et genoux pliés, en martelant le sol de leurs pieds; danses qui ont lieu presque tous les soirs dans les « longues-maisons » traditionnelles. Les femmes en revanche exécutaient une jolie chorégraphie faite de petits sauts tournés, très différente de toutes les danses que j'ai vues ailleurs.

Le lendemain, lorsque je me mis en route pour retourner au camp de base, ils rassemblèrent tranquillement leurs quelques affaires et me suivirent sans façon. Ils quittèrent leur campement provisoire sans jeter un coup d'œil en arrière. Ils s'installèrent près de nous et, peu à peu, d'autres Penan apparurent. Nous calculâmes qu'environ trois cents d'entre eux vivaient dans le Parc National de Mulu ou dans ses environs alors qu'on pensait, dans les milieux officiels, qu'il n'y en avait aucun.

J'avais pour principe d'attacher un collaborateur berawan ou penan à tous les chercheurs qui arrivaient. J'essayais bien entendu d'accorder les caractères et de découvrir les besoins réels. Les géologues, dont le principal travail consistait à creuser et à porter de lourdes charges au camp aux fins d'analyse, avaient de toute évidence besoin d'une équipe de solides jeunes Berawan qui avaient l'habitude des durs travaux de la culture du riz. En revanche, les botanistes appréciaient hautement les connaissances des Penan sur les différentes variétés de plantes. Notre spécialiste des palmiers, un des meilleurs du monde, fut très impressionné par son compagnon penan. Bien qu'il ne connût pas, évidemment, leur nom latin ni nos méthodes scientifiques de classification, celui-ci était capable non seulement d'identifier et de classer très précisément toutes les différentes espèces de palmiers et de rotangs mais en plus il connaissait aussi la façon de les utiliser. On se servait ainsi de certaines variétés pour faire des tapis ou des paniers, d'autres portaient d'excellents fruits, d'autres encore fournissaient le sagou et quelques-unes avaient des propriétés curatives. Grâce à l'aide de ce Penan, notre expert put faire passer de dix à cent vingt, en quelques semaines, le nombre d'espèces répertoriées dans la région par la science occidentale.

Les Berawan étaient des compagnons agréables, énergiques et entreprenants qui, nous le sentions bien, seraient capables de vivre dans le monde moderne quels que fussent les dégâts apportés à leur environnement par les entreprises forestières. Le problème des Penan était bien plus angoissant et difficile. Pourtant ces gens étaient considérés par quelques-uns des meilleurs scientifiques du monde comme des maîtres. La manière dont les chercheurs et les Penan travaillaient ensemble pour collecter des échantillons, pour observer le comportement des animaux ou pour préparer les collections était certainement la chose dont j'étais le plus fier lors de cette expédition Mulu. Pourtant les Berawan et les autorités considéraient les Penan comme inférieurs parce qu'ils n'utilisaient pas les gadgets de la civilisation industrielle et ne cultivaient pas le riz. On les poussait sans arrêt à s'établir près des grandes rivières, à se regrouper en villages afin qu'on pût leur fournir des écoles, des soins médicaux et des conseils agricoles. Beaucoup avaient obtempéré mais rien de ce qu'on leur avait promis n'avait été tenu. Surtout parce que la plupart des gens, habitant les villes ou la côte, ne souhaitaient pas travailler à l'intérieur du pays auprès d'ethnies isolées. D'ailleurs les Penan trouvaient pénible de défricher la terre, de planter et de récolter le riz. Leurs récoltes étaient donc extrêmement maigres, ce qui finissait par provoquer des famines.

Je parlai beaucoup de leurs problèmes avec les Penan, consterné de ne pouvoir répondre vraiment à leurs confiantes interrogations. La plupart se rendaient compte du changement inévitable, mais n'étaient pas conscients que leur territoire avait été déclaré Parc National. Beaucoup d'entre eux voulaient que leurs enfants aillent à l'école, ne serait-ce que pour pouvoir résister à l'exploitation. Mais ils avaient devant eux l'exemple déplorable de certains de leurs parents qui s'étaient établis dans les villages. Ils hésitaient à se joindre à eux. Je ne pouvais que leur dire que le changement n'était jamais facile, que ce serait aussi difficile pour eux de s'adapter à une vie dans un village que ce le serait pour moi de vivre, pour toujours, de la chasse dans un *sulap*.

En Malaysia, les gens sont extrêmement sensibles à l'ingérence dans leurs affaires des ressortissants des pays qui, autrefois, les colonisaient. Ils le sont aussi sur le sujet des ethnies isolées. Mettre directement sur le tapis le problème des Penan, en se servant de la pression de Survival International, aurait fait plus de mal que de bien. On se serait sans doute efforcé dans certains milieux officiels de supprimer le plus rapidement possible ce qui ne serait vu que comme une tache sur la carte du pays. D'autres personnes étaient heureusement en bien meilleure position que nous pour parler et se faire entendre. Des équipes du musée de Sarawak entreprirent des enquêtes ethnologiques et celles des services de santé étudièrent les habitudes alimentaires des Penan. On découvrit que beaucoup de Penan ne pratiquaient la chasse et la cueillette dans le Parc que par intermittence. D'autres, vivant plus près, passaient à peu près la moitié de leur temps à l'intérieur de ses limites. Seul un petit nombre y vivait en permanence. En fait, chaque Penan exploitait en moyenne un territoire de deux kilomètres carrés cinq. Dans leurs rapports, ces équipes déclaraient que « cette superficie ne pouvait en aucun cas être considérée comme insuffisante pour les Penan et ne pouvait en aucune manière mettre en danger l'écosystème du Parc ».

Néanmoins, le problème de l'avenir des Penan restait en suspens, ainsi que celui des répercussions qu'aurait leur présence sur la faune et la flore. Des décisions devaient être prises rapidement. Apparemment la présence de l'homme n'avait aucun impact sur les petits mammifères du Parc. En revanche, les grands mammifères étaient chassés sans relâche par les Penan, les Berawan ainsi que par d'autres ethnies venant du nord et de l'est. Ces dernières utilisaient des fusils contrairement aux Penan qui, à de rares exceptions près, se servaient de sarbacanes. Le rapport laissait entendre que l'usage des armes à feu mettait en péril bien plus directement les animaux du Parc et « qu'il serait sans doute fort utile d'y interdire totalement les armes à feu ». De toute façon un jour viendrait où il faudrait trouver, pour les Penan, une autre source de protéines puisque, s'agissant d'un Parc National, la chasse allait être maintenant réglementée par l'interdiction de tuer certaines espèces.

La principale source de nourriture des Penan était la fécule fournie par les stipes des sagoutiers sauvages et par d'autres variétés plus rares de palmiers. Même les Penan sédentaires qui cultivaient le riz depuis une dizaine d'années allaient très loin dans la forêt afin de pouvoir manger autre chose que leur pauvre récolte. En effet, la culture du riz est difficile pour ceux qui n'y sont pas habitués. De plus les Penan n'ont aucune prédilection pour cet aliment, contrairement à la plupart des autres populations de Sarawak. En revanche, un projet destiné à leur apprendre à cultiver le maïs, le tapioca, les bananes, les haricots, les patates douces et les citrouilles semble beaucoup plus intéressant. Il peut avoir des répercussions bénéfiques sur leur acceptation de l'agriculture. Les Penan connaissent aussi un très grand nombre d'autres plantes alimentaires ou médicinales; il serait peut-être bon de tenter, réciproquement, d'en cultiver certaines pendant qu'elles peuvent encore nous être indiquées par eux.

Le rapport du gouvernement sur les Penan insiste sur la

nécessité de tenir des terres à la disposition de ceux qui désirent se sédentariser. Il souligne que ces régions seraient extrêmement efficaces comme zones tampons pour protéger le Parc. La région qui a été transformée en Parc National du Mulu appartient en grande partie au territoire traditionnel de chasse des Penan. Ceux-ci, dans les conversations que j'ai eues avec eux, affirment que cette terre est leur et que sans elle ils mourront de faim. Ils seraient alors une charge pour le gouvernement, augmentant le nombre déjà immense des mal nourris qui pratiquent une pauvre agriculture itinérante. La première priorité semble donc d'établir leurs droits sur la terre et leur droit de chasse. Avec cependant certaines restrictions minimes pour qu'ils ne contreviennent pas aux lois générales du Parc. Le changement est inévitable pour eux. Le Parc existe et continuera à exister. Il attirera des visiteurs dans la région qui amèneront entre autres à la création locale d'emplois. Une route doit le traverser; ses effets accentueront les changements et augmenteront donc les dangers de voir le Parc envahi par des cultivateurs itinérants, ce qui, bien entendu, compliquerait terriblement son administration. Au bout d'un certain temps, les Penan perdraient leur héritage culturel, leur gentillesse, leur réserve et leur faculté de vivre en totale harmonie avec leur environnement. Il est satisfaisant de voir leurs qualités défendues si éloquemment dans le rapport du musée de Sarawak : « Si elles se trouvent perverties dans le processus trop rapide du changement culturel brutal et de la désorientation subséquente des Penan, ce sera non seulement une perte pour la Malaysia mais aussi pour le genre humain tout entier. »

Le passage, pour une population, d'un mode de vie à un autre, en particulier la sédentarisation de sociétés traditionnellement nomades, n'a probablement jamais été réalisé d'une manière satisfaisante. L'attitude éclairée du gouvernement de Sarawak, telle qu'elle est définie dans ces rapports, me permettait d'espérer que les Penan feraient exception à la règle. En effet, les solutions proposées semblaient montrer que les difficultés n'étaient pas insurmontables. Le droit absolu pour les Penan qui ne désiraient pas se fixer de continuer à avoir une vie nomade était reconnu. Était souligné également que, leur nombre étant relativement peu élevé, leur présence ne pouvait avoir d'effets négatifs sur la faune et la flore du Parc. De plus, on proposait de limiter la chasse des populations voisines à l'intérieur du

Parc en y créant des zones tampons exclusivement réservées aux Penan.

C'étaient ceux qui choisiraient de se sédentariser qui auraient le plus besoin d'aide et de compréhension. Tout le monde espérait que le développement du Parc National apporterait d'importants avantages économiques à la région. Des guides seront choisis parmi la population locale et le transport des marchandises par voies d'eau se développera. Il est certain que les Berawan et d'autres ethnies voisines seront tout à fait capables de saisir ces opportunités. Mais j'espère qu'on prendra en considération les incomparables connaissances et l'habileté des Penan. Personne ne connaît le Parc mieux qu'eux, personne n'est mieux qualifié pour dire quels sont les animaux qui peuvent y être chassés et quel sera l'impact des nombreux visiteurs sur la faune. Ils ont travaillé pour nous, durant l'expédition, inlassablement et avec acharnement. Même si certains membres de l'expédition préféraient être accompagnés de Berawan parce que ces joyeux compagnons parlaient l'anglais, il est certain que les Penan, entraînés et orientés, pourraient devenir le noyau d'élite d'un corps destiné à garder le Parc. Cela serait un des moyens de compenser, d'une certaine manière, les restrictions qu'on leur imposerait afin de protéger certaines espèces animales.

Il est extrêmement important que le programme éducatif envisagé, qu'il soit destiné aux enfants ou aux adultes, tienne compte de leurs besoins particuliers. L'expérience a montré, par exemple aux États-Unis avec les Amérindiens, que les enfants, quel que soit leur niveau intellectuel, ont du mal à s'adapter dans des écoles basées sur les connaissances d'une autre culture. La scolarité en elle-même est aussi un danger puisque l'enfant, éloigné de ses parents, risque de ne pas acquérir le savoir-faire traditionnel nécessaire à sa survie en forêt. Donc, si sa scolarité est mauvaise, il se retrouvera au plus bas niveau de l'une et l'autre des deux civilisations. Tous ceux qui ont constaté le charme et l'intelligence des enfants Penan qui envahissaient notre camp de temps à autre, s'intéressant à tout mais se conduisant toujours avec des manières impeccables, ne peuvent douter un seul instant que des maîtres dévoués, dans des écoles spécialisées, pourraient révéler chez ces enfants d'immenses talents.

Les parents, eux aussi, devraient apprendre certaines choses en dehors des questions agronomiques. Le passage d'une vie nomade à une vie de village implique par exemple une approche entièrement nouvelle de l'hygiène. S'il faut porter des vêtements pour obéir à certaines nouvelles règles de bienséance, il est nécessaire d'acheter du savon pour les laver; et si l'on veut faire du commerce, avoir une idée de ce que représente l'argent, posséder quelques notions d'arithmétique et, peut-être même, apprendre à lire et à écrire.

Mais c'est dans le domaine de la santé que les Penan, qu'ils soient sédentarisés ou qu'ils mènent encore une vie nomade, ont le plus besoin d'aide, une aide qu'ils recherchent d'ailleurs. L'augmentation des contacts avec les populations voisines et l'introduction du tourisme – s'il venait à se développer – amèneraient très certainement un ensemble de maladies nouvelles mettant les Penan devant un danger sans précédent. Un changement dans leur alimentation et dans leur manière de vivre occasionnerait certainement des tensions et des carences qu'ils ne pourraient maîtriser avec leurs remèdes traditionnels.

Les médecins et les infirmières qui se succédaient régulièrement à notre camp de base avaient pour tâche principale de prendre soin de la santé des membres de l'expédition. Mais en dehors d'une demi-douzaine de cas de dengue, de quelques maladies de peau bénignes et de maux intestinaux, il n'y eut pratiquement pas de problèmes de santé parmi les membres de l'expédition. Aussi l'équipe médicale put se consacrer en grande partie à soigner les populations indigènes. Cela fit très probablement plus pour notre popularité que n'importe quoi d'autre. En même temps, les médecins avaient la possibilité de faire des recherches et d'acquérir une certaine expérience dans un domaine pour eux entièrement nouveau. L'un des médecins, vraiment étonnant, qui depuis a participé à plusieurs autres expéditions avec la Royal Geographical Society, était un généraliste que j'avais déniché en Cornouailles.

Lorsque nous quittâmes la Malaysia, le problème des Penan, bien que complexe à cause de ses aspects éthiques, sociaux et pratiques, nous semblait bien loin d'être insoluble. Il fallait s'y attaquer avec intelligence et réalisme. Nous étions tous d'accord sur le fait que les Penan, sur qui on exerçait des pressions dont ils n'avaient que faire et ne comprenaient pas même clairement, méritaient, de la part des personnes chargées de protéger leurs droits et leur survie, un traitement particulier et une attention spéciale.

Malheureusement, les informations qui nous sont parvenues depuis le retour de l'expédition ne sont guère encourageantes en ce qui concerne les Penan. Ils seraient affamés, réduits à la misère et trompés par tout le monde. Je brûle de faire quelque chose pour eux, mais me sens impuissant car, étant donné la situation, tout ce que je pourrais entreprendre risque encore un peu plus de leur nuire. J'ai essayé de retourner dans cette région en 1982, mais les autorités m'ont prévenu que je n'aurais pas l'autorisation d'entrer dans le Parc. Un jour, j'irai de nouveau là-bas pour dire à Nyapun que je suis encore son ami, pour rire avec ses enfants et lui montrer que je respecte et admire toujours son peuple, même si je suis le dernier à le faire. Parfois il semble que c'est la seule chose qu'on puisse faire pour aider ces gens victimes des préjugés et de la bigoterie les plus insensés.

Ce que nous pouvons aussi faire, qui peut à long terme être aussi important pour les Penan et leurs semblables que le travail de Survival International, est de soulever avec réalisme et sagesse la question de la destruction des forêts tropicales. Tant que les divers aspects de ce problème, que les politiques alternatives et que, surtout, les fonctions réelles de cet écosystème absolument unique ne seront pas mieux compris, les populations qui vivent dans ces forêts seront harcelécs, tourmentées par ceux qui veulent les défricher.

Toute la richesse des forêts tropicales réside dans les plantes elles-mêmes. Détruisez-les et il ne reste plus qu'une mince couche d'humus qui sera emportée à la première pluie. La meilleure manière de comprendre ce système et son délicat équilibre est de regarder comment la nature, dans des régions non perturbées, a trouvé son meilleur équilibre depuis des millénaires. De même les gens les plus capables de s'occuper de ces forêts, aussi bien du point de vue de leur conservation que de leur exploitation, sont ceux qui y ont vécu depuis toujours. On a avancé l'hypothèse que l'obsession de l'homme moderne pour détruire les quelques forêts qui subsistent encore de par le monde reflète un équilibre mental et émotionnel perturbé. Nous cherchons à détruire les sources de nos richesses pour dominer la nature. Nous voulons peut-être ainsi, inconsciemment, effacer notre passé, mais comme les lemmings, nous courons à notre perte.

Lorsque je quittai définitivement les Penan, la tristesse s'empara de moi car je sentais que leur mode de vie était probablement condamné. J'étais déprimé à l'idée de pouvoir faire si peu de chose pour eux. Je commençais à me demander si une société traditionnelle serait jamais capable de s'opposer à l'envahissement de notre modernité plastifiée pour défendre ses valeurs ancestrales. Peu après mon retour en Angleterre, je fus invité à passer deux mois parmi un peuple qui semblait y parvenir, les Yanomami du Brésil.

10.

La dernière des grandes nations indiennes : les Yanomami

Les Indiens Yanomami appartiennent à l'une des dernières grandes nations indiennes du Brésil qui a pu préserver sa manière particulière de vivre. Mais cela n'écarte pas pour autant la menace de désintégration qui plane sur eux avec l'approche de notre société.

Claudio Villas-Boas.

Les premiers Indiens que j'avais rencontrés avec Conrad Gorinsky, lors de notre expédition en aéroglisseur en 1968, avaient été un groupe de Yanomami qui nous avaient chassés de leur territoire. Plus tard, en 1971, à la fin de ma visite aux Indiens du Brésil, je m'étais arrêté un court instant auprès de deux groupes de Yanomami. J'avais déjà à l'époque recommandé dans mon rapport qu'on délimite le plus rapidement possible une réserve territoriale à l'intérieur de laquelle ils puissent être protégés. J'avais aussi trouvé curieux que la FUNAI ne fasse rien pour eux et paraisse même ignorer l'existence de ceux qui étaient déjà reconnus par les anthropologues comme la plus grande ethnie d'Indiens vivant au Brésil. Aucun fonctionnaire de la FUNAI ne s'était enquis de leurs besoins. Ce que je fis ainsi d'ailleurs que les envoyés de la Société de Protection des Aborigènes. Cela rendait ridicules les déclarations du chef de la FUNAI, l'effroyable général Bandeiro de Mello, qui proclamait qu'« on savait tout au sujet des Indiens du Brésil et que les anthropologues pouvaient maintenant rester chez eux ». Ce général fut finalement remplacé à la tête de la FUNAI. A chaque fois qu'un nouveau président de la FUNAI était nommé, nous avions l'espoir, sans doute naïf, que cet homme voudrait et aurait la possibilité de faire quelque chose de positif pour les Indiens. En fait, les choses devenaient de pire en pire. Seule l'inlassable vigilance de la presse brésilienne et internationale empêcha un changement anticonstitutionnel de la législation indigéniste et l'application de mesures qui auraient abouti à l'élimination de l'ensemble des Indiens. Quelques autres voix se mêlèrent à celle, jusqu'ici solitaire, de Survival International. Des signes de préoccupation apparaissaient maintenant à l'intérieur même du Brésil, ce qui permettait d'avoir une vision plus nette et mieux informée de la situation. Il était temps car les menaces contre les Yanomami se précisaient rapidement.

C'est l'éloignement et la difficulté d'atteindre leur territoire qui permirent aux Yanomami de survivre en aussi grand nombre, sans avoir à souffrir de l'intrusion du monde extérieur. Cas presque unique parmi les Amérindiens, il semble qu'ils ne furent jamais obligés d'évacuer leur territoire, ni à cause des migrations massives d'autres Indiens – tels que les Aruak et les Carib – ni à cause d'invasions de colons à la recherche d'esclaves, d'âmes, d'or ou de caoutchouc. Ils sont peut-être, selon certains, les descendants des premiers hommes qui traversèrent le détroit de Béring, il y a environ trente mille ans. Et ils vivent, peut-être, sur leur territoire actuel depuis quelque quinze mille ans sans jamais l'avoir quitté et sans avoir subi d'occupation étrangère. Je ne connais aucun peuple, sur la planète, dont on puisse en dire autant.

Environ vingt mille – ce qui est exceptionnel pour une ethnie amazonienne·actuelle –, ils vivent dans la région de la ligne de partage des eaux entre l'Orénoque et l'Amazone. C'est également là que se trouve la frontière entre le Brésil et le Venezuela. De sorte qu'on les a faits, arbitrairement, citoyens de deux nations. Leur pays est constitué d'une vaste étendue de forêt tropicale extrêmement dense, dans laquelle ils se livrent à la chasse, à la cueillette, à l'horticulture avec beaucoup d'efficacité. On regardait pourtant jusqu'à ces derniers temps cette région comme étant particulièrement inhospitalière. Mais à partir des années soixante-dix, commença sur plusieurs fronts l'invasion de leur territoire.

Un des axes du projet de réseau routier transamazonien était planifié pour traverser leurs terres. Au Brésil, quelques cyniques disaient, en parlant de cette route partant des régions désertiques du nord-est pour atteindre la forêt vierge à la frontière du Pérou, que c'était « une route qui conduisait d'un pays où l'on meurt de soif à un autre où l'on meurt de faim ». L'extension septentrionale du réseau, la *Perimetral Norte,* qui devait affecter la région occupée par les Yanomami, fut quant à elle décrite comme « une route venant de nulle part et ne conduisant nulle part ». Si elle avait été achevée, elle aurait traversé six cents kilomètres de leur territoire. Aussitôt que la première équipe d'ouvriers entra en contact avec les Indiens, ce fut le désastre. En moins d'un an, la plupart de ceux qui se trouvaient situés sur le tracé prévu moururent d'épidémies de grippe et de rougeole. Les survivants totalement désorientés furent réduits à la mendicité et à la prostitution.

Et puis ce fut l'arrivée des prospecteurs. On venait de découvrir des gisements d'étain et l'on parlait d'uranium au cœur même du territoire yanomami. Cinq cents mineurs indépendants commencèrent à travailler illégalement; ces nouveaux contacts avec des étrangers déclenchèrent de nouvelles épidémies parmi les Indiens.

Ensuite, des millions d'hectares de terre appartenant aux Yanomami furent délimités pour servir à la création d'un immense projet d'élevage. Ce qui voulait dire : abattage des arbres et destruction de la végétation par le feu.

Il fallait faire quelque chose avant qu'il ne soit, une fois de plus, trop tard pour les Indiens. Les Yanomami devinrent le problème numéro un de Survival International. Des voix de plus en plus nombreuses se faisaient aussi entendre au Brésil pour défendre les Yanomami. Grâce au courage et aux efforts surhumains de quelques individus compétents, à l'étonnement de tous, quelques résultats furent obtenus. On arrêta la construction de la route, principalement par manque de fonds mais sans doute aussi à cause des protestations. Les autorités se trouvèrent contraintes d'expulser les mineurs en s'appuyant sur la loi concernant les ressources minières des terres indiennes : la présence d'un très grand nombre d'Indiens dans la région avait été constatée sans doute possible. D'autres plans de « développement » furent mis aux oubliettes.

Finalement la FUNAI fit un projet visant à légaliser l'occupation de leur terre par les Indiens. Vingt et une petites zones séparées les unes des autres furent légalement reconnues comme appartenant aux Yanomami. C'était courir au désastre, étant donné que les Indiens, dont cet archipel de réserves serait encerclé par des torrents de colonisateurs, seraient alors en contact permanent et massif avec l'extérieur. Indignés de l'ineptie de ce projet officiel, les défenseurs des Indiens formèrent un comité pour la création d'une vaste réserve territoriale yanomami. Un excellent contre-projet fut préparé par les anthropologues connaissant le mieux le problème. Ce document fut publié par Survival International et une campagne de soutien internationale commença. Nos bureaux à Paris et à Washington, encore à l'état embryonnaire, se mirent à vivre au fur et à mesure que la campagne s'accentuait. Au Brésil, la question fut prise très au sérieux et, brusquement, les Yanomami commencèrent à avoir des amis partout. Mais les négociations s'éternisèrent et, en dépit de toutes les promesses, rien ne fut fait.

En 1981, je fus envoyé au Brésil par *Time-Life* [1] avec un photographe et un anthropologue pour vivre deux mois parmi un groupe d'Indiens Yanomami et pour écrire un livre sur eux. Une des rares mesures positives de la FUNAI est l'interdiction stricte de rendre visite aux Indiens du Brésil sans une autorisation en règle. Cette décision permet de protéger les Indiens de diverses formes d'exploitation touristique mais rend en revanche extrêmement difficile la tâche des chercheurs, tout particulièrement lorsqu'ils ne sont pas Brésiliens. Les laissez-passer sont pratiquement impossibles à obtenir. Par contre tous ceux qui localement désirent se rendre dans des villages indiens, pour quelque motif que ce soit, ont bien souvent la possibilité de le faire illégalement. Alors que j'attendais à Manaus cette précieuse autorisation, j'entendis parler d'une agence de voyages qui proposait aux touristes étrangers la visite d'un groupe yanomami. Leur publicité tournait autour des safaris et leurs brochures ne faisaient aucune mention des Indiens. Mais lorsque je me rendis là en prétendant être un touriste avide de sensations,

---

1. *Les Aborigènes de l'Amazonie, les Yanomami*, Time-Life, 1982.

on me glissa subrepticement des photographies « d'Indiens à l'état sauvage ». On me raconta aussi une histoire à dormir debout selon laquelle cette ethnie serait « une tribu perdue qui avait été sauvée par le fils d'un chef indien et d'une bonne sœur allemande » ! C'était ce personnage qui les aurait conduits, comme un messie, sur leur territoire actuel. Sur les photographies on voyait des touristes allemands et scandinaves près d'indiscutables Yanomami. On m'informa que je pouvais me rendre là-bas dès que je le voulais. Je signalai la chose au responsable local de la FUNAI mais, sans preuve matérielle, il ne pouvait pas faire grand-chose.

Grâce au travail acharné, durant trois mois, effectué à Brasilia par notre anthropologue Bruce Albert, afin de régler les problèmes administratifs, on nous donna l'autorisation de séjourner avec les Yanomami. Nous étions les premiers chercheurs depuis presque un an à recevoir cette sorte de permis. Bruce aurait probablement perdu patience sans un petit miracle qui se produisit le dernier jour de son attente, au moment où le nouveau président de la FUNAI (un colonel) devait signer le document. Alors qu'il attendait d'être reçu par le colonel, il entendit un remue-ménage dans l'escalier. Une vingtaine de guerriers shavante en colère surgirent dans l'antichambre en demandant justement à voir le président de la FUNAI. Ce soi-disant défenseur des Indiens avait de nouveau laissé quelques riches colons s'emparer des terres appartenant traditionnellement aux Shavante. Ces guerriers, en short, avaient le corps couvert de peintures de guerre menaçantes, rouge et noir. Ils étaient armés de massues et, de toute évidence, personne n'aurait pu les arrêter. Un agent de police apeuré les retint un moment pour permettre au président de s'enfuir par une porte dérobée. Les Indiens, après l'avoir cherché en vain dans son bureau, se lancèrent à sa poursuite. Ce fut donc un colonel quelque peu pressé et effrayé que Bruce rencontra quelques heures plus tard. Sur un des coins de son bureau, une pile de lettres étaient en attente. Celle du dessus avait été envoyée par Survival International pour protester énergiquement auprès de la FUNAI contre la suppression arbitraire de bourses à des étudiants indiens et le retrait de l'autorisation qui leur avait été accordée de faire leurs études à Brasilia. En tant que président de Survival International, c'était moi qui avais signé la lettre. Mais grâce à l'agitation provoquée par les guerriers indiens, le président n'avait fait aucun rapprochement et avait apposé sa signature sur notre permis.

En dépit de tout ce que j'avais lu sur les Yanomami, de la campagne que nous avions montée en leur faveur et de mes expériences heureuses avec d'autres ethnies isolées, je ne m'attendais pas à avoir une sympathie particulière pour eux. Au cours de ces dernières années, depuis que les anthropologues avaient commencé à les étudier, on avait largement décrit leur supposée agressivité. Cela, bien entendu, leur avait fait beaucoup de tort. On les accusait en particulier d'être extrêmement belliqueux, de pratiquer l'infanticide des filles et le cannibalisme. Ces sujets sont tabous dans notre univers judéo-chrétien. Il suffit d'y faire allusion pour que ceux qui se livrent à ces pratiques soient condamnés sans procès et sans appel. Cela permettait ainsi de justifier les spoliations et les mauvais traitements dont ils sont les victimes puisque même certains universitaires distingués – qui devraient pourtant faire preuve d'une certaine intelligence – n'ont pas hésité pas à déclarer parfois qu'un peuple se livrant à ces « coutumes barbares » ne mérite pas d'être défendu.

En fait, je fus non seulement profondément impressionné par la manière dont les Yanomami savaient parfaitement exploiter la forêt tropicale dans laquelle ils vivaient et organiser la façon harmonieuse leur vie sociale, mais je découvris aussi qu'ils étaient gentils, aimables, amicaux et fort agréables à vivre. Une toute nouvelle approche anthropologique voyait le jour qui, refusant de les préjuger, découvrait l'extraordinaire complexité de leur vie.

Bruce Albert, un des anthropologues les plus scrupuleux et actifs à avoir travaillé parmi eux, avait joué un rôle important dans cette transformation. Au cours des semaines que nous passâmes ensemble dans le *yano* de Toototobi, Bruce, qui par ailleurs était un excellent compagnon, se mit à représenter pour moi l'anthropologue idéal. Grâce à lui j'avais désormais un point de repère pour évaluer tout travail sur le terrain.

Pour une fois, nous avions tout le temps de bavarder. Allongé dans mon hamac, je le questionnais sur tous les aspects de la vie des Yanomami qui pouvaient me venir à l'esprit. Autour de nous, le groupe poursuivait ses activités. Dans la journée, c'était les allées et venues des femmes chargées de ramener le bois des jardins et l'eau de la rivière, les jeux bruyants des enfants qui imitaient les adultes en chassant de petites bestioles ou en préparant des repas de fête miniatures. Le soir, c'était le retour des hommes, rapportant le fruit de leur chasse qu'ils distribuaient immédiatement. Aucun Yanomami ne mange sa propre prise. La générosité est la vertu suprême de leur société. Comme nous les regardions manger et bavarder, Bruce m'expliquait ce qu'ils disaient et la signification de ce que je voyais. Grâce à lui, je n'étais pas exclu de ce qui se passait et commençais à découvrir l'énorme fossé qui existe entre les apparences et le sens profond d'un comportement culturel.

Bruce lui-même reconnaissait la dichotomie fondamentale du travail de l'anthropologue sur le terrain, tout particulièrement lorsqu'il s'agit de peuples comme les Yanomami qui pensent orgueilleusement que la seule véritable manière de vivre est la leur. Pour parvenir à les comprendre et à étudier correctement leur société, il devait parler couramment leur langue. Pour ce faire, il se voyait obligé de s'immerger totalement dans leur culture puisque les Yanomami pensent que les étrangers qui leur témoignent de l'amitié désirent s'incorporer à leur groupe. Bruce devait donc penser et réagir, du moins avec une partie de son corps et de son cerveau, comme un Yanomami afin de réduire les différences. Pour ne pas paraître étranger, il acceptait sans aucun esprit critique leur nourriture, leur médecine, leur manière de vivre en général. Peu à peu cette attitude devint part de lui-même, de sorte qu'il considérait tout autre comportement dans la forêt avec ce même dégoût que montraient les Yanomami eux-mêmes.

Pourtant, dans le même temps, il prenait d'abondantes notes pour son travail sur leur mythologie et leurs rites; il recueillait leurs généalogies, analysait leur système de parenté et ne cessait d'étudier leur langue; il collectait, identifiait et relevait les noms yanomami des plantes et leur utilisation afin de transmettre ses informations à des ethnobotanistes en Europe... Tout ce travail était effectué en dehors des activités quotidiennes indispensables pour rester en bonne santé dans une forêt tropicale. En plus de mes incessantes questions auxquelles il lui fallait répondre et de mes notes qu'il lui fallait corriger, il était encore obligé de consacrer du temps à notre remarquable mais exigeant photographe, Victor Englebert. Celui-ci, bien qu'il eût un heureux tempérament et un immense pouvoir de concentration qui lui permettait de fixer sur la pellicule toutes les activités et toutes les émotions humaines, avait besoin cependant d'obtenir certaines explications afin de composer ses photographies pour qu'elles soient parfaitement intelligibles à ceux qui les verraient en Europe et en Amérique. Victor et moi, nous nous battions donc amicalement pour accaparer le temps de Bruce, essayant de démontrer à tour de rôle l'importance primordiale de l'image ou du texte dans le livre que nous avions mission de réaliser.

Bruce gardait son calme en toute circonstance. L'étendue et la clarté de ses analyses ne lui faisaient jamais perdre de vue les exigences de sa méthode de travail. Je sentais aussi, et c'était peut-être le plus difficile et le plus important, qu'il demeurait fidèle en toute occasion au point de vue des Yanomami. Non seulement il décrivait leurs attitudes de l'intérieur mais nous empêchait aussi de fausser la justesse de nos observations en poussant consciemment ou inconsciemment les Yanomami à agir d'une manière atypique. Il s'amusait de notre pruderie européenne en traduisant scrupuleusement les bonnes histoires et les mythes que lui racontaient les Yanomami. Ceux-ci évoquaient la plupart du temps avec précision et sans inhibition aucune toutes les fonctions biologiques. Lorsque, déçu à l'idée que nous allions manquer un rite funéraire – nous devions prendre le petit avion qui ne passait que tous les mois ou tous les deux mois –, je suggérai que les Yanomami pourraient le simuler, Bruce me regarda comme si j'étais devenu fou. Je découvris alors l'aspect un peu faux de ma propre culture. Suggérer par exemple que des acteurs communient afin qu'on puisse réaliser un documentaire sur l'Église n'aurait sûrement pas été regardé comme un blasphème par les chrétiens. En revanche, pour les Yanomami, organiser une cérémonie importante sans de bonnes et religieuses raisons était impensable.

Lorsqu'il n'était pas sur le terrain avec eux, Bruce se battait sans relâche pour les Yanomami. Il était l'un des auteurs du projet destiné à établir une vaste réserve territoriale pour assurer leur protection. Survival International publia ce projet qui a maintenant été largement pris en compte par le gouvernement brésilien; ses écrits ont contribué largement à faire mieux comprendre les Yanomami. Son attitude réaliste et intelligente en face de leur mode de vie a permis d'effacer les taches imméritées qui ternissaient leur réputation. Pour moi, il fut un guide et un mentor inestimables; et aussi un joyeux et charmant compagnon durant tout le temps que nous passâmes ensemble parmi les Yanomami.

Même au cours de mon bref séjour, je pus me rendre compte à quel point les gens avaient été absurdes de les juger sous-humains en raison de leurs différences de comportement. Ils n'étaient nullement belliqueux à cause d'une supposée sauvagerie innée mais parce qu'ils reconnaissaient – à regret d'ailleurs – l'inévitabilité des conflits pour régler les affaires humaines. La plupart de leurs activités sociales et politiques sont destinées à contrôler, à canaliser et à désamorcer l'agressivité sociale. Si bien que, lorsque la guerre éclate entre différents groupes, les blessures sont souvent sans danger et les morts relativement rares. Comparons cette attitude avec la nôtre qui consiste sans arrêt à proclamer nos intentions pacifiques, tout en nous préparant secrètement à écraser nos ennemis avec des moyens d'une cruauté sans précédent dans l'histoire de l'humanité.

Quand une femme Yanomami se sent sur le point d'accoucher, elle se rend seule dans la forêt pour donner naissance à son enfant. Elle décide alors de le garder ou non en s'appuyant sur plusieurs critères. L'enfant est-il difforme? Est-elle capable et dans la possibilité de l'élever correctement? A-t-elle encore un enfant à nourrir? A-t-elle déjà plusieurs autres enfants du même sexe? Il est en effet important pour les Yanomami d'avoir une famille équilibrée. Les filles sont aussi précieuses que les garçons puisque c'est grâce à elles qu'on acquiert des gendres, le lien de parenté le plus important de la société Yanomami. Si la mère revient dans le *yano* – la maison collective circulaire des Yanomami – sans enfant, personne ne se permettra la moindre critique. En revanche, si elle porte un bébé, son enfant sera immédiatement pris en charge par tous les membres de la communauté. Dans un sens, le nouveau-né n'est pas né jusqu'à ce qu'il entre dans le *yano*. Ce qu'il nous est peut-être encore plus difficile de comprendre, c'est l'absence totale de culpabilité ou de honte de la mère. Pour elle non plus l'enfant n'est pas tout à fait venu au monde. Nous avons des échelles de valeurs assez confuses et souvent totalement illogiques en ce qui concerne la contraception et l'avortement. Qui sommes-nous vraiment pour condamner les Yanomami qui ont un système qu'ils considèrent comme juste et qui fonctionne parfaitement pour eux?

L'accusation de cannibalisme est encore plus ridicule. Après leur mort, les Yanomami sont incinérés. On garde un peu de cendre de leurs os dans une petite calebasse pendant environ un an avant d'en disposer au cours d'une cérémonie funéraire. A certaines de ces cérémonies, une partie de la cendre est tout simplement enterrée, à d'autres elle est mélangée à une compote de bananes-légumes qui sera consommée par certains parents. Peut-on réellement parler de cannibalisme dans ce cas, avec toutes les connotations que ce mot implique? C'est-à-dire par goût et passion de la chair humaine. En fait, il s'agit d'un véritable sacrement funéraire.

Vivre dans un *yano* avec les Yanomami m'a confirmé dans mon opinion selon laquelle nous ignorons encore tout d'un mode d'exploitation rationnelle des forêts tropicales. Les Yanomami qui ont vécu dans ce milieu naturel depuis les temps les plus reculés en tirent tout ce dont ils ont besoin et, périodiquement, un surplus de nourriture consommé au moment des fêtes destinées à réaffermir ou à créer des liens d'alliance avec les villages voisins. Nous étions là lors d'une de ces périodes d'abondance et nous assistâmes souvent à de telles fêtes. D'énormes quantités de jus de manioc ou de bananes-légumes sont préparées en ces occasions ainsi que des montagnes de viande fumée et de galettes de manioc.

Les Yanomami n'accumulent pas de réserves à long terme. C'est contre leur philosophie d'amasser ou d'acquérir des richesses personnelles : la forêt leur fournit ce dont ils ont besoin tout au long de l'année. Ils préfèrent au fond distribuer leur surplus pour se faire des amis.

La principale récolte de bananes de leurs jardins a lieu à la fin de la saison sèche, c'est-à-dire, pour nous, au début du printemps. C'était l'époque où nous étions là. En revanche, le gros gibier, comme les tapirs et les cochons sauvages, est plus gras durant la saison des pluies, en été, mais il est alors plus difficile de se déplacer et de chasser. Arbres et buissons portent des fruits à des époques différentes de l'année. Il y a une saison pour chaque chose, champignons, tubercules, insectes, crabes, miels, grenouilles... On a calculé que les Yanomami tirent de la forêt au moins cinq cents sortes d'animaux et de plantes. Et ils savent exactement à quel moment ils sont comestibles. Avec une telle richesse à leur porte, ils n'ont aucunement besoin d'un système économique compliqué, peu sûr et inefficace, reposant sur le stockage d'aliments. J'ai remarqué aussi que le plaisir qu'ils tirent de la nourriture provient plus de sa diversité que de son mode de préparation.

Quel contraste avec les colons pauvres, conscients de l'être, qui vivent aux abords de leur territoire. Ceux-ci se nourrissent presque uniquement de haricots et de riz, et se battent pour élever des troupeaux faméliques sur des terrains totalement inappropriés. La viande qu'ils en tirent, vendue pour acheter les aliments qu'ils ne peuvent pas cultiver eux-mêmes, est de trop mauvaise qualité pour convenir aux Brésiliens des villes. La plupart est transformée en hamburgers à destination des États-Unis et de l'Europe. Quel gâchis dans un monde affamé que la destruction de telles richesses. Les techniques d'horticulture, de chasse et de cueillette des Yanomami peuvent nourrir une population au moins égale à celle de l'autre système dans lequel des immigrants, venus pour la plupart de la côte, occupent un milieu qu'ils ne comprennent pas et qu'au fond ils détestent. Pourtant les Yanomami peuvent offrir à la science occidentale tout le savoir nécessaire pour tirer le meilleur parti d'une forêt tropicale. Peut-être avec le temps pourrions-nous élaborer un mode d'exploitation rationnel de ce milieu en nous inspirant de leur sagesse.

Des chercheurs comme Conrad et mes amis du Mulu débordent d'idées allant dans ce sens. Une infinité de plantes attendent qu'on les mette à l'essai, qu'on les compare avec celles que nous utilisons actuellement en si petit nombre et dont pourtant dépend l'approvisionnement du monde. Il en est de même pour les animaux qui pourraient servir à l'élevage ou être simplement domestiqués. L'exploitation des forêts tropicales – tout en préservant leur fertilité et en en tirant le maximum de richesse – est aussi mal conçue que leur fonctionnement à l'état naturel est mal connu. Mais ce n'est pas dans ce domaine que les capitaux destinés à la recherche sont le plus généreusement distribués.

Une idée qui m'intéresse particulièrement, dans cette perspective, parmi plusieurs autres, concerne les termites. J'ai mangé leurs larves à plusieurs reprises avec les Yanomami. En pâté, elles sont pour nous aussi tout à fait mangeables dès qu'on oublie leur origine. Puisque ces insectes sont si prolifiques, qu'ils sont capables de se nourrir d'à peu près n'importe quoi, certains pensent que l'une des grandes erreurs de l'homme au cours de son évolution économique a été de domestiquer les mammifères plutôt que les insectes lorsqu'il a eu besoin, il y a plusieurs milliers d'années, d'une source régulière de nourriture afin de pouvoir s'installer dans les villages où allait naître notre civilisation. Poids pour poids, les termites fournissent au moins autant de protéines qu'un bœuf de première qualité et trois fois plus de calories. Mais avant que la plupart des gens acceptent de les manger, il faudra attendre un certain temps! Pourtant cet aliment potentiel abonde dans les forêts tropicales. On pourrait obtenir par hectare un poids de termites dix fois plus grand que celui qu'on obtiendrait en élevant, par exemple, des troupeaux. On a pensé à les utiliser intelligemment. On pourrait encourager les colons qui s'installent aux abords des forêts vierges à élever, au lieu de bovins misérables, des cochons et des poulets qui pourraient se nourrir presque uniquement de termites. On surmonterait ainsi la répugnance que les gens éprouvent à manger directement des termites. Le problème technique qui consiste à prélever d'une termitière une certaine population sans en condamner l'ensemble à mort pourrait être résolu sans grande difficulté : les insectes sont extraordinairement prolifiques. Par contre, il serait certainement très difficile de convaincre le paysan brésilien moyen qu'il est aussi viril d'élever des poulets et des cochons que des bêtes à cornes.

Pour l'instant, aussi longtemps que les Indiens parviendront à survivre, nous nous trouvons en face d'une situation qui tend à opposer deux populations séparées par un fossé infranchissable. Les Indiens et les petits colons sont officiellement considérés par les Nations unies comme faisant partie de la même catégorie : celle des hommes les plus pauvres du monde. Néanmoins ils s'accusent mutuellement d'être inférieurs, dangereux et se rejettent réciproquement hors de l'humanité. Leurs valeurs sont si totalement différentes qu'elles semblent irréconciliables. Au bout d'un certain temps de cette confrontation, un des systèmes inévitablement succombe. Il sera ou détruit ou assimilé par l'autre. Nous savons quel est la plupart du temps celui des deux qui triomphe mais je ne suis pas si sûr que cette victoire soit véritablement bénéfique pour l'humanité, si l'on pense en termes de culture et de bonheur humains et de préservation des ressources naturelles.

Un de ces deux systèmes est représenté paradoxalement par des gens affamés, appartenant au monde occidental hyper-matérialiste, qui cherchent avant tout à survivre. Malheureusement, lorsqu'ils y parviennent, l'avidité de ce système les pousse à surexploiter leur environnement, de telle sorte qu'en fin de compte ils n'en obtiennent que fort peu. Pour moi, la lutte de ces modernes pionniers à la frontière du monde connu, aux abords des derniers lieux sauvages, illustre en un microcosme exemplaire tous les maux qui affligent les hommes lorsqu'ils dilapident bêtement les richesses de la planète.

L'autre système, celui des Yanomami – mais c'est aussi celui des autres peuples auxquels s'intéresse Survival International –, correspond à des gens qui connaissent leurs richesses et savent fort bien que leur environnement leur fournira toujours ce dont ils ont besoin à condition qu'ils le respectent. Ils ont une assise culturelle extrêmement forte qui leur donne pleine confiance en leur tradition et leur fait penser que dans certaines circonstances données il n'y a qu'une seule manière d'agir et de se conduire. Ils pensent aussi que la générosité est la plus grande des vertus humaines et c'est par là qu'ils sont réellement riches.

Bouddha a dit que toutes les misères du monde proviennent du fait que l'homme désire ce qu'il ne peut obtenir. Le renoncement apporte donc une entière satisfaction. Il est impossible que la prospérité et les biens matériels auxquels aspirent quarante milliards de gens puissent être satisfaits par des moyens technologiques ou quelque autre moyen. Les Yanomami savent ce qu'ils veulent et peuvent obtenir, s'en emparent et le savourent, le respectent et le partagent. Ils parviennent ainsi à atteindre un bien-être qui nous échappe.

C'est pourquoi je crois que les Yanomami et les peuples qui leur ressemblent sont porteurs de valeurs plus profondes que celles de ceux qui veulent leur arracher leurs terres. Non que certaines vies humaines soient supérieures à d'autres mais simplement parce que la vitalité de certaines sociétés est un signe d'espoir pour notre monde désespéré dont la fin paraît quelquefois imminente. Il me semble que cela est une raison suffisante pour les aider à survivre.

En mars 1982, le gouvernement brésilien prit les premières mesures en vue de la création d'une réserve territoriale yanomami.

Une superficie de sept millions sept cent mille hectares d'un seul tenant, en bordure de la frontière du Venezuela, fut déclarée zone interdite dans le but de protéger ces Indiens. Cette mesure concerne quatre-vingt-dix pour cent des Yanomami vivant au Brésil. C'est un immense territoire dont la superficie dépasse celle de chacun des sept plus petits États du Brésil, mais ce territoire a sans aucun doute toujours été occupé par les Yanomami. De plus il est absolument indispensable à leur survie. Il s'agit là, pour un début, d'un résultat assez extraordinaire qui couronne tous nos efforts. Nous ne devons pas cependant cesser de faire campagne en faveur des Yanomami car, bien souvent par le passé, des zones ainsi protégées ont été finalement occupées par des colons, et le décret qui légalisera définitivement la réserve n'est toujours pas signé. Mais, même alors, les menaces qui pèsent sur les Indiens n'auront pas totalement disparu. Les pénétrations illégales de colons et de prospecteurs se poursuivront, des épidémies se déclareront, et le gouvernement, les missionnaires catholiques et protestants, tous prêchant pour leurs saints, continueront d'exercer des pressions sur les Indiens.

Les Yanomami représentent incontestablement un des plus grands succès de Survival International. Nos efforts ont contribué à la délimitation d'une zone qui, avec un peu de chance et beaucoup de vigilance, permettra de protéger un des plus grands groupes d'Indiens existant. C'est sans doute une ironie du sort que pour préserver les gens de dangereuses incursions en provenance des régions avoisinantes on ait besoin d'en parler et de les faire connaître le plus possible. Les Yanomami pensent avec certitude, comme chaque groupe humain de la planète, qu'ils sont supérieurs à tous les autres hommes, les seuls héritiers de la vraie « voie ». Pour ma part, je pense qu'ils ont autant de droits que n'importe quel autre peuple de lancer cette affirmation.

J'ai pris grand plaisir à vivre parmi les Yanomami et j'espère un jour pouvoir leur rendre à nouveau visite. Ils seront capables de supporter le changement; leur culture se transformera comme elle l'a fait dans le passé sous la pression de nouvelles circonstances et de nouveaux contacts, à condition bien sûr qu'on leur donne les moyens de survivre. Ils sont fortement attachés à leurs croyances et c'est quelque chose qu'il ne faut surtout pas saper si on veut les aider. S'ils restent relativement isolés, si on les protège contre les maladies mortelles, ils survivront. Je suis fier que Survival

International ait joué son rôle dans une des rares réussites dans le domaine de la protection des Indiens. Il y a aussi d'autres signes qui montrent que le succès peut être à portée de la main. Si notre cause n'attire pas encore assez de supporters et de mécènes, elle est maintenant assez bien connue et notre but beaucoup mieux compris. Il y a dix ans, les gens me disaient : « Dans la lutte pour la survie, les faibles s'inclinent toujours devant les forts, il est donc normal que les Indiens soient remplacés par l'homme moderne. Pourquoi vouloir arrêter l'évolution? De toute façon on ne peut pas favoriser des conditions de vie aussi mauvaises, aussi bestiales. » Aujourd'hui, ces mêmes personnes me disent : « Pourquoi ne pas les laisser tranquilles? Après tout, ils sont en dehors de ce monde dément et ils ne font aucun mal. » Il y a certes un certain progrès, mais les gens ne comprennent pas encore exactement ce que nous essayons de faire.

Ce n'est pas nous qui ne voulons pas laisser ces peuples tranquilles! Cela arrive parce que des gens avides et éperdus parcourent le monde pour lui arracher ses dernières richesses. D'ailleurs, même si l'idée de créer un « zoo humain » était moralement acceptable – ce qu'elle n'est pas puisque toutes les sociétés ont droit à l'autodétermination, qu'elles sont dynamiques et que le droit d'établir des relations avec les autres est un des droits fondamentaux de l'homme –, ce ne serait pas réaliste de vouloir isoler les peuples les uns des autres. En revanche, les protéger contre les maladies et l'exploitation est tout à fait autre chose. Nous venons à leur secours quand on les agresse. Nous défendons leurs droits quand des bureaucraties et des technocrates dont les Indiens n'ont jamais entendu parler essaient depuis leurs villes de leur voler leurs terres et de les détruire. Nous informons le monde de leur existence et de leurs problèmes, mais nous n'essayons jamais de trouver des solutions à leur place. Ce sont eux qui doivent les trouver, en s'appuyant sur ce qu'ils savent de leur situation et de leurs besoins. Ils commettront peut-être des erreurs mais, au moins pour une fois, il s'agira des leurs; ils seront au moins maîtres de leur destin, ce que tout homme au monde est en droit d'exiger.

11.

La qualité de la vie

> *Tous les peuples ont le droit de disposer d'eux-mêmes. En vertu de ce droit, ils déterminent librement leur statut politique et assurent librement leur développement économique, social et culturel.*
>
> (Article premier du Pacte international relatif aux droits civiques et politiques, O.N.U. 1966).

Tout d'abord notre plus importante tâche, lorsque l'idée de Survival International prit forme pour devenir une nouvelle organisation humanitaire, fut de définir notre philosophie de manière que notre but et nos propos fussent clairs. Ce fut un moment où nous eûmes de graves problèmes sémantiques, et aussi celui où, pour cela même, certains anthropologues nous regardèrent – et on peut les comprendre – d'un mauvais œil. Le dialogue continue aujourd'hui mais il y a tant à faire et nous sommes si peu pour le faire que nous laissons de côté les joutes intellectuelles ou terminologiques. Nous connaissons au moins maintenant quelques réponses à nos questions initiales. Aussi concentrons-nous nos efforts sur les situations où un résultat positif concret peut être obtenu par notre action. De plus en plus souvent les campagnes d'information sont mises en route et organisées par les peuples mêmes qui se sentent menacés plutôt que par des étrangers qui viennent à leur secours. C'est ainsi qu'il faut que ce soit. Notre rôle est alors de contribuer à poser le problème devant l'opinion mondiale, de transformer ce qui peut apparaître comme un incident local en un problème à l'échelon international.

Depuis le début, j'ai toujours pensé que le travail effectué à Survival International satisfaisait pleinement mon désir d'être un « idéaliste pratique ». Pour moi, il y a toujours eu deux buts complémentaires à atteindre, deux forces conductrices qu'il ne faut pas perdre de vue.

Tout d'abord, nous avons une vocation humanitaire. Nous nous intéressons à une partie de la communauté humaine. Elle est d'ailleurs bien plus importante que nous ne le croyions au départ lorsque nous nous sommes penchés sur la situation de quelques milliers d'Indiens brésiliens. Nous savons maintenant que près de deux cents millions de personnes, c'est-à-dire cinq pour cent de la population mondiale, se trouvent encore à l'écart du courant principal de la « civilisation » industrielle. Cela va des aborigènes australiens aux ethnies montagnardes du Sud-Est asiatique, des Bochimans du Kalahari aux Esquimaux du pôle Nord. Toutes ces populations voient leur manière de vivre, leur culture et leur existence même menacées. Toutes, ensemble, constituent la plus grande minorité existant dans le monde.

Nous sommes indignés par les souffrances que ces minorités endurent – exploitation, dégradation et finalement extinction – lorsqu'elles sont confrontées à des gens qui veulent leur imposer des transformations. Nous pensons que ces hommes ont droit à la terre qu'ils occupent depuis des milliers d'années, eux qui sont bien souvent les premiers à s'y être installés. Ils ont le droit aussi de continuer à vivre selon des coutumes qu'ils ont choisies et qui leur permettent de satisfaire leurs besoins particuliers. Et plus que tout, nous croyons qu'ils ont le droit de survivre et de prospérer comme les citoyens à part entière des nations qui se sont développées autour d'eux.

Il y a un autre aspect important dans notre travail. Je suis convaincu que notre intérêt pour l'écologie nous a fait comprendre comment utiliser notre environnement de façon plus efficace et rationnelle. L'étude de la manière de vivre des sociétés indigènes et l'observation de leurs techniques d'exploitation des divers milieux naturels qu'elles occupent pourraient, au même titre, être du plus grand intérêt pour nous. Plus personne ne peut affirmer que tout est pour le mieux dans le meilleur des mondes possibles pour l'homme sur notre planète. Vue des satellites artificiels ou de la Lune, la Terre paraît toute petite et fragile. L'épuisement des ressources naturelles, lié à une démographie explosive et au développement généralisé des aspirations matérielles, a creusé un gouffre qui s'accroît à une vitesse vertigineuse entre les nantis et ceux à qui tout fait défaut. L'expansion économique ne peut se poursuivre indéfiniment. En pillant la planète pour essayer de maintenir une production croissante, nous commençons à perdre plus que nous ne gagnons. Les promesses de la révolution industrielle n'ont pas été tenues. Pour la majorité des gens, la qualité de la vie ne s'améliore nullement, bien au contraire. Le spectre des guerres mondiales, des famines et des épidémies continue de planer sur nous sans parler des conditions de vie et de travail quotidien déplorables de la plus grande partie de l'humanité. Peut-être avons-nous développé notre société trop rapidement au cours de ces derniers siècles. Notre désarroi et notre peur proviennent de l'étrangeté que nous ressentons vis-à-vis de nous-mêmes. En perdant leurs racines culturelles en raison d'un changement trop rapide, les sociétés risquent de se désintégrer en laissant la place à un monde anarchique qui ne profiterait à personne.

Nous pourrions surmonter ces difficultés grâce à nos capacités et à nos richesses. Grâce à de nouvelles technologies, nous pourrions trouver d'autres manières de procéder. Mais les solutions ne tomberont pas du ciel, nous devons les chercher où elles se trouvent. Un premier pas dans cette direction, pour découvrir où nous avons commencé à nous tromper, serait d'être à l'écoute de ces sociétés qui n'ont pas commis les mêmes erreurs que nous.

Exactement comme dans la nature lorsqu'un système ne fonctionne plus ou dégénère et qu'un autre émerge de la diversité de la vie pour prendre sa place, l'espèce humaine a, elle aussi, une capacité innée pour s'adapter. Nous avons une foule d'experts traditionnels autour de nous et nous passons encore notre temps à les discréditer et à les anéantir. Et nous osons à peine aborder ce sujet car nous sommes les héritiers d'une culture et d'une idéologie qui nous ont inculqué l'idée que nous sommes supérieurs à la nature. En dépit de notre lucidité soudaine devant ce que nous sommes en train de faire au reste du monde, malgré les enthousiasmes qui se sont déchaînés autour des idées écologistes, malgré notre peur de la famine, des épidémies, de la guerre, il nous est très difficile de trouver un équilibre entre le rejet aveugle de notre système et une foi désespérée dans notre technologie. Seuls ceux qui sont les héritiers d'une manière de voir le monde totalement différente et d'un mode de vie où l'économique reste soumis au social et à l'écologique peuvent maintenant faire autorité en la matière.

Une des plus belles, des plus profondes déclarations « écologistes » a été faite en 1851 par Seattle, le chef des Indiens Suquamish et autres ethnies vivant autour du Puget Sound dans l'État de Washington. La ville de Seattle porte le nom de ce chef indien. Sa déclaration était la réponse qu'il faisait à une proposition de traité tendant à persuader les Indiens de vendre huit cent mille hectares de terres pour cent cinquante mille dollars. Les pressions que subissaient alors ces Indiens étaient les mêmes que celles qui s'exercent aujourd'hui sur les Indiens du Brésil et des autres pays d'Amérique du Sud, ainsi d'ailleurs que sur des millions d'autres ethnies de par le monde, tous ces peuples qu'essaie de défendre Survival International. Je ne pense pas que le problème puisse être plus clairement exposé qu'il ne l'a été par Seattle :

« Comment pouvez-vous acheter ou vendre le ciel, la chaleur de la terre? Cette idée nous semble étrange. Si vous ne possédez pas la fraîcheur de l'air et l'éclat de l'eau, comment pouvez-vous les acheter?

Chaque parcelle de cette terre est sacrée pour mon peuple. Chaque épine de pin luisante, chaque crique sablonneuse, chaque nappe de brouillard dans la forêt obscure, chaque clairière, chaque bourdonnement d'insecte est sacré dans la mémoire et dans la vie de mon peuple. La sève qui circule dans les arbres garde la mémoire de l'homme rouge.

Les morts de l'homme blanc oublient les lieux de leur naissance lorsqu'ils s'en vont marcher parmi les étoiles. Nos morts n'oublient jamais la beauté de cette terre parce qu'elle fait partie de nous. Les fleurs odorantes sont nos sœurs; les cerfs, les chevaux, les grands aigles sont nos frères. Les collines rocheuses, l'essence des herbes de la prairie, le corps chaud du poney et l'homme, tous appartiennent à la même famille.

Aussi, lorsque le grand chef à Washington nous dit qu'il souhaite acheter notre terre, il nous demande beaucoup. Le grand chef nous dit qu'il nous gardera une place où nous pourrons vivre confortablement, qu'il sera notre père et que nous serons ses enfants.

Aussi nous considérerons votre offre d'acheter notre terre, mais ce ne sera pas facile. Car cette terre est sacrée pour nous. L'eau scintillante qui court dans les ruisseaux et les rivières n'est pas seulement de l'eau, mais c'est aussi le sang de nos ancêtres. Si nous vous vendons notre terre, vous devez vous souvenir que cette eau est sacrée et vous devez enseigner à vos enfants qu'elle est sacrée et que chaque reflet fugitif qui passe sur les eaux limpides des lacs raconte les événements et les aventures de la vie de mon peuple. Le murmure de l'eau est la voix du père de mon père.

Les ruisseaux sont nos frères parce qu'ils étanchent notre soif. Les rivières supportent nos canoës et nourrissent nos enfants. Si nous vous vendons notre terre, vous devez vous souvenir et vous devez enseigner à vos enfants que les cours d'eau sont nos frères comme ils sont les vôtres. Vous devez donc désormais les traiter avec autant de gentillesse que vous traiteriez votre propre frère.

Nous savons que l'homme blanc ne comprend pas notre manière de vivre. Pour lui, une parcelle de terre est la même que la suivante car c'est un étranger qui vient la nuit arracher à la terre tout ce dont il a besoin. La terre n'est pas son frère, le sol n'est pas son frère mais son ennemi, et lorsqu'il l'a vaincu, il s'en va. Il laisse derrière lui les tombes de ses pères et ne s'en soucie pas. Il s'empare de la terre de ses enfants et ne s'en soucie pas. Il oublie la tombe de ses pères et ce qui revient de droit à chaque enfant à sa naissance. Il traite sa mère la terre et son frère le ciel comme des choses qu'il peut piller, acheter ou vendre, comme l'on achète ou vend des moutons ou des perles de verre. Il dévore la terre avec un appétit insatiable et ne laisse derrière lui qu'un désert.

Je ne sais pas. Notre voie n'est pas la même que la vôtre. La vue de vos villes fait mal aux yeux de l'homme rouge. Il n'y a aucune place tranquille dans les villes des hommes blancs. Aucun endroit pour entendre l'éclatement des bourgeons au printemps, le bruissement des ailes des insectes. Le vacarme nous fait mal aux oreilles. Et qu'est-ce que la vie si l'on ne peut entendre le cri solitaire de l'engoulevent, les disputes des grenouilles, la nuit, près de la mare? Je suis un homme rouge et je ne comprends pas.

Les Indiens préfèrent le doux bruit du vent ridant la surface de la mare, l'odeur du vent lui-même, si pure après la pluie, ou l'odeur des pins.

L'air est précieux pour l'homme rouge car toutes les choses sont unies par le même souffle; les bêtes, les arbres, l'homme se partagent le même souffle. L'homme blanc ne semble pas remarquer l'air qu'il respire. Comme un homme qui agonise depuis des jours, il ne sent plus la puanteur. Mais si nous vous vendons notre terre, vous devez vous souvenir que l'air est précieux pour nous, que l'esprit de l'air est présent dans toutes les formes de vie.

Le vent qui donna à notre grand-père son premier souffle reçut aussi son dernier soupir. Si nous vous vendons notre terre, vous devez la protéger comme un endroit sacré où même l'homme blanc peut venir respirer l'odeur du vent adoucie par les fleurs de la prairie.

Vous devez apprendre à vos enfants que le sol, sous leurs pieds, est la cendre de nos ancêtres. Pour qu'ils respectent la terre, dites-leur qu'elle est riche à cause de la vie de ceux de notre race. Apprenez à vos enfants ce que nous avons enseigné aux nôtres : que la terre est notre mère. Tout ce qui arrive à la terre arrive aux fils de la terre. Si l'homme crache sur le sol, c'est sur lui qu'il crache.

Il y a quelque chose que nous savons : la terre n'appartient pas à l'homme mais l'homme appartient à la terre. Toutes les choses sont reliées entre elles. Peut-être sommes-nous frères après tout. Nous verrons. Une chose aussi que nous savons et que l'homme blanc découvrira peut-être un jour, c'est que notre Dieu est le même que le sien.

Peut-être pensez-vous maintenant que vous Le possédez comme vous souhaitez posséder notre terre, mais vous ne le pouvez pas. Il est le Dieu des hommes et sa compassion s'étend également sur l'homme rouge et sur l'homme blanc. Cette terre lui est chère et la blesser c'est mépriser son créateur. Les Blancs aussi passeront, peut-être plus vite que toutes les autres tribus. Si vous souillez votre lit vous étoufferez un jour sous vos propres ordures.

Mais en mourant, vous brillerez cependant de l'éclat du Dieu qui vous a amenés sur cette terre et qui, pour quelque raison, vous a donné tous pouvoirs sur ce sol et sur l'homme rouge.

Ce destin est un mystère pour nous car nous ne pouvons pas comprendre que les buffles soient massacrés, les chevaux sauvages domestiqués, les clairières secrètes de la forêt remplies de l'odeur de la foule et les riches collines traversées par les fils qui parlent.

Où sont les halliers? disparus. Où est l'aigle? disparu. La fin de la vie est le commencement de la survie. »

En tant qu'organisation non gouvernementale, reconnue par les Nations unies et par la Communauté économique européenne, il nous est possible de placer ces problèmes sur un plan international. La crainte pour un pays de se voir critiqué pour sa politique néfaste à ses ethnies minoritaires peut l'encourager à en changer souvent plus efficacement que toute autre chose. Il faut néanmoins savoir que les Nations unies n'ont montré jusqu'à maintenant aucun désir, ou peut-être n'en étaient-elles pas capables, d'intervenir dans ce domaine. La division des Droits de l'Homme, malgré ses bonnes intentions et quelques fonctionnaires courageux, ne parvient pas à exercer son pouvoir. Il y a eu quelques débats utiles mais l'énorme machine des Nations unies pèse en faveur des gouvernements. De plus, elle est longue à réagir et manque de souplesse.

Il serait agréable de penser que Survival International est parvenu à sauver de nombreux peuples du désespoir et de l'extermination, de pouvoir faire une liste de nos succès et de démontrer que notre petite organisation est parvenue à faire quelque chose d'indiscutablement utile pour l'humanité. Notre action, pour des raisons évidentes, est plus difficile à évaluer que celle par exemple d'Amnesty International ou que celle du World Wildlife Fund qui peuvent compter les nombreux prisonniers politiques libérés ou les animaux et les plantes ayant échappé à une disparition probable. Mais ce qui compte c'est notre existence même, que nous puissions informer, aider et rendre l'espoir à ceux qui bien souvent, sans notre action, n'en auraient aucun.

Survival International existe aujourd'hui pour aider toutes ces ethnies minoritaires. Je ne sais pas si notre organisation parviendra elle-même à survivre, si nous changerons de structures, si nous réussirons à constituer une force réelle ou si au contraire nous disparaîtrons. Nous avons bien entendu la volonté de continuer notre action jusqu'au bout, mais il faudra, pour véritablement réussir dans notre entreprise, bien plus que l'enthousiasme et le dévouement des trop rares supporters qui comprennent jusqu'ici ce que nous essayons de faire.

De toute façon, cela est déjà et cela restera un organisme extrêmement différent de celui que Conrad et moi avions rêvé de mettre sur pied dans notre canot pneumatique sur l'Orénoque, ou celui que Francis Huxley et Nicholas Guppy avaient en tête lorsqu'ils écrivirent leur lettre au *Sunday Times*. Nous étions suffisamment naïfs alors pour croire que le besoin criant d'un organisme international dans ce domaine suffirait pour en faire venir un au jour. Maintenant nous savons que nous vivons dans un monde dur et cynique où les œuvres charitables sont aussi des entreprises. Ce sont généralement les hommes durs et ambitieux qui obtiennent des résultats aussi bien dans les affaires que dans les œuvres humanitaires. Et cependant il faut bien autre chose que cela. Il faut aussi compréhension, amour, humanité, sinon tout sombre dans le commerce ou la sentimentalité.

Nous qui avons eu le privilège de connaître et de vivre avec des gens appartenant à des mondes à part, nous serons toujours la conscience du mouvement quelle que soit son évolution. Et s'il disparaît par manque de fonds ou à cause du désintérêt de ceux qui ont le pouvoir et les moyens de changer notre monde, alors, comme ceux que nous voulions sauver, nous n'aurons plus que nos souvenirs.

Il y a un avenir pour les Yanomami, à condition qu'on continue d'exercer des pressions pour que leurs terres leur appartiennent définitivement en toute propriété. Les Indiens Choco et Cuna pourraient ne pas avoir à subir les désastreux effets d'une route traversant l'isthme de Darién si les tribunaux américains ne reviennent pas sur leur décision. Les Indiens Guaymi de Panama ont une des plus grandes réserves de cuivre du monde, au cœur même de leur territoire, mais ils n'ont aucun droit sur ce minerai. La puissante compagnie britannique Rio Tinto-Zinc et ses associés au sein du gouvernement panaméen ont annoncé un gigantesque projet qui, incidemment prétendent-ils, rendra service aux Indiens en leur apportant du travail et donc une augmentation de revenus. Les chefs des Guaymi sont contre ce projet parce qu'ils craignent que leurs terres ne soient saccagées et leur peuple reste les mains vides. Cette ethnie étant une des trois seules survivantes sur les soixante qui existaient au

Panama lorsque les Espagnols arrivèrent, les Guaymi ont de bonnes raisons de se méfier des promesses de leurs colonisateurs. Survival International a lancé une grande campagne pour qu'on considère le point de vue des Indiens avant qu'aucune décision définitive ne soit prise. Gordon Bennett, un avocat international dévoué qui appartient à notre direction – il est l'auteur du seul livre qui existe sur les lois internationales relatives aux droits des peuples indigènes –, s'est rendu près des Guaymi pour prendre leur défense. Au même moment, les cours du cuivre s'écroulaient, le projet a donc été abandonné. Il est difficile de dire jusqu'à quel point nos efforts ont pesé dans la balance. Je sais qu'à un moment de tension particulière, un membre important du conseil d'administration de la Rio Tinto-Zinc a menacé « d'écraser Survival International comme une mouche » si nous continuions à lui mettre des bâtons dans les roues. Ce serait probablement facile pour un tel Goliath d'abattre notre petit David, mais jusqu'à maintenant, ce n'est pas encore arrivé et nous continuons la lutte.

Une de nos premières actions sur le terrain en 1974 fut de permettre aux Indiens d'une petite ethnie de Colombie de payer leurs dettes pour se libérer d'un véritable esclavage. Ils étaient entièrement à la merci d'un « patron » blanc qui leur payait des prix dérisoires pour le caoutchouc qu'ils récoltaient dans leurs propres forêts et qui, en revanche, leur demandait des prix exorbitants pour toutes les marchandises indispensables qu'il leur vendait. Grâce à la présence d'un anthropologue français et de notre « responsable des projets », Stephen Corry, qui se trouvaient tous les deux en même temps dans cette région de la Colombie, on parvint à persuader le « patron » que la somme de la dette des Indiens ne dépassait pas mille dollars et que, si ceux-ci parvenaient à les lui payer, ils seraient alors libres de faire du commerce directement avec le monde extérieur. Bien que nous fussions nous-mêmes endettés, comme nous l'avons toujours été depuis le début de notre existence, nous envoyâmes l'argent et l'affaire fut réglée.

Depuis, plusieurs de ces Indiens Andoke sont retournés travailler pour le « patron »; en revanche les autres ont continué à lutter courageusement, dans des conditions difficiles, pour garder leur indépendance. La coopérative qu'ils avaient fondée n'a pas réussi à se maintenir et ils ont été harcelés par les autres colons de la région. Mais l'idée a fait son chemin parmi d'autres groupes d'Indiens qui ont réussi à se dégager de l'horrible système amazonien de dette à vie. Avant de quitter la région en 1974, Stephen Corry entendit le « patron » des Andoke dire qu'il aimerait tuer ceux qui sont à l'origine du changement d'attitude de « ses » Indiens. Sans aucun doute, de nombreux colons dans cette partie de la Colombie éprouvent les mêmes sentiments à l'égard de Survival International, mais tous les Indiens de la région savent maintenant ce qui s'est passé chez les Andoke, en parlent et sont un peu moins effrayés par les « patrons » blancs.

Survival International a mis sur pied plus de quarante projets d'assistance sur le terrain de toutes sortes : programmes de santé, soutien à des organisations indigènes, à des journaux, création de services éducatifs, d'écoles et soutien de luttes pour le droit à la terre. Certains de ces projets ne sont pas parvenus à perdurer parce que leurs auteurs s'en sont désintéressés ou ont changé de poste. D'autres ont été pris de vitesse par les événements et sont devenus caducs ou ont reçu des fonds d'autres organismes que le nôtre. Bon nombre pourtant se sont concrétisés pour défendre des populations qui se battent pour leurs droits et leur culture.

Notre manque chronique d'argent ne nous permet pas de disposer brusquement de grosses sommes pour payer les honoraires d'un avocat du pays, pour organiser une école ou pour acheter du matériel d'imprimerie, ce qui dans bien des cas apporterait une solution immédiate. Il nous faut donc souvent compter sur le temps et de fragiles appuis dans et hors des pays où se trouvent ces ethnies minoritaires.

Les problèmes auxquels nous nous attaquons sont trop complexes pour séduire le monde. Si les gens sont occasionnellement touchés lorsqu'ils voient des films à la télévision ou lisent des articles sur les cultures et les peuples qui disparaissent, ils n'en desserrent pas pour autant les cordons de leurs bourses. En fait, nous sommes essentiellement financés par quelques fondations qui nous font des dons de temps à autre, par les sommes que nous récoltons lors de galas qui malheureusement exigent que notre équipe leur consacre beaucoup trop de son temps, et par le soutien de nos peu nombreux mais fidèles supporters. Tout cela n'a évidemment jamais permis à notre compte en banque d'être créditeur très longtemps, et j'ai donc dû donner comme garantie ma ferme de Cornouailles en cas de découvert important.

Nous sommes malgré tout parvenus à surmonter de justesse, il faut le dire, plusieurs crises financières et notre travail continue d'avancer. Notre réseau de correspondants, d'informateurs et de supporters s'est agrandi. Nous avons mis sur pied un système appelé « dossiers d'informations » qui s'est révélé être le moyen le plus efficace pour informer le monde lorsqu'un problème se pose quelque part et pour exercer des pressions sur les gens qui ont le pouvoir d'intervenir. Bien souvent d'ailleurs, ils sont à peine conscients du problème. Jusqu'ici nous avons établi quelque trente dossiers sur des sujets aussi divers que l'exploitation minière sur le territoire des aborigènes australiens, sur les problèmes auxquels ont à faire face certaines tribus du Brésil (quatre dossiers furent consacrés aux Yanomami), sur la création de fausses coopératives agricoles sur les terres des Indiens du Pérou, sur les effets désastreux qu'aurait sur les populations locales la construction d'un énorme barrage aux Philippines.

Les « dossiers d'informations » sont d'abord envoyés à la presse dans tous les pays où nous avons des représentants, des correspondants ou des sympathisants bénévoles. Puis, pour faire suite à la correspondance que notre secrétariat international envoie aux institutions ou aux entreprises impliquées, nous demandons à nos supporters, en particulier à ceux qui ont une véritable connaissance ou expérience du problème, d'écrire aux quelques personnes en place capables de changer le cours des événements. Ce qui signifie soit éliminer totalement la menace qui pèse sur l'ethnie dont nous décrivons le problème dans le « dossier d'informations », soit s'assurer que ses droits élémentaires sont bien respectés alors que le projet économique qui risque de l'affecter est implanté. Il est intéressant de constater l'efficacité de telles campagnes d'information et de pression. Bien entendu, ni les gouvernements ni les entreprises multinationales ne veulent admettre que leur politique à l'égard des ethnies qu'ils menacent a été modifiée par de telles pressions. Pourtant il n'y a aucun doute que récemment en Australie, au Brésil et au moins dans deux autres pays d'Amérique du Sud, par exemple, nos interventions ont eu un effet direct sur la résolution favorable de telles questions.

Un récent « dossier d'informations » concerne deux ethnies auxquelles j'ai rendu visite brièvement en 1980 : les Waimiri et les Atroari. Ces deux ethnies, unies politiquement et parlant la langue karib, vivent dans la forêt au nord de Manaus, la capitale de l'Amazonie brésilienne. Depuis trois cents ans, on n'a pas cessé de les attaquer et de les massacrer. Ce furent d'abord les chercheurs d'esclaves puis ceux qui voulaient exploiter les richesses naturelles de la région : noix du Brésil, caoutchouc et bois de rose. Ces dernières années, les agressions se sont multipliées et une route nationale traverse le centre de leur territoire. On projette d'y ouvrir des exploitations minières, d'y installer une centrale hydro-électrique, d'y vendre des parcelles destinées à l'élevage. Ceci en dépit du fait que ce territoire a toujours été reconnu comme appartenant aux Indiens, que ceux-ci l'ont toujours défendu courageusement et qu'en 1971 cette région a été déclarée réserve nationale. La résistance des Waimiri et des Atroari aux invasions, tout au long des années, est devenue légendaire. Ils n'ont en effet jamais capitulé ni accepté de compromis, qu'on veuille les soumettre par la force ou par des moyens pacifiques. Ils se sont toujours défendus des influences extérieures, et c'est sans doute grâce à cela qu'ils continuent de vivre encore aujourd'hui. Mais le prix à payer pour cette indépendance a également été terrible puisque, de six mille qu'ils étaient en 1905, ils ne sont plus aujourd'hui que six cents.

Lors de la construction de la route durant le début des années soixante-dix, la FUNAI qui n'avait guère eu de succès avec ses méthodes d'approche fut placée sous le commandement militaire de l'État d'Amazonas. L'armée considéra alors le problème de la pacification des Waimiri et des Atroari comme une guerre intérieure. On bombarda, on mitrailla, on brûla quelques villages indiens qui purent être repérés par avion. Cette stratégie de la terreur fut révélée par un document officiel qui conseillait entre autres « qu'en cas d'avance des Indiens, l'armée devait donner une démonstration de sa force en se servant de mitrailleuses, de grenades et de dynamite ». J'ai entendu dire que ces mesures avaient été appliquées à plusieurs reprises. Le poste de la FUNAI en territoire Waimiri-Atroari que je visitai en 1981 était bourré d'armes. Aucun Indien n'était présent en dehors de deux jeunes garçons extrêmement tendus qui paraissaient prêts à s'enfuir à la moindre occasion. Cette même année, le gouvernement décida de réduire d'un tiers la terre appartenant à ces Indiens et de remplacer son statut de réserve par celui juridiquement inconsistant de « zone interdite ».

Le succès que nous avons enregistré concernant les Yanomami ne sera effectif qu'autant que le gouvernement tiendra sa
promesse de transformer officiellement cette région en réserve.
Mais l'on voit que la prétendue sécurité octroyée aux Indiens
situés dans des réserves, comme les Waimiri-Atroari, peut être, au
Brésil, remise en question à tout moment.

La FUNAI est incompétente et n'a nullement le désir de
résister aux pressions du gouvernement ou des entreprises commerciales qui menacent les Indiens puisqu'il s'agit d'un département du ministère de l'Intérieur et que ce dernier s'est engagé à
développer l'Amazonie à n'importe quel prix. A l'exception de
quelques-uns de ses fonctionnaires particulièrement remarquables,
personne à l'intérieur de la FUNAI n'a envie de défendre
effectivement les droits des Indiens. On y trouve tout au contraire
beaucoup plus de gens préoccupés à protéger les colons et les
prospecteurs en attendant le jour où le « problème indien » aura
disparu et les Indiens avec.

Les Waimiri et les Atroari ont des amis au Brésil qui se
battent pour eux. Mais aussi convaincants qu'ils puissent être,
ils ne sont qu'une minuscule minorité qui se dresse contre des
forces toutes-puissantes. De plus, ils sont en danger eux-mêmes :
dans ce pays une opposition – de quelque ordre qu'elle fût – à
la politique du gouvernement est considérée comme subversive.
Affirmer que les Indiens ont le moindre droit sur les décisions
concernant leurs propres affaires – ce qui figure dans la constitution du pays – peut être considéré comme « un complot
d'inspiration communiste ». Il faut bien constater que nous
vivons dans un monde absurde, quand on pense que ces mêmes
accusations (l'épithète communiste se transformant en capitalis-
te) seraient lancées contre quiconque essaierait de proclamer les
droits de nombreuses minorités opprimées en Union soviétique
et en Chine. Malheureusement, il est bien plus difficile d'obtenir des informations sur la situation là-bas, sans parler bien sûr
de pouvoir mener des recherches sur le terrain. Aussi sommes-
nous rarement capables de nous attaquer à des problèmes
concernant ces pays, ce qui nous permettrait pourtant de nous
laver des accusations de parti pris. Dans cette veine, je conserve
comme un trésor un article complètement loufoque paru sur moi
dans un journal brésilien à la suite de la publication de mon
premier rapport. On me décrivait comme un agitateur bulgare,

un membre de la « clique de Paris » qui désirait renverser le gouvernement légitime du Brésil.

Survival International est strictement indépendant de tout groupe politique ou confessionnel; cela signifie évidemment que nous ne nous abstenons pas d'attaquer l'action des gouvernements ou des sectes religieuses quels qu'ils soient! Notre seul but est en effet de défendre au mieux les intérêts de ceux que nous représentons d'où que viennent les menaces qui pèsent sur eux.

Ça n'est pas toujours aussi facile qu'il y paraît. L'essentiel de notre soutien financier provient d'organismes humanitaires internationaux, lesquels sont souvent fondés par des organisations religieuses. Lorsque nous attaquons les activités des missionnaires fondamentalistes en Amérique du Sud, on nous taxe parfois de communisme et l'on exerce une pression sur ces organisations de charité pour qu'elles cessent de nous apporter leur soutien. Il est intéressant de noter que l'affaire des Indiens du Nicaragua a eu pour résultat que nous fûmes accusés d'être les « laquais du gouvernement américain » et menacés de sanctions financières de ce type. Jusqu'à ce jour, tous les gouvernements latino-américains à qui nous avons reproché leur façon de traiter les Indiens ont été des dictatures militaires ou au moins des régimes de droite. A l'instar de nombreuses ethnies, les Indiens miskitos vivent en partie en Honduras, où la CIA les a entraînés comme « contras » pour s'infiltrer de l'autre côté de la frontière; et en partie au Nicaragua où, sous l'aile gauche des Sandinistes, on les a déplacés de la zone frontalière, actuellement zone de guerre, et placés dans des camps où l'on parle de conditions alarmantes.

Certains militants ont placé tellement d'espoir dans cette fragile étincelle de démocratie qu'on nous a signifié que nous devions, pour le bien de tous, ne pas nous occuper du mauvais traitement infligé aux Indiens. Si nous osions critiquer les Sandinistes en quoi que ce fût, les fonds nous seraient radicalement supprimés, même si les erreurs à l'égard des Miskitos étaient ouvertement reconnues. Malheureusement, le fait que les Indiens soit privés des plus élémentaires droits de l'homme et que la plupart des Sud-Américains soient pleins de préjugés à leur égard n'est pas directement affecté par un changement politique. En attendant, nous devons dire ce que nous croyons être la vérité, sans excès ni complaisance.

Il est encore trop tôt pour mesurer les effets de notre

campagne en faveur des Waimiri et des Atroari, mais maintenant en tout cas les faits peuvent être connus de tous puisque le problème a été soulevé publiquement. Parfois d'ailleurs nous découvrons d'étonnants alliés à l'intérieur même des agences de développement, des bureaux du gouvernement et des équipes des compagnies minières! Ces gens sont bien placés pour savoir ce qui se passe réellement et commencent à se poser des questions sur ce qu'on est en train de leur faire faire.

Mais si nous ne parvenons pas, dans un cas tel que celui des Waimiri-Atroari, à sauver un seul Indien de l'anéantissement, au moins leur disparition aura soulevé des protestations et restera dans les mémoires. Le mouvement pour la défense des peuples indigènes a pris beaucoup d'ampleur au cours de cette dernière décennie et leur disparition créerait un scandale international. Ce pour quoi nous nous battons, ce que nous voulons obtenir est généralement considéré aujourd'hui comme juste et raisonnable, qu'on se place du point de vue humanitaire ou du point de vue pratique. Sans la croyance que la justice et la raison finiront par triompher du malheur et de la mauvaise volonté, la plupart de ce que l'homme a entrepris de plus beau disparaîtrait du jour au lendemain.

Ce serait donner une image vraiment déformée de Survival International que de vouloir faire croire que notre organisme est puissant et efficace partout dans le monde. La plupart de nos bureaux hors du Royaume-Uni sont tenus par des bénévoles. Notre secrétariat international à Londres fonctionne grâce à une équipe composée de trois personnes sous-payées et surchargées de travail. Deux d'entre elles travaillent pour Survival International depuis plus de dix ans.

Barbara Bentley, la directrice, porte à bout de bras notre organisme. Elle dirige le bureau, est la rédactrice en chef de la revue, organise les campagnes de pression destinées à faire changer la politique indigéniste des gouvernements, collecte les fonds, répond à des montagnes de courrier, tient la comptabilité, organise les réunions, assiste aux conférences; en un mot, se trouve partout où l'on a besoin d'elle. C'est une de ces rares et remarquables personnes qui inspirent confiance à tout le monde et à qui on laisse le soin de s'occuper de tout sachant que ce sera bien fait.

Stephen Corry, notre responsable des projets, a fait pour

notre compte plusieurs longs séjours sur le terrain. Ceux-ci et son étonnante capacité d'avoir de bons rapports avec les Amérindiens et les anthropologues font de lui l'expert le plus qualifié concernant la situation des Indiens de Colombie, du Pérou et de l'Équateur. Il a commencé à travailler avec nous en 1972, en se proposant, d'après une de mes idées, alors que nous discutions de son rôle à Survival International, de rédiger un Livre Blanc sur les menaces pesant partout dans le monde sur les ethnies minoritaires. Elles sont trop nombreuses et les problèmes changent trop rapidement pour qu'un tel livre puisse voir le jour. Mais Stephen est devenu, au cours des années, un livre vivant ressemblant d'assez près au volume que nous avions en tête.

Luke Holland, qui a passé une partie de son enfance au Paraguay, a eu l'envie de retourner là-bas pour faire des photographies sur les activités des missionnaires parmi les Indiens. Son exposition de photographies, accompagnée de commentaires extrêmement éloquents, a permis de faire une campagne efficace autour de ce sujet. Le public et les gouvernements, aussi bien en Angleterre qu'aux U.S.A., ont découvert l'incroyable génocide commis par les missionnaires fondamentalistes fanatiques contre les Indiens du Paraguay avec la complicité des autorités de ce pays. Il a aussi occasionnellement remplacé Stephen comme responsable des projets et représenté Survival International dans de nombreuses réunions.

Ce que nous avons accompli, à partir d'une base matérielle aussi précaire, est remarquable. La manière dont tant de gens ayant des cultures et des opinions politiques différentes ont travaillé ensemble autour de Survival International réchauffe le cœur. Des bénévoles nous ont donné sans compter leur temps pour classer les livres, les rapports, les coupures de presse et la correspondance de notre bibliothèque, unique en son genre. Rapports et correspondances parfois confidentiels qui risquent d'être dangereux pour ceux qui nous font confiance. De nombreux anthropologues ont été prodigues de leur temps et de leur savoir, nous avisant de la situation sur le terrain, nous fournissant une documentation de base et des articles pour la presse. Ce sont eux les véritables professionnels dans ce domaine et ils devraient être à la pointe du combat. Malheureusement beaucoup d'entre eux

LA QUALITÉ DE LA VIE

paraissent moins prêts à voler au secours de l'objet de leurs recherches que, par exemple, les botanistes et les zoologues qui s'inquiètent des espèces en voie de disparition, ou les archéologues qui pressentent la destruction de monuments historiques ou d'œuvres d'art. Quelques-uns ont justifié leur réserve en ce domaine en disant qu'ils ne pouvaient pas faire plus pour les peuples qu'ils étudient qu'en démontrant par leur simple présence parmi eux que leur manière de vivre mérite respect et compréhension. Ce point est évidemment important lorsque les populations circonvoisines considèrent les ethnies isolées stupides et inférieures. J'ai entendu beaucoup d'anthropologues s'exprimer ainsi sur le terrain, mais je ne pense pas que ce soit suffisant. Cet argument peut facilement être retourné contre eux, et les voilà accusés d'exploiter des hommes à des fins universitaires comme ils le feraient pour des cobayes.

Les chercheurs de toutes disciplines qui travaillent aujourd'hui dans les pays en voie de développement sont bien souvent sujets à de telles critiques. Pour ma part, je ne crois pas qu'ils puissent avoir bonne conscience en gardant leurs distances vis-à-vis des vrais problèmes des populations dont ils étudient la société, même si cela leur rend la vie plus facile. Un anthropologue courageux devrait pouvoir mener son étude en profondeur et, simultanément, s'engager lui-même vis-à-vis des gens avec qui il est amené à vivre pour réaliser sa recherche. Il devrait penser à leur avenir, devenir leur ambassadeur et leur avocat dans ce monde hostile qui menace leur survie. Un nombre croissant de jeunes anthropologues adoptent maintenant ce point de vue qui est aussi défendu, comme c'est si souvent le cas dans les affaires humaines, par quelques vénérables doyens dont la réputation et l'autorité sont intactes. Évidemment, toute action demande tact et intelligence ainsi qu'une certaine compréhension pour les difficultés d'ordre pratique qu'ont à résoudre certains gouvernements du tiers monde. Ils sont quelquefois à peine conscients de l'existence, à l'intérieur de leurs frontières, de ces minorités. Assaillis par de plus pressantes affaires – au sens où elles concernent des populations plus nombreuses – ils peuvent être surpris et même quelquefois choqués de voir qu'on s'intéresse à des populations dont l'existence même semble s'opposer à leur programme de développement national. Pourtant un changement d'orientation ne peut être déterminé que par les gouvernements. Mais il est surprenant de constater combien une légère pression de l'opinion publique, exercée intelligemment, peut mettre au jour toutes sortes de bonnes volontés, désireuses d'améliorer les choses.

J'ai assisté à la croissance d'un mouvement international, issu de l'idée de quelques individus et des conversations passionnées de quelques personnes qui désiraient changer le monde. C'est un immense privilège d'avoir participé à cette aventure. Il est réconfortant aussi de voir le dévouement et l'énergie déployés par certains de ceux qui ont consacré leur vie à défendre cette idée. En revanche, il est quelquefois difficile de supporter l'indifférence des gouvernements, des organismes internationaux, et, il faut bien le dire, du grand public en général. Nous avons jeté les bases d'une organisation qui pourrait faire beaucoup dans le domaine qu'elle s'est fixé. Nous savons maintenant comment résoudre beaucoup des maux qui accablent les ethnies minoritaires dans le monde. Nous pourrions aussi, avec un minimum de soutien et de bonne volonté, garantir leur avenir. Bien loin de coûter quoi que ce soit à leurs voisins et à leurs gouvernements, je suis convaincu qu'à brève échéance leur survie sera bénéfique à tous d'une manière extrêmement tangible. Grâce à elles, on comprendra mieux comment utiliser notre environnement, développer la production de nouveaux aliments, médicaments, etc. La qualité de notre vie, pour tous ceux qui cherchent une alternative au système matérialiste sans imagination que nous propageons partout, s'en trouvera directement améliorée.

La volonté de parvenir à des résultats effectifs est présente et les experts existent. Mais sans les fonds indispensables, nous resterons les mains liées et notre efficacité s'en trouvera amoindrie. Ceux qui travaillent pour Survival International devraient pouvoir voyager pour enquêter sur place sur les problèmes à résoudre, pour représenter les intérêts des ethnies opprimées sur le terrain et exercer dans les capitales, grâce à leurs connaissances des lois et à leur détermination, des pressions directes et rapides pour faire changer les choses. Malheureusement, ils ne peuvent, la plupart du temps pour l'instant, qu'écrire des lettres de soutien, envoyer des dossiers d'informations pour alerter l'intérêt du public sur un problème qui, autrement, passerait inaperçu. Et même alors, ils doivent faire attention aux frais de poste!

J'ai toujours pensé qu'il devait exister quelque part un philanthrope qui, tout en admettant qu'il est admirable et agréable d'offrir une nouvelle aile à un musée, de doter une école, de sauver un animal en voie de disparition, penserait néanmoins qu'il est préférable d'éviter à des cultures qui font la richesse de l'humanité de disparaître à jamais. Mon incapacité à trouver jusqu'ici un tel philanthrope a été un de mes plus grands déboires. En revanche, mon appartenance à ce mouvement est une des choses dont je suis le plus fier.

Les peuples qu'on appelle « primitifs, simples, indigènes, natifs, autochtones, sauvages, isolés, tribaux, non civilisés », ou ce qu'on voudra, ne sont pas essentiellement différents de nous. Notre différence récente n'est rien en comparaison des éternités durant lesquelles nous étions tous comme beaucoup d'entre eux : des chasseurs. Très peu de temps s'est écoulé depuis les débuts de l'agriculture et de la domestication des animaux sauvages, sans parler du début de l'histoire du monde industriel. Mais s'ils nous semblent étranges – et pour certaines personnes inférieurs – ça n'est que parce qu'ils s'expriment et se comportent différemment, parce que leur vision du monde n'est pas la même que la nôtre. Ils ont en fait une conception riche et harmonieuse de la vie, ils n'ont pas besoin de porter les œillères que notre idéologie matérialiste et scientifique nous oblige à garder en permanence; laquelle, tout en se targuant de contrôler et de comprendre toutes choses, est à peine capable d'effleurer la diversité et la richesse de la vie.

Si la prétention matérialiste du xxe siècle peut être substituée par une humilité et une avidité à comprendre les problèmes qui nous assiègent, alors notre attitude envers les sociétés dites primitives, qui n'ont pas encore accepté les règles douteuses de notre monde, pourra changer. Au lieu de chercher dans le noir de nouveaux systèmes philosophiques, nous pourrons nous tourner vers elles pour trouver un modèle de vie. Il ne s'agit pas évidemment de les imiter servilement. Il nous est bien entendu impossible de survivre sans certains aspects de notre technologie mais cela ne doit pas nous faire croire que le bonheur universel peut surgir de la croissance industrielle incontrôlée. Les deux systèmes doivent être pris en considération. Nous commençons à découvrir les dangers des changements sociaux rapides et de l'altération incohérente de nos fragiles écosystèmes. La crise de

l'énergie s'intensifie, les matières premières se font rares, menaçant notre monde en expansion; il nous faudra donc peut-être un
jour aller chercher quelques conseils auprès des dernières sociétés
traditionnelles existantes. Ce serait alors une bien triste ironie du
sort si elles avaient toutes disparu, car elles sont le ferment de
l'humanité.

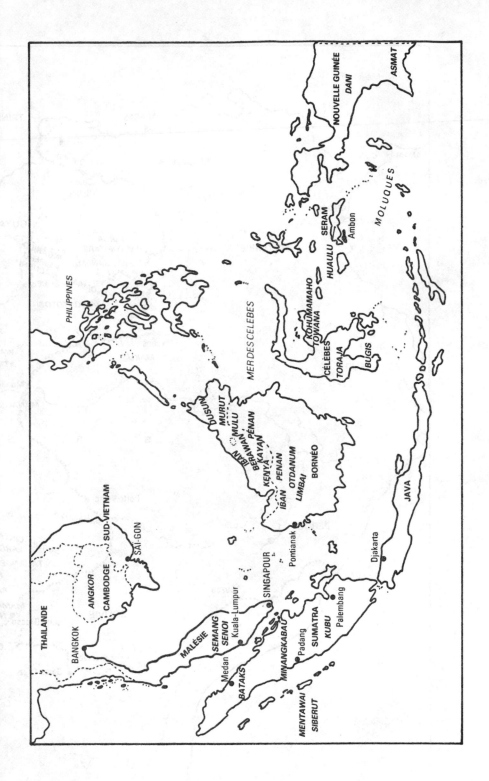

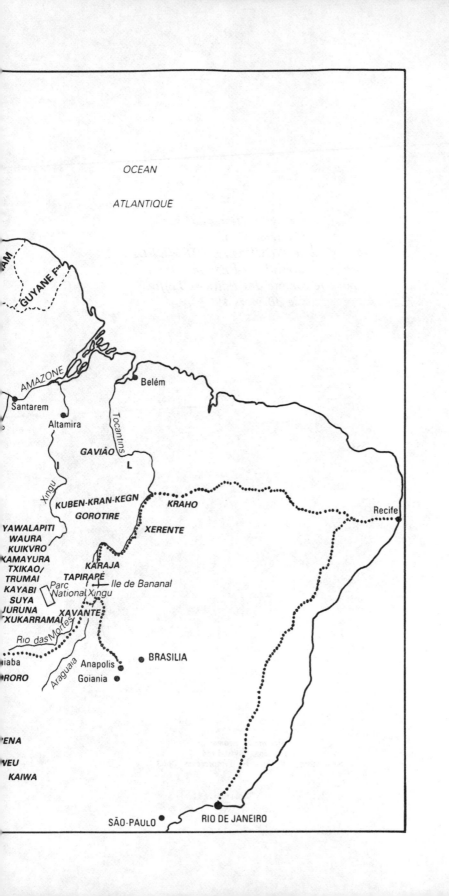

OCEAN

ATLANTIQUE

GUYANE F.

AMAZONE

Santarem

Belém

Altamira

Tocantins

GAVIÃO

Xingu

L

KUBEN-KRAN-KEGN

KRAHO

Recife

GOROTIRE

YAWALAPITI
WAURA

XERENTE

KUIKVRO
KAMAYURA
TXIKAO/
TRUMAI

KARAJA

KAYABI

TAPIRAPÉ

Ile de Bananal

SUYA

Parc
National Xingu

JURUNA
XUKARRAMA

XAVANTE

Rio das Mortes

iaba

BRASILIA

Araguaia

Anapolis

RORO

Goiania

ENA

VEU

KAIWA

SÃO-PAULO

RIO DE JANEIRO

Cet ouvrage a été réalisé sur
Système Cameron
par la SOCIÉTÉ NOUVELLE FIRMIN-DIDOT
Mesnil-sur-l'Estrée
pour le compte des Éditions Laffont
le 30 mars 1984

Imprimé en France
Dépôt légal : avril 1984
Nº d'édition : K 718 — Nº d'impression : 0663

HANBURY-TENISON (Robin)
Des mondes à part

PRÊTÉ A	EMPORTÉ LE	RENDU LE

910.09
HAN

4,5   56.939

HANBURY.TENISON (R,
AUTEUR
Des mondes à part
TITRE

PRÊTÉ A	EMPORTÉ LE	RENDU LE
Huchant	11-6.86	
Porka	18-12.89	
Fiten	12.1 90	
PORTA	16|5|90	